# ESSAI
## SUR
# TITE LIVE

# OUVRAGES DU MÊME AUTEUR

## LIBRAIRIE HACHETTE ET C<sup>ie</sup>

### FORMAT IN-8°

Voyage aux Pyrénées; 2° édition. 1 vol. illustré. . . . . 10 fr.
Les Origines de la France contemporaine :
 1<sup>re</sup> partie. L'Ancien régime; 14° édition. 1 vol. . . . 7 fr. 50
 2° partie. La Révolution, tome I, II et III; 13° édition.
 Chaque volume. . . . . . . . . . . . . . . . . 7 fr. 50

### FORMAT IN-16 A 3 FR. 50 LE VOLUME

Essai sur Tite-Live; 5° édition. 1 vol.
 Ouvrage couronné par l'Académie française.
Essais de critique et d'histoire; 4° édition. 1 vol.
Nouveaux essais de critique et d'histoire; 4° édition. 1 vol.
Histoire de la littérature anglaise; 6° édition. 5 vol.
Les Philosophes classiques du XIX° siècle en France; 5° édit. 1 vol.
La Fontaine et ses fables; 11° édition. 1 vol.
Voyage aux Pyrénées; 10° édition. 1 vol.
Notes sur l'Angleterre; 8° édition. 1 vol.
Notes sur Paris, Vie et opinions de M. Frédéric-Thomas Graindorge;
 9° édition. 1 vol.
Un séjour en France, de 1792 a 1795. Lettres d'un témoin de la
 Révolution française. Traduit de l'anglais; 3° édition. 1 vol.
Voyage en Italie; 4° édition. 2 vol. qui se vendent séparément:
 Tome I<sup>er</sup>. Naples et Rome.
 Tome II. Florence et Venise.
De l'intelligence; 3° édition. 2 vol.
Philosophie de l'art; 4° édition. 2 vol.

---

Du suffrage universel et de la manière de voter. Brochure. 50 c.

### FORMAT IN-16, VOYAGES ILLUSTRÉS

Chaque vol. : Broché, 4 fr. — Relié en percaline tranches rouges, 5 fr. 50

Voyage en Italie. 2 vol. avec 48 gravures.
Voyage aux Pyrénées. 1 vol. avec 24 gravures.
Notes sur l'Angleterre. 1 vol. avec 24 gravures.

---

16670. — Imprimerie A. Lahure, rue de Fleurus, 9, à Paris.

# ESSAI

SUR

# TITE LIVE

PAR H. TAINE

DE L'ACADÉMIE FRANÇAISE

CINQUIÈME ÉDITION
Revue et corrigée

PARIS
LIBRAIRIE HACHETTE ET C<sup>ie</sup>
79, BOULEVARD SAINT-GERMAIN, 79

1888

Droits de propriété et de traduction réservés

L'Académie française avait proposé, pour sujet d'un prix à décerner en 1855, la question suivante :

« Étude critique et oratoire sur le génie de Tite Live ; faire connaître, par quelques traits essentiels de la société romaine au siècle d'Auguste, dans quelles conditions de lumières et de liberté écrivit Tite Live, et rechercher ce qu'on peut savoir des circonstances de sa vie.

« Résumer les présomptions d'erreur et de vérité qu'on peut attacher à ses récits, d'après les sources qu'il a consultées et d'après sa méthode de composition historique, et, sous ce rapport, apprécier surtout les jugements qu'ont portés de son ouvrage Machiavel, Montesquieu, de Beaufort et Niebuhr.

« Faire ressortir par des analyses, des exemples bien choisis et des fragments étendus de traduction, les principaux mérites et le grand caractère de sa narration, ses vues morales et politiques, et son génie d'expression, en marquant aussi quel rang il occupe entre les grands modèles de l'antiquité, et quelle étude féconde il peut encore offrir à l'art historique de notre siècle. »

*Séance publique du 30 août 1855.*

Rapport de M. Villemain.

« .... Cette fois l'Académie avait désigné, pour sujet d'un tel travail, un des plus grands maîtres de la narration antique, ou plutôt du génie historique, dans tous les temps ; car les diversités de mœurs et de costume, les accidents de climats et d'institutions laissent trop de place à l'homme lui-même, à l'inépuisable fonds des passions humaines, pour que l'art de les pénétrer et de les peindre aujourd'hui ne soit pas encore, dans sa multiple richesse, ce qu'il était il y a deux mille ans. De même que la statuaire hellénique avait su enfermer et faire saillir, sous la perfection majestueuse de la forme, toutes les émotions de l'âme, ainsi les grands historiens de la Grèce et de Rome, sous cette beauté d'éloquence que parfois on leur reproche, et qui est une portion de leur vérité même, ont ineffaçablement gravé les traits toujours renaissants de la grandeur virile ou de l'abaissement moral, aux prises avec l'ambition, la gloire, la liberté, l'esclavage. Se pénétrer de leurs récits, c'est apprendre la vie publique ; c'est plus encore, c'est étudier, avec le génie des époques différentes, la nature de l'homme, les lois auxquelles il n'échappe jamais, et qui sont comme les conséquences de cette nature même, et les volontés de Dieu sur elle.

« Une telle étude est vaste ; et l'examen qu'avait demandé l'Académie sur Tite Live n'était rien moins qu'un livre de critique savante, de philosophie appliquée au droit public et à la morale, d'art oratoire et de goût. Ces conditions élevées et diverses ont été presque remplies par un homme de talent, qui s'y est repris à deux fois : et l'Académie, sur trois laborieux ouvrages qu'elle avait reçus dans un Concours prorogé, a la satisfaction de couronner un travail solide et neuf, où le sentiment de l'antiquité et la méthode moderne s'unissent à propos, et qui met habilement sous nos yeux toutes les questions de certitude historique, de vérité locale, d'enseignement vrai, de passion dramatique et de goût, que font naître les annales de Tite Live, ce monument mutilé, mais si grand encore, érigé à la mémoire du peuple dont la trace est demeurée partout sur notre Europe.

« Depuis les érudits du seizième siècle et les penseurs leurs contemporains, depuis Glareanus et Machiavel jusqu'au sceptique inventeur Niebuhr, que de témoins à consulter, que de jugements à revoir, pour les corriger l'un par l'autre et en tirer l'évidence ! mais ce que l'auteur a surtout heureusement interrogé, c'est Tite Live lui-même confronté avec son temps, avec la législation, les mœurs, la littérature générale de son pays. Pour cela il fallait un lettré autant qu'un philosophe, un homme de goût autant qu'un érudit; car Tite Live, c'est l'image même de l'urbanité romaine, dans sa splendeur élégante, après les maux de la guerre civile, mais avant les abjections de l'empire, et lorsqu'il restait encore de la liberté disparue comme un reflet de noblesse nationale et de gloire.

« Pour atteindre là, le jeune et habile érudit, vainqueur dans ce Concours, a dû faire un morceau d'histoire autant qu'une œuvre de critique. Il n'a pas séparé le peintre du modèle, et le poëte historien de tous les grands souvenirs et des traditions magnanimes qui ont fait sa poésie. C'est l'intérêt puissant du travail étendu que récompense aujourd'hui l'Académie : non que l'auteur ait nulle part pris le ton du panégyrique, ni qu'il ait naturellement l'esprit trop admirateur. Sa réflexion fine et sévère est plutôt disposée à trouver le côté faible de la grandeur, et à relever des excès dans la louange, autant que des torts dans la gloire. Son style net et juste, parfois énergique et nouveau, lorsqu'il exprime ses propres idées, ne se prête pas toujours à rendre avec assez d'émotion et d'éclat l'éloquence de son modèle. Il n'a pas, devant Tite Live, l'éblouissement de ces étrangers qui, venus des confins les plus reculés de la Gaule et de l'Ibérie, pour voir le grand historien, repartirent, après cette entrevue, sans regarder au delà, et donnant cet exemple inouï, nous dit saint Jérôme[1], *d'avoir cherché dans Rome autre chose que Rome elle-même.* Notre sévère et ingénieux critique ne partage pas cette préoccupation littéraire. En jugeant Tite Live, il porte sur beaucoup d'autres sujets une attention curieuse et libre. L'épigraphe même qu'il a choisie, *In historia orator*, et plusieurs pages de son livre destinées à la justifier, pourraient faire croire que, par ce titre d'orateur, dont il salue Tite Live, il n'est pas, dans la louange même, assez juste envers le grand historien. Les discours, en effet, mêlés par Tite Live à ses récits et

---

1. Ad Titum Livium lacteo eloquentiæ fonte manantem de ultimis Hispaniæ Galliarumque finibus quosdam nobiles venisse legimus; et quos ad contemplationem sui Roma non traxerat, unius hominis fama perduxit. Habuit illa ætas inauditum omnibus sæculis celebrandumque miraculum, ut tantam urbem ingressi aliud extra urbem quærerent. (In Epist. ad Paull. D. Hieron.)

parfois inférieurs à quelques paroles originales qui nous sont parvenues d'ailleurs[1] dans leur primitive rudesse, ces discours peuvent être chez lui souvent une heureuse parure de la narration : ils n'en sont pas la substance et l'âme ; ils laissent dans toute sa supériorité originale un autre et plus constant mérite de l'historien, le naturel éclatant du récit, la vérité des caractères et des peintures, cette passion dans la parole, enfin, qui est la vie nouvelle des temps anciens ressuscités pour l'avenir ; c'est en cela, c'est par là que le récit de Tite Live, sans être trop oratoire, est admirablement éloquent, est l'éloquence même, aussi grande que ce qu'elle raconte, aussi grande que Rome. Félicitons cependant l'auteur, M. Taine, de ce noble et savant début dans les lettres classiques ; et souhaitons de tels candidats à nos concours et de tels maîtres à la jeunesse de nos écoles.

1. Vid. in Aul. Gell., *Noct. Attic.*, lib. IV. c. 18

# PRÉFACE.

L'homme, dit Spinoza, n'est pas dans la nature « comme un empire dans un empire », mais comme une partie dans un tout ; et les mouvements de de l'automate spirituel qui est notre être sont aussi réglés que ceux du monde matériel où il est compris.

Spinoza a-t-il raison ? Peut-on employer dans la critique des méthodes exactes ? Un talent sera-t-il exprimé par une formule ? Les facultés d'un homme, comme les organes d'une plante, dépendent-elles les unes des autres ? Sont-elles mesurées et produites par une loi unique ? Cette loi donnée, peut-on prévoir leur énergie et calculer d'avance leurs bons et leurs mauvais effets ? Peut-on les reconstruire, comme les naturalistes reconstruisent un animal fossile ? Y a-t-il en nous une faculté maîtresse, dont l'action uniforme se communique différemment à nos différents rouages, et imprime à notre machine un système nécessaire de mouvements prévus ?

J'essaye de répondre oui, et par un exemple.

Janvier 1856.

# ESSAI
# SUR TITE LIVE.

## INTRODUCTION.

### § 1. BIOGRAPHIE DE TITE LIVE.

Sa patrie. — Sa famille. — L'enfant. — L'homme fait. — L'ami d'Auguste. — Le républicain. — Le philosophe. — L'historien. — Que tout concourait à le faire orateur.

Une date dans Eusèbe, quelques détails épars dans Sénèque et Quintilien, deux mots jetés par hasard dans les Décades, voilà ce qui nous reste sur la vie de Tite Live. L'historien de Rome n'a pas d'histoire. Encore, ces rares débris n'ont surnagé dans le naufrage des lettres anciennes que par un accident littéraire, lorsqu'un commentaire ou une citation les ont rencontrés pour les soutenir. Ils guident aujourd'hui nos conjectures; mais, à travers tant de siècles et sur de si faibles indices, les yeux les plus attentifs ont peine à découvrir ce que le temps a englouti.

Cependant il semble que ces faits si secs et si vides d'intérêt reprennent quelque vie et quelque sens, lorsqu'on connaît par les Décades le caractère et le genre d'esprit de Tite Live. On verra plus tard, je crois, que ses défauts et ses mérites viennent d'une qualité dominante, l'éloquence; qu'il a de l'orateur le don et le goût des développements, la suite et la clarté des idées, le talent d'expliquer, de prouver et de conclure, l'art d'éprouver et de remuer toutes les passions, de ne penser et de ne sentir qu'au profit de sa cause, de revêtir ses raisons du plus ample et du plus noble style, en homme qui tous les jours parle au peuple assemblé des grands intérêts de l'État; qu'enfin la droiture, la bonne foi, la sincérité, l'amour de la patrie, toutes les vertus sans lesquelles un orateur n'est qu'un avocat, nourrissent sa pensée et soutiennent son accent. Il convient de chercher si les circonstances, aussi bien que la nature, ont aidé à faire de lui un honnête homme et un homme éloquent.

Il naquit à Padoue, chef-lieu de la Vénétie: Niebuhr trouvait dans son style le riche coloris des peintres vénitiens. Du moins sa patrie laissa une empreinte dans son âme. Pollion l'accusait de *patavinité*, et il a grand soin de commencer son histoire en nommant Anténor fondateur de Padoue. Au dixième livre[1], oubliant la règle qu'il s'est faite d'éviter les digressions, il rappelle avec une complaisance de citoyen la victoire que remportèrent les Padouans sur le pirate lacédémonien Cléonyme. « Les éperons des navires, dit-il, et les dépouilles enlevées aux Lacédémoniens, restèrent longtemps dans un ancien temple de Junon, où ils ont été vus par plusieurs personnes qui vivent encore. On célèbre tous les ans l'anniversaire de ce combat par une joute solennelle de navires sur le fleuve qui traverse la ville. » Il est donc Padouan de cœur comme d'origine. Aussi remarque-t-on avec intérêt que les mœurs de ses concitoyens passaient pour honnêtes ; dans cette vaste corruption romaine, les villes provinciales gardaient mieux les anciennes maximes de l'esprit italique[2]. Au reste, Padoue était un grand municipe, « le plus important des provinces occidentales, » ayant vingt mille combattants, cinq cents chevaliers, une curie, des duumvirs, les droits civils, les institutions religieuses de Rome[3] ; images de la ville maîtresse, les municipes inspiraient comme elle le goût et le besoin de l'éloquence ; et plus d'une fois la petite Rome envoyait à la grande des orateurs. C'est un grand point

---

1. Tite Live, X, 2. — 2. Duruy (d'après Strabon), *Thèse sur l'état de l'empire romain*, page 103. — 3. Gaius, I, 96.

de trouver Tite Live dès sa naissance au milieu des débats politiques. Les premières impressions font souvent les inclinations dernières ; dans l'enfant on découvre l'homme, et l'on est toujours ce que l'on a d'abord été. Nourri aux champs, Virgile aima l'âme immense de la nature vivante, et ses vers ont la molle langueur et la suavité enivrante qu'on respire avec l'air abondant et parfumé des bois. Né à la ville, élevé parmi les hommes et les affaires, occupé à se représenter les passions et les intérêts, non les couleurs et les formes, Tite Live s'est trouvé orateur, et non poëte ; il a connu l'homme plutôt que la nature ; il a raconté les actions sans décrire les pays ; s'il eût vécu à la campagne, il eût senti peut-être que le sol et le climat contribuent à former les caractères, et que l'histoire doit renfermer aussi bien la peinture des contrées que la narration des événements.

Selon plusieurs inscriptions[1], sa famille était noble. Les patriciens des municipes exerçaient les charges, dominaient dans la curie, allaient voter à Rome. Ainsi Tite Live reçut de sa famille comme de sa patrie l'éducation politique et oratoire. Il est probable qu'il dut à sa race les sentiments aristocratiques qui percent dans ses An-

---

1. Tomasini, page 10.

nales. Il eut pour parent C. Cornélius[1], « homme versé dans la science des augures, qui prenait les auspices au moment de la bataille de Pharsale. Il raconte que cet augure reconnut le moment de la bataille, et qu'un peu après, dans un transport prophétique, il s'élança en criant : « Tu triomphes, César. » Sans doute Tite Live fut élevé comme les anciens patriciens dans le respect des augures : de là peut-être ce sentiment religieux qui, en dépit de la philosophie et des railleries des contemporains, se soutient dans toute son histoire ; de là aussi la gravité solennelle avec laquelle il rapporte les fables saintes et reconnaît la volonté des dieux dans les affaires romaines ; de là ce récit minutieux des expiations et des prodiges[2] : « En racontant les choses anciennes, mon âme, je ne sais comment, devient antique, et quand je vois des hommes si sages traiter ces événements en affaires d'État, j'ai scrupule de les trouver indignes de mes annales. » S'il prend aussi aisément les sentiments antiques, c'est qu'il les a reçus dès l'enfance ; le parent d'un augure, le descendant d'une race noble, a gardé jusqu'au bout l'esprit patricien et religieux.

Il naquit en 58, année où César obtint le gouvernement des Gaules. Pendant dix ans les affai-

1. Tite Live, éd. Nisard, t. II, p. 901 : citations de Plutarque. — 2. Tite Live, XLIII, 13.

res de Rome se firent plus dans la Cisalpine qu'à Rome même. L'hiver, la moitié du sénat accourait autour de César, qui achetait les consciences et préparait l'empire. Tite Live avait quatorze ans, quand César fut tué et que les Philippiques de Cicéron coururent par toute l'Italie. Il vit, presque aux portes de Padoue, Antoine vaincu à Modène et le triumvirat conclu sur le Réno. Il vécut parmi les révolutions et les proscriptions, témoin des derniers combats de la liberté et des derniers coups de l'éloquence. De tels spectacles pouvaient préparer un républicain : l'homme qui s'éveille aux sentiments et aux idées s'attache volontiers aux causes justes et perdues. Ils pouvaient préparer un orateur : les passions politiques, source de l'éloquence, sont toutes-puissantes, quand elles saisissent une âme nouvelle. D'ailleurs, l'éducation romaine fournissait aux passions oratoires l'art de la parole. Les discours de Tite Live montrent que, selon l'usage du temps, il a passé plusieurs années chez un rhéteur. Là, on plaidait véritablement, souvent en présence d'une assemblée, sur des lois et des questions judiciaires, avec les gestes et l'accent, avec des larmes même et tout l'artifice de la comédie oratoire[1]. Déjà pourtant les plaidoiries des écoles différaient fort

---

1. Sénèque, Quintilien.

de celles du Forum. Trop savantes, chargées d'antithèses, noyées de lieux communs, elles gâtaient le goût des élèves, et nous retrouverons plus tard dans Tite Live quelques traces mal effacées des anciennes déclamations.

Il est probable qu'il vint à Rome au temps de la victoire d'Actium[1]. Du moins il y était quand peu de temps après il écrivit son histoire, ne pouvant trouver que là les documents dont il avait besoin. Auguste, qui par goût et par politique recherchait les hommes de lettres, fut son ami; un jour il lui apporta l'inscription de la cuirasse de lin, mise par Corn. Cossus dans le temple de Jupiter Férétrien. Tite Live conseilla au jeune Claude, petit-fils d'Auguste, d'écrire l'histoire, et vécut assez familièrement dans la maison du prince. A la vérité, si les Suppléments sont exacts, il a blâmé le sénat d'avoir mal payé les services d'Octave; et il a excusé le meurtre de Cicéron en disant qu'il fut traité comme il eût traité ses ennemis. Néanmoins il demeura indépendant et sincère. Tandis qu'Horace et Virgile mettaient partout le prince au rang de dieux, il le nomma à peine dans son histoire, une fois pour marquer une date, une autre fois pour prouver un fait. Il loua Brutus et Cassius[2] et osa

---

1. Tite Live, I, 19. Cf. Vossius — 2. Tacite, *Annales*, IV, 34.

dire du grand César qu'on ne savait s'il avait été plus nuisible qu'utile à sa patrie[1]; Auguste l'appelait le Pompéien : si son histoire n'est pas la satire du nouvel empire, elle est l'éloge de l'ancienne république, du gouvernement libre et des mœurs honnêtes. Il se complaît au récit des nobles actions et à la peinture des grandes âmes, en homme qui ne serait pas indigne de les imiter. Il jette quelques mots en passant et tristement contre la corruption présente, « contre cette folie des jeux auxquels les plus opulents royaumes suffiraient à peine, contre la fureur de périr par le luxe et la débauche et de tout perdre avec soi[2]; » mais il ne déclame pas comme Salluste, qui veut paraître homme de bien faute de l'être. Il se détourne volontiers de ce spectacle, et habite de souvenir parmi les grands hommes auxquels il ressemble. Autant qu'on peut le conjecturer, il vécut selon ses maximes; dans un temps où la famille paraissait une charge, et où il fallait des lois contre les célibataires, il se maria deux fois, et eut deux fils et quatre filles[3]; son livre est d'un citoyen, et il passa sa vie au travail.

Cette vertu fut ornée et affermie, comme celle de tous les grands hommes du temps, par la philosophie. Selon Sénèque, il composa plu-

---

1. Sénèque, *Questions naturelles*, V, 18. — 2. Tite Live, VI, 2, et préface. — 3. Tomasini, page 21.

sieurs dialogues sur la philosophie et l'histoire, et plusieurs traités de philosophie pure, qui, après ceux de Pollion et de Cicéron, passaient pour les plus éloquents de la langue latine[1]. Ainsi, comme Cicéron, il fut partout orateur. Je ne trouve plus sur sa vie que deux détails; tous deux encore indiquent le goût de l'éloquence. Selon Quintilien, il conseillait à son fils de lire avant tout Cicéron et Démosthène, puis les autres, d'autant plus qu'ils sont plus semblables à Démosthène et à Cicéron. Sa fille épousa le rhéteur Magius. Rien d'étonnant qu'il ait tant aimé un art tout romain, le seul où Rome soit vraiment originale, parce qu'il est une arme politique et un instrument d'action; Pollion, son contemporain, se vantait d'avoir déclamé avec une présence d'esprit parfaite, quatre jours après la mort de son fils; tant les Romains s'attachaient à l'ombre de l'éloquence morte :

Simulataque magnis
Pergama, et arentem Xanthi cognomine rivum.

Il en fut ainsi de Tive Live. Un mot de lui, conservé par Pline l'ancien[2], jette une grande lumière sur sa vie : « J'ai déjà acquis assez de gloire, disait-il dans un livre de son histoire, et je pourrais m'arrêter, si mon âme inquiète ne se

1. Sénèque, *Épîtres*, 100. — 2. Pline, préface.

repaissait de son travail. » Cette éloquence, comme une source trop pleine, avait besoin de s'épancher. A défaut du présent, il appliqua la sienne au passé. Il se fit contemporain de la république détruite, et plaida dans l'antiquité; l'éloquence étant « pacifiée », c'est-à-dire interdite, il fut historien pour rester orateur. Lorsqu'enfin ce fut un crime de se souvenir de la liberté antique, il cessa d'écrire et quitta Rome pour mourir à Padoue[1], loin des bassesses du sénat et des regards de Tibère (18 ans après J. C.). Ce caractère et ce talent demandaient une tribune publique et une patrie libre. Les circonstances le détournèrent; ce fut au profit de l'histoire, au profit et au détriment de l'historien.

## § 2. LA LIBERTÉ ET LES LETTRES SOUS AUGUSTE.

I. Goût pour l'histoire nationale. — Le prince l'interdira demain, mais la permet aujourd'hui. — II. Nulle idée de l'antique barbarie. — Les érudits sont des compilateurs. — Sottises de Denys. — La philosophie n'est pas encore entrée dans l'histoire. — III. L'imagination romaine. L'imagination du temps. Plaidoiries des écoles. — Grandes traditions d'éloquence. — Majesté poétique de Rome et de l'empire.

Si inventeur que soit un esprit, il n'invente guère; ses idées sont celles de son temps, et ce que son génie original y change ou ajoute est

---

1. Eusèbe, *Chronique,* n° 2033.

peu de chose. La réflexion solitaire, si forte qu'on la suppose, est faible contre cette multitude d'idées qui de tous côtés, à toute heure, par les lectures, les conversations, viennent l'assiéger, renouvelées encore et fortifiées par les institutions, les habitudes, la vue des lieux, par tout ce qui peut séduire ou maîtriser une âme. Et comment les repousserait-elle, formée elle-même à l'image des contemporains, ayant reçu des mêmes circonstances la même éducation et les mêmes penchants? Tels que des flots dans un grand fleuve, nous avons chacun un petit mouvement, et nous faisons un peu de bruit dans le large courant qui nous emporte; mais nous allons avec les autres et nous n'avançons que poussés par eux. Érudition, critique, philosophie, art d'écrire, tout ce que nous trouverons dans Tite Live, nous le verrons en partie et d'avance dans la science et la littérature de son temps.

I. Ce grand ouvrage d'esprit n'était à ce moment rien d'étrange. Depuis que l'empire était en paix, et les affaires publiques dans la main d'un homme, tout le monde écrivait à Rome.

Scribimus indocti doctique poemata passim.

Agrippa, Auguste, Pollion avaient fondé des

bibliothèques[1]. Les *philologi* affluaient de Tarse et d'Alexandrie. Pendant une famine, ils furent nourris aux frais de l'État, « et les plus grands personnages assistaient à leurs leçons. » Les récitations s'établissaient; Auguste lui-même y venait écouter non-seulement des poëmes et des histoires, mais des dialogues et des discours[2]. Il se plaignait à Horace de n'être point nommé dans ses vers, et lui demandait s'il avait honte de l'avouer pour ami; du reste, lettré lui-même jusqu'à faire des tragédies, qu'il avait le bon goût d'effacer. Mais la plupart des recherches se tournaient vers l'ancienne histoire. Rabirius, C. Sévérus, Pédo Albinovanus, écrivaient des poëmes sur les dernières guerres, et Virgile, dans son Iliade romaine, remontait au temps où Rome n'était qu'un mont solitaire, mais où un dieu, on ne sait quel dieu, habitait déjà les collines prédestinées. Ovide écrivait des vers sur les fastes, Properce sur les légendes héroïques de Rome. Deux écoles nouvelles, celles de Labéon et de Capiton, ordonnaient en un corps de doctrines les réponses des vieux jurisconsultes, les édits des préteurs et les anciennes lois de leur pays. Strabon voyageait par tout l'empire pour donner à l'histoire sa vaste géographie.

---

1. Egger, *Examen des historiens du siècle d'Auguste.* —
2. Suétone, *Vie d'Auguste.*

De tous côtés naissaient des mémoires. Auguste, parmi les soucis des affaires, écrivait les siens. Trogue Pompée, Diodore, Denys d'Halicarnasse, Juba, Pollion, Timagène, Labiénus, composaient leurs histoires. Les esprits se reportaient avec affection et complaisance vers cette antiquité dont les conseils avaient été si sages, les mœurs si pures, les actions si fortes. Auguste restaurait les anciens temples, rétablissait les coutumes oubliées, faisait lire dans le sénat, pour appuyer ses lois, les discours de Rutilius et du censeur Métellus. Oisiveté, orgueil de citoyen, amour des lettres, développement des sciences, faveur du prince, accumulation des documents, tout engageait un Romain à faire l'histoire de Rome. Écrite plus tôt, elle restait sans dénoûment; écrite plus tard, elle comprenait le commencement d'un nouveau drame. Écrite alors, elle formait une action unique et complète. Tive Live raconte comment le monde devint la propriété de Rome, Rome et le monde la propriété de l'empereur.

On avait encore le droit d'être sincère, quoiqu'il fallût se hâter d'en user. Auguste tolérait la satire. En citoyen et en homme d'esprit, il souffrit longtemps qu'on se moquât de lui. Longtemps Timagène, son détracteur, fut reçu avec bienveillance dans la petite maison du Palatin;

le prince admit dans les bibliothèques les poésies injurieuses de Catulle et de Bibaculus; il respecta à Milan une statue de Brutus[1], combla de charges et d'honneurs Messala, qui, à la première journée de Philippes, l'avait chassé de son camp, et nomma le fils de Cicéron augure et consul[2]. Tite Live pouvait louer Brutus et Cassius, et garder l'amitié d'Auguste. Mais une liberté tolérée est précaire, et quelle garantie que la modération d'un maître ! La servitude est une lèpre qui naturellement s'étend aux parties saines. Après la mort d'Horace, les lettres furent gouvernées comme le reste, Timagène chassé du palais, Ovide relégué à Tomes, la loi de majesté étendue aux écrits diffamatoires[3]. L'histoire de Labiénus fut brûlée, et Auguste s'emporta dans le sénat contre les écrits secrets qui couraient à Rome. C. Sévérus fut exilé; Albutius Silon, qui avait regretté tout haut et trop vivement la république, craignant le supplice, se tua. On a pensé que ce changement força Tite Live, sur la fin de son histoire, à dissimuler, et l'arrêta à la

---

1. Duruy, *Thèse*, p. 254 — 2. On sait l'anecdote rapportée par Plutarque. Auguste trouva un jour un de ses petits-fils qui lisait un ouvrage de Cicéron; l'enfant effrayé cacha son livre. Auguste prit le volume et dit au bout d'un instant : « C'était un homme éloquent, mon fils, un homme éloquent et qui aimait sa patrie. » — 3. Egger, *Examen des historiens du siècle d'Auguste.*

mort de Drusus. D'autres plus dociles mentirent bientôt autant qu'il plut au prince. On eut le livre de Velléius Paterculus qui exaltait le triumvirat d'Octave, et, racontant sa mort, disait qu'il avait rendu au ciel son âme céleste. Puis Tibère imposa l'adulation outrée, et pendant cinquante ans on vit des libelles ou des panégyriques, mais point d'histoire[1]. Tite Live eut pour écrire le moment court et précieux où la liberté de parler servit à la liberté d'agir.

Mais avec la volonté et la permission de faire l'histoire, avait-on l'érudition critique, l'esprit philosophique et le genre d'imagination sans lesquels l'histoire n'est pas? On en peut douter.

II. L'histoire à Rome ne fut d'abord qu'un registre d'administration tenu par le grand pontife, une suite de mémoires rédigés par orgueil de race, plus tard un recueil de beaux exemples et une matière offerte à l'éloquence. *Opus hoc unum maxime oratorium*, dit Cicéron[2]. Caton écrivait ses Origines en gros caractères, afin que son fils pût y lire des modèles de vertu. Salluste faisait rassembler par le grammairien Attéius des locutions anciennes, et traitait l'histoire en exercice de style[3]. A ce titre, elle délassait les hommes faits et entrait dans l'éducation des

---

1. Tacite, *Annales*, I. — 2. Cicéron, *des Lois*, I, 2. — 3. Suétone, cité par M. Michelet.

jeunes gens; Claude s'y était appliqué par le conseil de Tite Live lui-même. Tout occupée de l'utile, sans autre art que l'éloquence, Rome n'a ni l'imagination flexible, ni la sagacité patiente, ni la philosophie désintéressée qui font l'historien.

On n'avait alors nulle idée de la grossièreté antique. Cicéron, le plus grand esprit de Rome, croyait que du temps de Romulus les lettres étaient anciennes et florissantes, et ne souffrait pas qu'on appelât Romulus un barbare[1]. A la vérité, il doutait des entretiens de Numa et d'Égérie, du rasoir de l'augure, des fables trop poétiques, et, en dépit de son patriotisme, devenait, par bon sens, sceptique et critique. Mais il louait longuement la prudence des premiers rois, et développait les profonds calculs de leur politique. On croirait, à l'entendre, que les législateurs de Rome furent des philosophes grecs, politiques de cabinet, occupés à combiner des institutions comme les pièces d'une machine. Au siècle dernier, nous jugions de même la constitution de Lycurgue, oubliant que, s'il y eut un Lycurgue, il ne fit que transformer en lois les mœurs des Doriens. Quoi de plus faux et de plus aimable que le personnage de Caton dans

---

1. Cicéron, *de la République*, passim.

le *Traité de la Vieillesse?* Que de grâce et d'élégance dans le dur campagnard! avec quelle délicatesse il décrit la beauté des champs en fleur, les tiges molles et verdoyantes des blés qui s'élèvent, les épis dont le grain laiteux s'enfle et se durcit! Avec quel enthousiasme il espère la mort qui le dégagera du corps, et la vie immortelle! Qu'on lise les six derniers livres de l'*Énéide*, et l'on saura quels étaient, aux yeux des savants et des poëtes, les anciens Romains. Pauvres, de mœurs simples et frugales, invincibles au travail; l'orgueil national et l'esprit philosophique pouvaient le confesser. Mais sous ces habits de paysans et de chasseurs, on voulait voir des âmes modernes, cultivées, pleines de sentiments fins, des esprits réfléchis, habiles dans l'art de converser, de disserter, dignes élèves de Cicéron et de Virgile, tels enfin que les Français imaginaient les Francs avant de lire les *Martyrs*. Nul livre mieux que les *Métamorphoses* ne montre combien on ignorait l'antiquité héroïque et divine. Ces nobles légendes, toutes animées de vagues idées philosophiques, de la plus large et de la plus pure poésie, deviennent, entre les mains d'Ovide, de jolis contes, ornés d'heureuses antithèses, parfumés d'esprit et de bel esprit, qu'une femme de Rome eût déroulés volontiers à sa toilette. Les Romains étaient trop raffinés et trop hautains pour comprendre la grandeur et la brutalité des âmes barbares, et Tite Live est admirable d'avoir entrevu l'antiquité et la vérité.

On avait pourtant des érudits. Quand des Romains, Varron ou Pline, se piquaient de savoir, insatiables conquérants comme leurs pères, ils entassaient des montagnes de documents. Varron, dit Cicéron[1], nous a enseigné « l'âge de notre patrie, les divisions de notre histoire, les lois des sacrifices et les droits des pontifes, la discipline domestique et militaire, l'emplacement des lieux et des quartiers, les noms, les classes, les emplois et les causes de toutes les choses divines et humaines. Nous errions, voyageurs et étrangers dans notre ville; tes livres nous ont conduits chez nous, et nous ont enfin appris où et qui nous étions. » Il est vrai que Varron dicta plus de cinq cents volumes, que les titres de ses Ménippées sont ingénieux, que ce que saint Augustin a conservé de sa théologie est utile, que son livre sur l'agriculture est d'un style facile et agréable, qu'il a vécu dans les affaires et n'a rien d'un pédant. Mais, comme Atticus, il fabriquait des généalogies, et, outre le malheur de faire l'histoire des maisons troyennes, il eut celui d'inventer cer-

---

1. Cicéron, *Questions académiques*.

taines étymologies. Sa crédulité est aussi puérile que sa science est profonde; et ses écrits prouvent une fois de plus que l'érudition n'est pas la critique. Il pouvait fournir à Tite Live des textes, des faits, mais non les interpréter.

Les Grecs, précepteurs des Romains, pouvaient ils mieux les éclairer sur l'histoire? Voici un autre savant, Denys, qui, pendant vingt ans, s'entretient à Rome avec les hommes les plus instruits, lit toutes les inscriptions, visite les monuments, écrit un livre immense, dont il vante lui-même l'exactitude, et conclut qu'on a fait grand tort à Romulus de le considérer comme un pâtre et un bandit. Les Romains sont d'honnêtes gens qui ont fondé pacifiquement une ville, et se sont donné des lois avec réflexion et après de longs discours. Par exemple, quand les murs sont bâtis, Romulus propose aux siens de choisir entre l'oligarchie et la monarchie, énumérant les avantages des deux gouvernements. Ceux-ci, en hommes bien appris, le nomment roi et lui développent leurs raisons. Romulus console les Sabines enlevées (il y en a 683, Denys en sait le compte), en leur apprenant que telle est l'ancienne coutume des Grecs[1]; raisonneur, histo-

---

1. Molière, *le Malade imaginaire*, acte II, scène VII : « Nous lisons des anciens, mademoiselle, que leur coutume était d'enlever par force de la maison des pères les filles qu'on menait ma-

rien, philosophe, il disserte comme s'il sortait de l'école du rhéteur, et, dans un discours en trois points, il leur explique combien il a fait prudemment et humainement de donner le droit de cité à leurs pères. Je ne parle pas du moraliste Valère Maxime, de l'abréviateur Paterculus, ni des autres. Telle était à Rome l'histoire de Rome. Que des érudits y aient compilé des matériaux nombreux, cela est certain; que des politiques aient raconté avec vérité leurs actions ou des événements voisins d'eux, César et Salluste le prouvent. Mais la critique n'avait ni expérience, ni règles, ni clairvoyance; nul ne comprenait les mœurs n les esprits antiques. On verra que sur ce point Tite Live eut souvent les défauts de son temps.

La philosophie de l'histoire fut aussi imparfaite chez les anciens que la critique, non-seulement chez les Romains, mais chez les Grecs. Quand Platon décrit la succession des quatre gouvernements, il ne fait que raconter poétiquement les révolutions de l'âme. Quand Aristote note les avantages et les inconvénients de chaque constitution, il ne compose qu'un traité de politique. Thucydide jette dans ses discours des pensées profondes; mais il n'ordonne pas les faits sous

rier, afin qu'il ne semblât pas que ce fût de leur consentement qu'elles convolaient dans les bras d'un homme. »

les idées, et son journal d'événements ne comprend que vingt ans de guerre. Trouve-t-on un dessein philosophique dans l'histoire universelle d'Éphore, qui joint bout à bout celles de tous les pays, en simple géographe, allant de l'Orient à l'Occident? Polybe, le premier, forme des faits épars un système, marque leurs causes, explique la conquête du monde par la faiblesse et les fautes des vaincus, par la force et la sagesse des vainqueurs. Mais son histoire ne comprend qu'un siècle et ne contient que des événements politiques. Qui d'ailleurs a suivi son exemple? Nul Grec n'a su que l'histoire est un corps indivisible, et que la race humaine marche d'un mouvement régulier vers un but marqué. Le monde à leurs yeux est un théâtre immobile où se joue éternellement le drame de la mort et de la vie, où le destin promène dans un cercle borné de révolutions fatales les cités mortelles comme les hommes, sans que l'homme en devienne plus puissant ni meilleur. Enfermés dans l'enceinte trop étroite de leurs souvenirs, ils n'ont pu, comme nous, embrasser du regard la longue suite des faits, et relier les fragments épars de cette chaîne immense qui traverse les âges. Rome, qui n'eut que des sciences transplantées, n'eut donc pas de philosophie de l'histoire. Cicéron, son philosophe, ne demande aux historiens que d'orner des faits vrais par un beau style[1]. Si, dans les *Lois* ou dans la *République*, il explique les institutions romaines, c'est en politique, en Romain, en moraliste, pour relever la sagesse des ancêtres et proposer un modèle à l'univers. La philosophie d'un Romain consiste à prétendre que Rome, par sa vertu et par une destinée divine, a dû conquérir le monde. Ces sentiments prêtent à l'éloquence, mais ne font pas une science. La philosophie n'a point de patrie ; les partialités nationales animent le style, mais rétrécissent les idées ; elles excitent à défendre une cause et non à former une théorie. Les contemporains de Tite Live lui enseignent à être orateur dans l'histoire plutôt qu'historien.

III. L'imagination, comme la science, est ouvrière de l'histoire ; et, pour expliquer celle de Tite Live, il faut observer celle du temps. C'est le grand siècle sans doute, ce qui veut dire que jamais la littérature ne fut plus riche, le style meilleur, le goût plus pur. Mais l'imagination romaine a-t-elle jamais reproduit ou conçu des caractères ? Qu'est-ce qu'Énée ? Un modèle de vertus, un sage, personnage excellent dans un livre de morale, mais non dans un poëme ou dans une histoire. Les Troyens et les Rutules n'ont

---

1. Voir les reproches qu'il fait aux anciens historiens.

point de traits originaux ni distinctifs. Évandre, Mézence, Pallas, Turnus, tous également civilisés, ne diffèrent que comme les héros de notre théâtre. Virgile, comme Racine, a plutôt développé des passions que créé des personnages. Le don qui est en lui, est cette sensibilité tendre et triste, déjà presque chrétienne, cet amour profond de la nature sainte et toute-puissante, digne des Alexandrins. Mais est-ce à dire qu'il ait animé des figures saisissantes et inventé, comme Homère, des hommes réels? Ni lui, ni Horace, encore moins Ovide, Tibulle ou Properce, n'ont dessiné d'une main ferme ces portraits nets et frappants de peuples ou d'hommes que nous exigeons de l'historien, et qui sont la meilleure partie de l'histoire. Ils n'ont pas l'inspiration surabondante, qui répand sur tous les terrains les êtres poétiques. Ils disent plutôt ce qui est dans leur cœur que ce qui est dans celui des autres. Aucun d'eux n'a donné à Tite Live l'exemple de cette conception forte, dans laquelle l'auteur s'oublie, dominé et possédé par les personnages ressuscités qui habitent et se meuvent d'eux-mêmes dans son esprit. Les âges littéraires ressemblent aux âges de la nature[1]. A de longs intervalles des générations sans parents ont paru dans la pen-

---

1. Cuvier.

sée renouvelée comme sur la terre bouleversée ; puis l'esprit, comme la nature, a répété ses œuvres et n'a vécu qu'en s'imitant. Savait-on même, à Rome, distinguer l'invention de la copie? On y égalait aux modèles grecs les tragédies d'Ovide et de Varius. J'oserais dire enfin que cette littérature si accomplie penchait vers l'affectation. Déjà, du moins, Horace cherchait les alliances de mots[1], et donnait à son style cette perfection excessive, qui est le signe d'une invention amoindrie. Combien d'autres, autour de lui, étaient de simples artisans de phrases! On sait l'histoire du puriste Marcellus Pomponius, qui, dans une cause, pour un solécisme, arrêta deux ou trois fois son adversaire, et l'empêcha de continuer ; Auguste prononce la remise ; Marcellus remarque que, dans l'arrêt, il y a un mot de mauvais latin. — Pourquoi Horace attaque-t-il sans merci les anciens poëtes de Rome, « qui, de son aveu, avaient le souffle tragique et osaient heureusement? » Il allègue pour grief qu'ils ne sont pas assez polis, assez châtiés, assez habiles ; il a pour précepte d'effacer, de corriger, de limer sans cesse ; il enseigne par son exemple à rechercher les fines nuances de pensée, à cacher sous chaque mot plusieurs intentions, à mettre en relief les ex-

---

1. Horace, *Art poétique :* « Dixeris egregie, notum, » etc.

pressions heureuses, à donner aux idées un air piquant par des tours nouveaux, à parer chaque phrase de toutes les richesses de l'esprit et de l'art. Dans le style d'Ovide, quel désir de plaire ! quel soin et quelle facilité pour être joli ! que de jeux de mots, d'oppositions élégantes, de pointes presque ridicules ! Avouons que le goût commence à se gâter par une trop grande connaissance des ressources littéraires ; c'est un malheur quand chacun, après quelques efforts, peut posséder un vocabulaire de belles expressions, de tours ingénieux, d'allusions mythologiques, de développements oratoires et de lieux communs. Cela dispense de l'invention vraie, qui est perpétuelle. La mémoire alors tient lieu de génie poétique. Quelques mouvements de passion vive, épars dans Properce; certains traits de sensibilité délicate et presque féminine qui percent dans Tibulle, voilà ce que le naturel produit encore ; le reste vient de l'art. Pour les récitations, il fallait des ouvrages d'apparat, pleins de mouvements surprenants, d'efforts de style; on y perdait le naturel, et les déclamations publiques, que Pollion venait d'instituer, poussaient encore plus avant dans le mal. On voit par les discours d'Ajax et d'Ulysse, dans Ovide, tout ce qu'elles avaient apporté déjà de faux et mauvais esprit; et les controverses de Sénèque le père le disent bien mieux encore ; sujets, arguments, expressions, tout était de convention, hors de l'usage commun et du bon sens; s'il y a au monde quelque chose de ridicule, ce sont les plaidoiries qu'on faisait sur les jumeaux languissants, les cadavres mangés et les sépulcres enchantés. Un jour Q. Hatérius, plaidant la cause du père enlevé auprès du tombeau de ses trois enfants, se souvint qu'il avait perdu son fils, et quitta un instant le ton affecté et les phrases déclamatoires. Les assistants se regardèrent étonnés, ne comprenant plus; le naturel et la vérité étaient devenus des monstres. Dans cet air malsain, il est difficile, même à un contemporain de Virgile et d'Horace, lorsqu'il compose lui-même des discours, de ne pas laisser un peu de rhétorique se glisser parfois à travers son éloquence. On en trouve bien dans Cicéron.

Mais Tite Live, contemporain de Cicéron, avait vécu parmi les guerres civiles, agité par les passions politiques, entouré d'une génération d'orateurs, la dernière qu'ait produite Rome, mais la plus parfaite, parce qu'elle reçut des Grecs l'art presque pur, et du choc des grands événements l'inspiration vraie. La paix était trop récente et les âmes trop vivantes pour que l'éloquence eût pu s'éteindre ou se corrompre, et l'art exquis des maîtres ne faisait que la régler et la soutenir. Cet art enseignait à l'orateur, sinon à s'émouvoir, du moins à communiquer son émotion, sinon à trouver les preuves, du moins à les développer; il ne lui donnait pas de nouvelles forces, mais lui apprenait à se servir des siennes; il armait la passion et la raison par l'étude et l'exercice, et sa perfection continue cachait les inégalités du génie. Ce rare mélange d'inspiration et de science s'était rencontré dans Cicéron; il parut pour la dernière fois dans Tite Live.—Telle est la part que son siècle eut dans ses mérites et dans ses fautes; une idée imparfaite de l'histoire, nul exemple suffisant de philosophie et de critique, une conception faible des caractères originaux et vrais, un style déjà trop savant; mais de nombreux matériaux préparés pour la science, de grandes traditions d'éloquence, l'éducation politique, un art consommé, la liberté d'être sincère; c'est dans ces circonstances bonnes et mauvaises que le jeta sa bonne et mauvaise fortune. J'en ajoute une dernière, à laquelle il doit peut-être la grandeur calme de son style, l'aspect de Rome souveraine et paisible, telle que l'avait faite Auguste, celle que Virgile appelait « la plus belle chose de l'univers. » C'est qu'alors « Auguste, porté par un triple triomphe dans les murs de Rome, consacrait aux dieux italiens un vœu immortel, trois cents grands temples par toute la ville. Les rues frémissaient de la joie, des jeux, des applaudissements de tout un peuple. Dans les temples, des chœurs de femmes; dans tous, des autels; devant les autels, des taureaux immolés jonchaient la terre. Lui-même, assis sur le seuil de marbre du brillant Phœbus, passe en revue les dons des peuples, et les attache aux colonnes superbes; les nations vaincues s'avancent en long ordre, aussi diverses d'armes et d'aspect que de langage : Nomades, Africains aux robes pendantes, Lélèges, Cares, les Gélons armés de flèches, les Morins les plus lointains des hommes, les Dahes indomptés. L'Euphrate coule docile, et l'Araxe frémit sous le pont qui l'a vaincu[1]. » Dans cette ville immense à qui les nations bâtissaient des temples, parmi ce peuple de statues et tous ces monuments de victoire, un Romain pouvait voir se lever la grande image de la patrie, et égaler par son éloquence la majesté du peuple romain.

1. *Énéide*, VII, 710.

# PREMIÈRE PARTIE.

## L'HISTOIRE CONSIDÉRÉE COMME UNE SCIENCE.

---

### CHAPITRE I.

#### LA CRITIQUE.

Le critique choisit. — Il amasse. — Il doute. — Il prouve.
Il prouve ses preuves.

Une science contient des faits particuliers qu'elle constate, et des faits généraux qu'elle enchaîne ; l'histoire épure et rassemble, par la critique, les vérités de détail ; par l'esprit philosophique, elle forme et ordonne les vérités d'ensemble. Il faut voir ce double travail dans Tite Live et dans les modernes qui ont corrigé ou complété son œuvre, mesurer ses mérites par ce qu'il a fait, et ses défauts par ce qu'il a laissé à faire, et retrouver dans ses défauts et ses mérites les beautés et les imperfections que nous avons pressenties dans l'étude de sa vie, de sa patrie et de son temps.

Qu'est-ce que la critique? Comparons Tite Live

au modèle idéal. En sachant ce qu'il devait être, on estimera ce qu'il est.

La critique recueille tout le vrai, rien que le vrai. Cela est bientôt dit; mais quelles conséquences! Considérez l'historien qui traite l'histoire comme elle le mérite, c'est-à-dire en science. Il ne songe ni à louer ni à blâmer; il ne veut ni exhorter ses auditeurs à la vertu, ni les instruire dans la politique. Ce n'est pas son affaire d'exciter la haine ou l'amour, d'améliorer les cœurs ou les esprits; que les faits soient beaux ou laids, peu lui importe; il n'a pas charge d'âmes; il n'a pour devoir et pour désir que de supprimer la distance des temps, de mettre le lecteur face à face avec les objets, de le rendre concitoyen des personnages qu'il décrit, et contemporain des événements qu'il raconte. Que les moralistes viennent maintenant, et dissertent sur le tableau exposé; sa tâche est finie; il leur laisse la place et s'en va. Parce qu'il n'aime que le vrai absolu, il s'irrite contre les demi-vérités qui sont des demi-faussetés, contre les auteurs qui n'altèrent ni une date ni une généalogie, mais dénaturent les sentiments et les mœurs, qui gardent le dessin des événements et en changent la couleur, qui copient les faits et défigurent l'âme : il veut sentir en barbare, parmi les barbares, et parmi les anciens, en ancien. Le voilà donc qui sort de son siècle et de sa nation pour ressusciter en soi-même les passions originales, les croyances étranges, le caractère oublié des autres peuples et des autres âges. Sur toute la route du temps, il en suit les changements insensibles, et il se trouve à la fin qu'il a rassemblé et développé, dans l'enceinte étroite de son esprit, les sentiments et toute la vie d'une nation. Il est moins choqué d'une bataille supposée que d'un de ces détails faussés. Il les poursuit et les recueille comme la fleur la plus vivante et la plus précieuse du vrai. — Mais il veut encore toutes les autres. Ne croyez pas le contenter en lui énumérant les faits qui semblent seuls intéresser les hommes, les changements de gouvernement, les intrigues des partis, les guerres des États, les renversements d'empires. Il vous interrogera encore sur la distribution de la richesse, sur les occupations des citoyens, sur la constitution des familles, sur les religions, les arts, les philosophies. A ses yeux, toutes les parties des institutions et des pensées humaines sont attachées les unes aux autres ; on n'en comprend aucune si on ne les connaît toutes ; c'est un édifice qu'une seule pièce ôtée fait chanceler tout entier. Il va donc, par instinct et passion, d'un fait à un autre, amassant sans cesse, inquiet et mécontent, tant qu'il n'a pas tout rassemblé, obsédé par le besoin des idées claires et complètes,

apercevant toujours des vides dans l'image inté
rieure qu'il contemple, infatigable jusqu'à ce
qu'il les ait comblés.

Comment les combler, sinon par des faits prouvés ? Aussi est-ce un échafaudage infini qu'il faut à l'édifice. L'amour de la vérité enfante l'amour de la preuve, et voilà le critique qui la poursuit, non avec le zèle paisible d'un juge impartial, mais avec la sagacité et l'opiniâtreté d'un chercheur passionné. Il court aux sources les plus lointaines, parce qu'elles sont les plus pures; plus le texte est barbare, plus il est précieux ; il donnerait la plus belle pièce d'éloquence pour un vieux livre d'un style informe, grossier comme son auteur, dont les épines blesseraient les mains d'un lettré délicat; c'est un trésor que Caton le campagnard, et son manuel, âpre fagot de formules rustiques. Il va dans les archives déterrer les lois, les discours, les traités, se frayant un chemin dans l'illisible grimoire d'une écriture oubliée, à travers les phrases brutes et les mots inconnus; car alors ce sont les faits eux-mêmes qu'il touche, entiers et intacts, sans témoins entre eux et lui ; c'est la propre voix de l'antiquité qu'il écoute, sans interprète qui en change l'accent : c'est le passé qui, sans être altéré par d'autres mains, est venu d'abord dans les siennes. — Il éclaire ces textes si frappants par des monuments plus expressifs encore; il sait que la nature subsiste pendant que les âmes changent, qu'à travers les révolutions civiles elle maintient les propriétés des climats et la figure du sol, et qu'en entourant l'homme d'objets invariables, elle nourrit en lui des pensées fixes. Il va prendre ces sentiments dans le pays qui les engendre, et, parce qu'il les éprouve, il les comprend. Mais s'il traverse tous les documents pour aller d'abord aux sources incorruptibles, il ne laisse échapper aucun témoin récent, ancien, entier, mutilé, formules, monnaies, rituels, traditions; le texte le plus ingrat dévoile souvent un trait d'un caractère, ou les débris d'une institution. Ce n'est qu'en voyant tout qu'on peut saisir la vérité originale et tout prouver.

Mais les preuves elles-mêmes seront vérifiées. Le critique sait que les hommes ont la faculté de mentir et qu'ils en usent, qu'on ment non-seulement en le sachant et à dessein, mais par une partialité involontaire et sans claire conscience du mensonge; que d'ailleurs un auteur, sans vouloir tromper, altère les faits, soit parce qu'il les a mal vus, soit parce qu'il ne les a pas compris; que rien n'est plus rare qu'un esprit assez droit pour tout dire, assez flexible pour tout entendre, et qu'à travers tant de mains infidèles ou grossières, la vérité, chaque jour déformée, nous arrive semblable à l'erreur. C'est pourquoi il veut que chaque auteur vienne devant lui justifier son témoignage, lui dise dans quel temps, dans quel pays il a vécu, comment il a recueilli les faits, s'il a contrôlé les documents. Il exige qu'il se mette d'accord avec lui-même et avec les autres; puis il le suit, la chronologie et la géographie à la main; il le corrige à chaque instant d'après les lois de la nature humaine et de l'histoire avérée; il mesure sa sagacité et sa bonne foi; il tient compte de la forme que les faits ont prise dans cette glace imparfaite; il les redresse, tout courbés qu'ils sont, et ranime par la force de ses conjectures jusqu'aux plus effacés et aux plus dénaturés, devinant à travers lui ce qu'il n'a pu ni voulu dire, et, en dépit de lui-même, le rendant fidèle et complet. C'est ainsi qu'il avance sur ces routes glissantes, avec les précautions minutieuses, le tact exquis, la sensibilité scrupuleuse, la résolution ardente d'un homme qui ne laissera rien ni à l'erreur ni à l'incertitude de tout ce que l'instinct du vrai, la patience et la passion pourront leur arracher.

Ce portrait convient-il à Tite Live? Dans quel but, selon quelles règles, avec quel soin, a-t-il usé de la critique! Il répondra lui-même et nous n'avons qu'à recueillir ses aveux.

# CHAPITRE II.

## LA CRITIQUE DANS TITE LIVE.

### § 1. Sa préface.

« Mon livre vaudra-t-il le travail qu'il m'en coûtera pour écrire, depuis l'origine de la Ville, les actions du peuple romain ? Je ne sais, et, si je le savais, je n'oserais le dire, quand je vois que le sujet est à la fois ancien et rebattu, depuis que chaque jour de nouveaux écrivains croient apporter des faits plus certains ou surpasser l'inhabile antiquité dans l'art d'écrire. Quoi qu'il en soit, j'aurai toujours la joie d'avoir aidé selon mes forces à l'histoire du premier peuple de la terre, et, si, dans cette foule d'écrivains, mon nom reste obscur, la grandeur et l'illustration de ceux qui l'auront effacé me consoleront. C'est d'ailleurs un ouvrage d'un labeur immense, puisqu'il prend Rome à plus de sept cents ans d'ici, et que, partie de faibles commencements, elle s'est accrue au point de plier maintenant sous sa propre grandeur. Je sais de plus que la plupart des lecteurs prendront peu de plaisir à voir les origines et les temps voisins des origines, impatients d'arriver à ces derniers temps, où les forces d'un peuple depuis longtemps souverain se détruisent elles-mêmes. Pour moi, je chercherai dans mon travail encore une récompense, celle de me détourner, tant qu'il durera, des maux que notre siècle a vus si longtemps, ou du moins de les oublier, tant que mon esprit s'attachera à ces âges antiques, libre des inquiétudes qui, sans écarter un écrivain du vrai, le tiennent pourtant préoccupé.

« Les faits qui se passèrent, avant que la ville fût fondée ou qu'on voulût la fonder, sont plutôt ornés de fables poétiques que transmis par des sources pures. Je ne veux ni les réfuter ni les affirmer. Laissons à l'antiquité le droit de mêler le divin à l'humain pour rendre plus augustes les commencements des villes. Que s'il est permis à un peuple de consacrer ses origines et de prendre des dieux pour ses auteurs, c'est au peuple romain; et, quand il veut faire de Mars le père de son fondateur et le sien, sa gloire dans la guerre est assez grande pour que les nations de l'univers le souffrent, comme elles souffrent son empire. Au reste, de quelque façon qu'on regarde et qu'on juge ces récits et d'autres semblables, je n'y mets pas grande différence. Ce qu'il me faut, c'est que chacun, pour sa part, s'applique fortement à connaître quelles furent les mœurs, quelle fut la vie à Rome, par quels hommes, par quels moyens, dans la paix et dans la guerre, cet empire a été fondé et accru. Qu'on suive alors le mouvement insensible par lequel, dans le relâchement de la discipline, les mœurs d'abord s'affaissèrent, puis tombèrent chaque jour plus bas, et enfin se précipitèrent vers leur chute, jusqu'à ce qu'on en vînt à ces temps où nous ne pouvons souffrir ni nos vices ni leurs remèdes. S'il y a dans la connaissance des faits quelque chose de fructueux et de salutaire, c'est que vous y contemplez, en des monuments éclatants, les enseignements de tous les exemples; c'est que vous y trouvez, pour vous et pour votre patrie, ce qu'il vous faut imiter; ce qu'au contraire vous devez fuir, parce que l'entreprise et l'issue en sont honteuses. Au reste, ou l'amour de mon sujet m'abuse, ou il n'y eut jamais de république si grande, ni si sainte, ni si riche en bons exemples; ni de cité où la débauche et l'avidité aient pénétré si tard, où l'on ait tant et si longtemps honoré la pauvreté et l'économie : tant il est vrai que, moins on avait, moins on désirait. C'est tout récemment que les richesses et l'abondance des plaisirs ont apporté la cupidité et la passion de périr et de tout perdre par le luxe et la débauche. Mais ces plaintes, qui déplairont lors même peut-être qu'elles seront nécessaires, doivent du moins être écartées du commencement d'une si grande œuvre. J'aimerais mieux, si c'était la coutume des historiens, commencer comme les poëtes par de bons présages, en offrant des vœux et des prières aux dieux et aux déesses, pour qu'ils donnent un heureux succès aux débuts d'une si vaste entreprise. »

Cette noble préface montre dans quel dessein et avec quels sentiments écrit Tite Live. C'est l'œuvre d'un moraliste qui présente aux hommes des exemples de conduite, et d'un citoyen qui veut louer la vertu de sa patrie. On reconnaît le lettré dans cet amour du beau langage, l'honnête homme dans ces promesses d'impartialité et dans ces aveux d'ignorance ; et, dans les solennelles périodes et les fiers accents d'orgueil national, on entend la voix de l'orateur, qui ouvre le récit des victoires romaines en dressant un arc de triomphe au peuple roi.

§ 2. I. Il n'avance rien que sur des autorités. — II. Sur beaucoup d'autorités. — III. Ses aveux. — Son équité. — IV. Sa bonne foi. — Ses doutes. — V. La noblesse d'âme est un instinct critique. — Imbécillité de Denys. — VI. L'exactitude est un talent critique — Vérité croissante des derniers livres.

Ce génie de l'auteur annonce les mérites et les défauts du critique. Tite Live ˰e de la parfaite vérité, parce qu'il l'aime et parce qu'il comprend la grandeur de Rome, mais sans y atteindre, parce qu'il n'a pas l'amour unique et absolu du vrai, parce qu'il a pour sa patrie une partialité involontaire, parce qu'il a trop de goût pour le beau style et l'éloquence. Il est aussi exact qu'on peut l'être, quand on est naturellement orateur et non historien.

I. Jamais il n'avance un fait sans preuves. Pour les plus minces détails, il avait les auteurs sous les yeux. « Les députés, dit-il, trouvèrent Cincinnatus dans son champ, selon les uns, creusant un fossé et appuyé sur sa bêche; selon les autres, conduisant sa charrue; mais, ce dont on est d'accord, occupé à un travail champêtre[1]. » Sans doute il ne cite pas à chaque événement ses autorités; son début n'est point le catalogue de ses sources; cela est bon pour un pauvre Grec, rhéteur et sans crédit, comme Denys. Tite Live n'a pas besoin de prouver sa bonne foi; elle se manifeste d'elle-même sans qu'il y songe; à chaque instant on s'aperçoit qu'il ne fait que transcrire les témoignages conservés. Il est consciencieux jusqu'au scrupule; nos critiques, si sévères, se croient le droit d'ajouter aux faits leurs causes; Tite Live ne choisit même pas entre

---

[1]. Tite Live, III, 26.

celles qui sont rapportées : « Les malheurs, dit-il, commencèrent par une famine, soit que l'année eût été mauvaise pour les récoltes, soit que l'attrait des assemblées et de la ville eût fait délaisser la culture. On donne l'une et l'autre raison [1]. » Lorsque les matrones vont trouver Coriolan, il ne sait si c'est d'elles-mêmes ou par le conseil des magistrats. Quand on doute entre deux noms, il n'ose décider, dire Furius ou Vopiscus, plutôt que Fusius ou Virginius. Enfin plus tard, quand il suit le seul Polybe, si du doigt, à chaque ligne, on compare les deux pages, on se convainc qu'il n'ajoute aucun fait, qu'au contraire il en retranche, que la seule licence qu'il prenne est de souffler un peu de vie dans les phrases traînantes de ses froids devanciers. Je trouve encore dans l'ordre de son récit une grande marque de son exactitude. Il va d'année en année, selon le plan de ses annalistes, disant comme eux les noms des magistrats, les prodiges, les expiations, les disputes civiles et les guerres étrangères, sans intervenir, sinon par des aveux d'ignorance et par des discours, sans essayer d'expliquer les événements par des conjectures, ou de lier les faits par des idées générales. Il s'efface lui-même pour laisser parler ses auteurs. Ce qu'à travers lui

---

1. Tite Live, IV, 12.

nous lisons aujourd'hui, c'est Fabius Pictor, c'est Pison, ce sont les premiers annalistes, plus corrects, plus clairs, plus éloquents, mais avec leur plan, leurs détails, leurs erreurs, tels qu'il les déroulait dans la bibliothèque de Pollion, parmi les bustes d'airain et d'argent qui conservaient leurs traits et leur mémoire. Il a le mérite rare de n'altérer jamais un témoignage, et de ne dire rien sans une autorité.

II. Et ces autorités sont nombreuses : dans les dix premiers livres, Fabius Pictor, le plus ancien historien de Rome, Cincius Alimentus, qui fut prisonnier d'Annibal et témoin de toute la seconde guerre punique, Calp. Pison, Valérius Antias, Licinius Macer, qui consultait les livres de lin dans le temple de Monéta, Claudius Quadrigarius, Ælius Tubéron ; dans les vingt-six autres, outre ceux-ci, Polybe, le plus réfléchi et le plus exact des historiens anciens, le Sicilien Silénus, ami d'Annibal, Cœlius Antipater, Cécilius, P. Rutilius, Clodius Licinius, plusieurs écrits de Caton le Censeur ; et partout enfin, les Fastes et les Livres des magistrats qui lui servent à vérifier et à corriger les dates [1]. Tite Live lit tous ces auteurs ensemble, et cite parfois jusqu'à quatre opinions

---

1. Lachmann, *passim*.

sur un seul fait. Quand, plus tard, il rencontre Polybe, si savant, si soigneux, qu'il consulte et estime selon son mérite, il lui joint encore les contemporains, Fabius Pictor, Cincius et d'autres, sans dédaigner même Val. Antias qu'il méprise avec raison. Parmi les phrases régulières du récit, tout à coup éclate une description brillante, comme la prise de Sagonte; une narration éloquente, comme la bataille de Trasimène. C'est que le Grec politique et raisonneur vient d'être abandonné, et que Tite Live, creusant autour de lui, a retiré d'entre les monuments quelque riche peinture enfouie. Ailleurs [1], trouvant du premier coup le récit pittoresque, il le suit jusqu'au bout, l'animant encore, sans plus penser au reste, et content d'une telle rencontre. Mais la page achevée, il aperçoit, à côté de lui, sur sa table, les autres annalistes qu'il a laissés là; il s'arrête et met leurs versions diverses dans le chapitre qui suit. Il a donc lu beaucoup d'auteurs, plusieurs à la fois, et avec grand soin. C'est assez, sinon pour un critique, savant insatiable, du moins pour un honnête homme de tout point consciencieux.

III. Dans cette lecture, il est impartial autant qu'un Romain peut l'être, toujours fier, mais ja-

---

1. Tite Live, VII, 42.

mais flatteur avec préméditation et par intérêt, comme Denys. Il laisse le Grec fonder Rome avec une colonie de gens de bien, et avoue que l'asile fit le peuple. Entre deux récits, il ne choisit point partout le plus honorable, mais le plus vraisemblable; et par exemple, le maître de la cavalerie, Fabius, ayant combattu contre les Samnites, il ne lui accorde qu'une seule victoire, contre plusieurs auteurs qui en rapportaient deux. Il se défie beaucoup de Valérius Antias, qui exagère le nombre des ennemis morts ou pris. Il choisit souvent le plus petit nombre, et, dans les temps trop anciens, il n'ose le marquer. En plusieurs endroits, il raconte librement les défaites et les cruautés de Rome[1]. Quelque temps après la fuite des Tarquins, l'armée avait été battue par les Aurunces, et l'un des deux consuls laissé pour mort. « L'année suivante, dit-il, on revint avec plus de colère et aussi avec des forces plus grandes contre Pométia; et comme, après avoir refait les mantelets et autres ouvrages de guerre, le soldat était sur le point d'escalader les murailles, la ville se rendit; mais, quoiqu'elle eût capitulé, elle fut traitée aussi cruellement que si on l'eût prise d'assaut. Les principaux Aurunces, sans distinction, furent frappés de la hache, les autres

---

1. Tite Live, III, 17.

habitants vendus sous la lance, la ville détruite, et le territoire vendu. » Parfois, ayant avoué les mauvaises actions, il les juge; il est homme autant que citoyen, et s'indigne des perfidies de Rome comme de ses défaites. S'il ne blâme pas lui-même le parjure légal des Fourches Caudines, c'est que le discours du Samnite est assez éloquent. On sent que ces fortes paroles viennent de l'amour du juste et non du besoin de bien plaider. « Aurez-vous toujours des prétextes, Romains, quand vous êtes vaincus, pour ne pas tenir votre promesse? Vous avez donné des otages à Porsenna, et vous les avez dérobés par fraude. Vous avez racheté à prix d'or votre cité aux Gaulois, et ils ont été massacrés dans l'instant où ils recevaient l'or. Vous avez conclu la paix avec nous, afin qu'on vous rendît vos légions prisonnières, et voilà que vous éludez cette paix, couvrant toujours vos perfidies de quelque semblant de justice.... Je ne reçois pas, je ne regarde pas comme livrés ceux que vous feignez de livrer.... Faites la guerre maintenant parce que Sp. Postumius vient de frapper du genou le fécial, votre envoyé. Sans doute les dieux croiront que Postumius est un citoyen samnite, non un citoyen romain, et que le droit des gens a été violé dans le Romain par le Samnite! Et l'on n'a pas honte de jouer en plein jour ces comédies religieuses ! Des vieillards, des consulaires, cherchent pour manquer à leur foi des détours indignes de petits enfants[1] ! » Tite Live met ainsi ses sentiments et ses jugements dans les discours, et se retire à dessein du reste de l'histoire. Caché derrière les personnages, il peut être sincère, même aux dépens des siens. Mais on reconnaît, à son accent, quand il faut distinguer de l'orateur le juge, et quand ce n'est plus la cause qui parle, mais la vérité. Lorsqu'Annibal prend le poison : « Délivrons, dit-il, le peuple romain d'une longue inquiétude, puisqu'ils n'ont pas la patience d'attendre la mort d'un vieillard. La victoire que Flamininus remporte sur un homme trahi et désarmé n'est ni grande ni mémorable; et ce jour même prouvera combien les mœurs du peuple romain ont changé. Leurs pères prévinrent un ennemi armé, qui avait son camp en Italie, le roi Pyrrhus, de se garder du poison; eux, ils envoient un ambassadeur consulaire pour engager Prusias à assassiner son hôte. » Ce contraste est de Tite Live plutôt que d'Annibal, et, tandis que le personnage accuse une perfidie, l'historien marque une décadence. Souvenons-nous encore que les Grecs ont eu moins pitié que lui de la malheureuse Grèce. Denys et Polybe ont écrit

---

1. Tite Live, IX, 11.

les louanges des vainqueurs, celui-ci vantant leur vertu, celui-là leur noblesse, sans grand souci de leur patrie, fort disposés à justifier sa servitude, concluant tous deux que la puissance fait le droit, et que le devoir du faible est d'obéir au fort[1]. Tite Live avait plus de raisons qu'eux pour louer Rome; et pourtant, quand son Lycortas plaide devant Appius pour la triste Achaïe, à son accent d'indignation contenue, à ses élans de fierté douloureuse, on sent que le Romain a entendu le dernier soupir de la justice et qu'il est un moment du parti de l'opprimé.

IV. Il est encore mieux en garde contre la vanité d'auteur que contre les préférences de citoyen. Il avoue librement ses incertitudes et ses ignorances[2], ne voulant point paraître plus instruit qu'il n'est, ni affirmer au delà de ce qu'il sait. Il laisse au lecteur le soin de prononcer sur les traditions qui précèdent la naissance de Rome; il ose à peine décider si les Horaces étaient Albains ou Romains, quel fut le premier dictateur, combien il y eut d'abord de tribuns; il évite de nous imposer son jugement; pour peu que l'opinion contraire ait de vraisemblance, il la donne après la sienne. Il ôte lui-même beaucoup d'autorité à son récit, en disant que la plupart des

1. Denys, *Proœmium*. — 2. Tite Live, III, 23, etc.

monuments périrent dans l'incendie, et que, par vanité, les familles ont altéré leurs archives [1]; non qu'il abandonne les premiers temps pour mieux sauver la certitude des autres. Même dans la guerre samnite, il garde ses doutes, et s'arrête pour dire que là dans les annales tels consuls manquent, qu'ici les récits diffèrent, que les dates sont peu précises, que dans telle bataille on ne sait qui fut vainqueur [2]. Jusque dans les guerres puniques, par exemple à la prise de Carthagène, il déclare qu'on n'est d'accord ni sur le nombre des soldats et des vaisseaux carthaginois, ni sur la quantité des machines et des otages qui furent pris, ni sur les noms des chefs de l'ennemi et de la flotte romaine. Il ne songe qu'à présenter les opinions des autres; c'est au lecteur de choisir. Il éclaire notre raison en respectant notre libre arbitre, et nous engage non à croire, mais à juger. Il y a dans cette réserve autant de bon goût que de bonne foi, et l'on aime à voir Tite Live critique plus prudent que le grand critique Niebuhr. Quelle différence entre cette modération et la crédulité effrontée de Denys! Tite Live enferme en un livre les deux siècles et demi des rois; au bout d'un volume, Denys arrive à la mort d'Énée. Le pédant grec

---

1. Tite Live, VIII, 40; VI, 1. — 2 Id., VIII, 18, 40, etc.; IX, 44; X, 3, 5.

sait toutes les actions de tous les rois d'Albe. A-t-il été, sept cents ans auparavant, historiographe officiel de Numitor? Il dit par quelles ruses Amulius découvre que sa nièce est grosse, quels médecins l'examinent, quel tribunal la juge. Sans doute, il a lu les procès-verbaux. Tite Live se garde bien de cette érudition intrépide; il abrége pour n'être pas romanesque, et préfère les doutes aux contes. Il sait croire avec mesure, et raconter sans affirmer. Avec toute l'équité qu'on peut demander à un Romain, il eut toute la bonne foi qu'on doit exiger d'un honnête homme. Il a sacrifié parfois sa patrie, toujours son amour-propre. L'honnêteté est un commencement de critique, et la sincérité une promesse de vérité.

V. Cette sincérité est-elle clairvoyante? Pour gagner la confiance, il faut la défiance, et l'on ne mérite d'être cru que pour avoir douté. Tite Live, autant qu'homme du temps, s'est précautionné contre l'erreur. Il a choisi les auteurs les plus anciens, les plus savants et les plus graves : Fabius Pictor, qui le premier, à Rome, écrivit l'histoire, sénateur et versé dans le droit pontifical; le préteur Cincius, docte jurisconsulte; Calpurnius Pison, qui fut consul; l'exact et soigneux Cœlius Antipater; Rutilius, que son intégrité fit exiler; Polybe, enfin, qui, à partir du onzième livre, est son guide et lui donne un plan[1]. Il confronte ces auteurs si bien choisis, et décide entre eux d'après des règles certaines. Quand ils ne sont pas d'accord, il suit le plus grand nombre, les plus accrédités, les moins éloignés des événements[2], entre tous, Fabius et Pison, mais sans passion ni système, laissant la chose incertaine quand Pison a contre lui plusieurs témoignages[3]. Il mesure ce que chacun mérite de confiance, et, sachant que Valérius Antias invente et exagère les victoires, il ne le cite que pour se défier de lui. « Tant, dit-il, il outre le mensonge. » Il tient compte des vanités de famille. « Licinius a moins d'autorité en ceci, parce qu'il a cherché la gloire de sa maison. » Il est vrai qu'il ne fait pas parade de ses recherches, et qu'il épargne au lecteur le rebutant travail de la critique. Il est trop orateur pour gâter souvent l'ampleur de ses récits par la sécheresse des digressions. L'érudition est une mine où l'historien doit laisser la boue pour ne retirer que l'or pur. Mais, quand on le compare à Polybe, qu'il suit, ou à Denys, qui a puisé aux mêmes sources, on découvre le vaste travail caché sous cette abondance entraînante, et, de temps en temps, une discussion

---

1. Lachmann, p. 26. — 2. Tite Live, I, 7; III, 33; XXI, 46. — 3. Id., I, 4; X, 9.

aride qui sort du courant fait deviner ce qu'on trouverait au fond. Non que je suppose sous chaque détail un volume de raisonnements. Ce n'est point ainsi que marchent les vrais critiques. Ils laissent cette méthode lente et fausse aux érudits de bibliothèque, ou ne produit, en dissertant, que des dissertations; et l'histoire naît aussi vive et aussi prompte dans l'historien que les sentiments dans ses personnages. C'est un instinct qui la découvre; à travers les récits languissants ou altérés, sans démonstration ni prémisses, on court droit au fait vrai, au détail original, au mot authentique. Les yeux lisent machinalement une page décolorée, et tout d'un coup se détache une phrase lumineuse; les événements se recomposent, les personnages se raniment d'eux-mêmes; chacun va reprendre dans la tradition confuse les traits qui lui conviennent. Le critique n'a pas réfléchi; sans qu'il y pensât, son sens intime a choisi, et la pénible érudition est devenue une vue subite[1]. Certainement Tite Live a ce don. Ses récits sont trop suivis pour être cousus de morceaux rapprochés. La passion ne s'accommoderait pas de cette allure interrompue. On voit que dans son âme d'orateur se raniment les sentiments de ceux qu'il fait agir et

---

1. Aug. Thierry, préface de l'*Histoire de la conquête des Normands.*

parler. Or, telle est la grande et clairvoyante critique. Car il semble alors que l'historien s'efface, que les personnages qui vivent en lui se chargent de sa tâche, et, d'eux-mêmes, recréent avidement tout leur être, comme empressés d'agir et de jouir de tout ce qu'ils ont été.

A côté de cette divination du vrai, qu'une négligence dans les dates ou dans les noms est peu de chose ! Comme on méprise Denys quand on a lu Tite Live ! Qu'il y a de fausseté dans cette exactitude apparente ! Le rhéteur grec explique minutieusement les institutions, les guerres, les négociations ; on suit tous les pas de ses personnages ; il a des plans complets de toutes les batailles ; il ne se tient pas un conseil sans qu'il énumère tous les avis. Point de révolution dont il ne pénètre les motifs, point d'événement dont il ne révèle les causes. Si Scævola entre si aisément dans le camp de Porsenna, c'est que sa nourrice est Étrusque et lui a enseigné la langue des ennemis. Par malheur il a oublié qu'il fait agir des hommes : ses personnages parlent, marchent, imitent la vie, mais n'ont point l'âme. Tout choque dans leurs mouvements ; ce sont des automates rangés avec ordre sur un théâtre bien peint, qui traînent en boitant leurs membres mal liés. Son Brutus devant le corps de Lucrèce, le couteau sanglant à la main, vient de crier aux armes, et court au camp avec les jeunes gens furieux. Mais auparavant il trouve le loisir de disserter paisiblement sur le gouvernement qu'il conviendra de donner à Rome. Au milieu de la discussion, il observe judicieusement que le temps presse. Néanmoins il reprend son raisonnement, conseille de maintenir le pouvoir royal, de le partager seulement entre deux hommes, « comme à Lacédémone, » mais de ne pas laisser aux chefs la couronne d'or, le sceptre d'ivoire et la robe de pourpre brodée d'or, insignes magnifiques qui pourraient offenser; de remplacer le nom de royauté par celui de république, « parce que la plupart des hommes tiennent au nom; » de conserver cependant un roi des sacrifices, etc. Après quoi, il se souvient à propos qu'il serait bon d'agir, et marche avec impétuosité contre le tyran. O pauvre grammairien! retournez bien vite à vos périodes, et laissez là l'histoire pour retoucher votre livre sur l'arrangement des mots! Certes, Tite Live, sur ce point, n'est pas sans reproche; il a connu l'homme mieux que les hommes; il est, selon sa coutume, orateur plutôt qu'historien : mais il y a de la vérité dans son récit, parce qu'il y a de la passion. « Ils enlèvent le corps de Lucrèce, le portent sur la place. Le peuple s'assemble, comme cela arrive, étonné d'une chose aussi étrange et aussi affreuse. Ils se plaignent, chacun de son côté, de l'attentat et du crime des Tarquins. Le peuple est ému par la douleur du père, par Brutus, qui condamne les plaintes et les larmes inutiles, les exhorte à agir en hommes, en Romains, à prendre les armes contre ceux qui les traitent en ennemis. Les plus ardents des jeunes gens se présentent, volontaires et tout armés. Le reste de la jeunesse les suit. On en laisse la moitié aux portes de Collatie avec des gardes, pour que personne n'annonce au roi le mouvement. Les autres, avec Brutus pour chef, partent armés pour Rome. Ils arrivent, et partout où s'avance cette multitude en armes, on s'effraye, on s'agite ; mais dès qu'on voit en tête les premiers de la cité, quelle chose que ce soit, on pense qu'ils ne viennent pas sans raison. Cet événement atroce fit dans les âmes un aussi grand mouvement à Rome qu'à Collatie : aussi, de tous les endroits de la ville, on accourt au Forum. Dès que le peuple fut venu, le héraut l'appela autour du tribun des Célères. Par hasard, Brutus avait cette charge. Son discours fut loin de la simplicité d'esprit qu'il avait affectée jusqu'à ce jour ; il raconta la violence du débauché Sextus, le viol infâme et la mort lamentable de Lucrèce, le deuil de Tricipitinus, pour qui la mort de sa fille était moins indigne et moins déplorable que la cause de cette mort. Il rappelle, en outre, la tyrannie du roi lui-même, la misère et les travaux du peuple plongé dans les fosses et cloaques qu'il faut creuser; les Romains, vainqueurs de toutes les nations d'alentour, de guerriers qu'ils étaient, devenus ouvriers et tailleurs de pierres. Il rappelle le meurtre indigne du roi Servius Tullius, la fille faisant passer son char abominable sur le corps de son père, et invoque les dieux vengeurs des parents. Par le récit de ces forfaits, et par d'autres, je crois, plus atroces encore, que suggère une indignité présente, et que les écrivains ne retrouvent pas aisément, il poussa la multitude enflammée à abroger l'autorité royale et à décréter l'exil de L. Tarquin, de sa femme et de ses enfants. Pour lui, ayant enrôlé et armé les jeunes gens qui d'eux-mêmes donnaient leurs noms, il marche vers le camp d'Ardée, afin de soulever l'armée contre le roi, et laisse le commandement de Rome à Lucrétius, que le roi quelque temps auparavant avait institué préfet de la ville. Dans ce tumulte, Tullia s'enfuit de sa maison, au milieu des exécrations des hommes et des femmes, qui, partout où elle passait, invoquaient les furies du parricide[1]. » Ici les événements sont pressés, les émotions brusques; on sent à demi couvertes sous le récit

---

1. Tite Live, I, 59.

les paroles passionnées et les cris de vengeance, « jetés sur la place publique comme des poignards et des brandons. » Ce sens du vrai, incomplet peut-être, est pourtant une partie de la critique. Il révèle à Tite Live, sinon les sentiments particuliers propres à certains temps, du moins les émotions générales semblables dans tous les temps; et le génie oratoire, qui le donne, donne encore celui des anciennes traditions. Élevé bien haut par ces nobles fables, Tite Live dédaigne de descendre aux discussions et aux doutes; il sent que la poésie seule peut raconter les temps poétiques, et son âme éloquente devient religieuse au spectacle de la religieuse antiquité. Écoutez le récit de la fin de Romulus : « Après avoir accompli ces immortels travaux, un jour qu'il tenait une assemblée dans une plaine, près du marais de Capra, pour dénombrer l'armée, tout d'un coup une tempête s'éleva avec un grand fracas et des coups de tonnerre, et couvrit le roi d'une si épaisse nuée, qu'il fut dérobé à la vue de tout le peuple. Depuis ce temps, Romu' ne reparut plus sur la terre[1]. »

En dépit du beau style, l'histo        is
garde l'accent des légendes h              les
résolutions soudaines e                 .troces

---

1. Tite Live, I, 16.

d'un peuple barbare. Horace tue sa sœur; Mettius est tiré par des chevaux et mis en pièces. On entend les formules minutieuses que prononçait dans les traités la cité superstitieuse et légiste. Du milieu des phrases polies s'élèvent des textes rudes et âpres, comme un vieux mur cyclopéen dans une ville moderne. Tel est « ce chant horrible » de la loi : « Que les duumvirs jugent le crime de « perduellion; s'il en appelle, qu'on débatte sur « l'appel; s'ils gagnent, qu'on lui voile la tête; « qu'on le suspende par une corde à l'arbre « malheureux; qu'on le batte de verges soit dans « le pomœrium, soit hors du pomœrium. » On créa par cette loi des duumvirs, qui, avec cette loi, n'auraient pas cru pouvoir absoudre même un innocent. Lorsqu'ils l'eurent condamné, l'un d'eux : « P. Horatius, je te déclare coupable de « perduellion : va, licteur, attache-lui les mains. » Alors Horace, de l'avis de Tullus, interprète clément de la loi : « J'en appelle, » dit-il. Ainsi l'on débattit devant le peuple sur l'appel[1]. » Le discours perd vite cette brièveté saisissante; mais après les antithèses admirables et le plaidoyer trop parfait du vieil Horace, on retrouve les mœurs primitives. Il semble qu'on voit ici le fragment d'un bas-relief antique : « Le père,

---

1. Tite Live, I, 26.

ayant fait quelques sacrifices expiatoires, conservés plus tard par la famille Horatia, mit en travers de la rue un poteau, en forme de joug, sous lequel il fit passer le jeune homme, la tête voilée. On l'appelle le poteau de la sœur. » Tite Live a-t-il compris partout l'antiquité et la barbarie? Nous verrons tout à l'heure en quels points il les altère; mais du moins avouons qu'il garde en orateur l'accent solennel des traditions primitives, et que son talent s'accorde avec son sujet. — J'admire encore que son éloquence et son patriotisme aient si bien ranimé dans son cœur les passions politiques et les grands sentiments romains. L'amour des nobles actions, des fortes vertus, des fermes courages, est un sens critique. Il faut de la hauteur d'âme pour comprendre les actions d'un peuple héroïque, et le discours doit être oratoire pour être digne de tels citoyens et de tels soldats. Tite Live a le cœur de l'antique Rome, et l'on n'en pourrait dire autant de tous ceux qui ont refait son ouvrage. Qu'on lise ce passage de la guerre de Véies, et l'on verra qu'il est bon de sentir d'une certaine manière pour exprimer de certains sentiments : « En une heure, le rempart, les mantelets, qui avaient coûté un si long travail, furent consumés par l'incendie. Beaucoup d'hommes, qui vinrent inutilement au secours, périrent par le fer et le feu. Cette nouvelle, portée à Rome, jeta partout la tristesse, et dans le sénat l'inquiétude et la peur. Il craignait qu'on ne pût désormais soutenir la sédition dans la ville ni dans le camp, et que les tribuns du peuple ne foulassent la république en vainqueurs; lorsque tout à coup, ceux qui payaient le cens équestre sans que l'État leur eût assigné de chevaux, après avoir tenu conseil entre eux, se présentent devant le sénat, et, ayant reçu la permission de parler, promettent de faire leur service avec des chevaux qu'ils fourniront eux-mêmes. Le sénat leur ayant rendu grâces dans les termes les plus magnifiques, et ce bruit s'étant répandu dans le Forum et dans la ville, le peuple tout à coup accourt autour de la curie : ils sont de l'ordre pédestre, et viennent à leur tour promettre à la république service extraordinaire, soit à Véies, soit où l'on voudra les mener. Si on les mène à Véies, ils s'engagent à ne pas revenir avant d'avoir pris la ville des ennemis. Alors on put à peine contenir la joie qui débordait. On ne voulut pas les louer, comme les cavaliers, par la voix des magistrats, ni les mander dans la curie pour leur faire réponse ; les sénateurs ne peuvent rester dans l'enceinte de la curie; mais d'en haut, tournés vers la multitude qui est debout sur la place aux comices, de la voix, de la main, chacun pour sa part, ils lui témoignent la joie publique ; ils disent que par cette concorde la ville de Rome est heureuse, invincible, éternelle ; ils louent les cavaliers ; ils louent le peuple ; ils exaltent par des louanges la journée elle-même ; ils avouent que le sénat est vaincu en bonté et en générosité[1]. »

VI. A mesure que Tite Live avance, son récit devient plus vrai. Dans l'histoire des rois, les hommes sont peints avec vérité, mais en général. Dans les trois premiers siècles de la république les sentiments sont déjà romains, et l'on entend l'accent des passions politiques. A partir des guerres puniques, se marquent de plus en plus les traits particuliers qui conviennent uniquement au temps et au pays, et le tableau devient presque un portrait. C'est que les documents sont contemporains et que Tite Live les transcrit fidèlement. Sous les rois, il avait pour sens critique sa grandiose éloquence ; dans le premier âge de la république, sa vertu et son âme de citoyen ; ici, son exactitude et sa bonne foi. Toujours quelque mérite remplace ou complète en lui les talents qui lui manquent ou qu'il n'a pas assez grands. Du fond vaporeux de la fable, à travers les pays demi-obscurs de l'histoire altérée, il est venu poser le pied sur le seuil de l'histoire

1. Tite Live, V, 7.

complète et pure. Chaque année maintenant on voit le sénat, le jour où les consuls entrent en charge, se rassembler au Capitole, distribuer les commandements contre Annibal, prescrire les sacrifices expiatoires, ordonner l'impôt, les levées, les approvisionnements, juger les réclamations des colonies et des municipes, envoyer des ambassades, pourvoir à la Sicile, à l'Espagne, à la Cisalpine, et régler toute la conduite de la guerre. Les événements sont plus pressés, les narrations plus courtes, les discours moins fréquents. On s'explique les mouvements compliqués de cette grande machine politique. On pénètre dans son intérieur, on compte ses rouages. Ici sont des restes de l'ancienne opposition des ordres. Quand les deux consuls sont plébéiens[1], les augures déclarent encore les présages contraires. Deux nouvelles classes se forment, les nobles et les citoyens sans ancêtres[2] ; Varron est élu parce qu'il est homme nouveau. Cent détails jetés çà et là par le mouvement du récit montrent la constitution et les sentiments de l'Italie. C'est une armée de villes libres dont Rome est le général. Sous sa suprématie, chacune se gouverne, lève, pour la cause commune, de l'argent et des hommes, et, quoique dépendante, garde chez

---

1. Tite Live, XXIII, 31. — 2. *Id.*, XXII, 34.

elle des dissensions publiques; les grands favorisant Rome et le peuple Annibal. Ce sont autant de petites républiques, actives et disciplinées, qui se forment en légion à la voix de la cité commandante. Entre tous ces détails d'administration, abondent les traits de générosité romaine; parmi les faits, de toutes parts jaillissent les sentiments. L'an 214[1], le sénat chasse de leurs tribus ceux qui, prisonniers d'Annibal, et lui ayant juré de revenir, ont voulu éluder leur promesse. Les fournisseurs qui entretiennent les édifices et donnent des chevaux aux magistrats, les maîtres dont on a pris les esclaves, ne veulent pas être payés avant la paix; les veuves et les orphelins portent leur fortune au trésor; les chevaliers et les centurions refusent leur solde et traitent de mercenaires ceux qui l'acceptent; toute la ville combat d'une seule âme, inventant des sacrifices, accumulant des dévouements. — Sitôt que les Romains entrent en Asie, le changement paraît dans Tite Live avec une vérité frappante. Rien de brusque; Rome entre dans la corruption, sans s'y enfoncer encore. Tout est mêlé : tel fait rappelle l'ancienne discipline; celui qui suit annonce la décadence; souvent le même montre les deux à la fois, comme au con-

1. Tite Live, XXIV, 18.

fluent de deux rivières l'eau troublée se teint de deux couleurs. L'esprit religieux n'a pas péri, et les sénateurs apprennent avec crainte que la statue de Pollentia est renversée. Le magnifique orgueil subsiste tout entier; quand l'armée marche contre Antiochus, il semble « qu'elle va, non pas combattre contre tant de milliers d'hommes, mais égorger des troupeaux d'animaux[1] ». Déjà, pourtant, les antiques maximes fléchissent, et la perfidie grecque entre dans les conseils de Rome. Marcius et les ambassadeurs se vantent d'avoir trompé Persée par des espérances de paix, afin de gagner un délai nécessaire, tandis que les vieux sénateurs s'indignent de cette tromperie, et déclarent que, pour bien vaincre, il faut vaincre par la force et ouvertement[2]. L'administration devient un pillage, et la paix romaine bientôt ne sera plus qu'une guerre contre les hommes et contre les dieux. F. Flaccus enlève les tuiles de marbre du temple de Junon Lacinienne. Un Flamininus, pour le plaisir d'une courtisane, égorge un Gaulois qui se livrait à sa bonne foi. Le sénat s'indigne et punit les malfaiteurs publics ; mais bientôt, malgré ses ordres, on voit Popilius recommencer la guerre contre les Stelliates soumis, les Chalcédoniens pillés en

---

1. Tite Live, XXXVII, 39. — 2. Id., XLII, 74.

pleine paix par Hortensius, Manlius, « consul mercenaire », rançonnant les rois sur sa route, et promenant dans toute l'Asie « son brigandage ». Déjà les soldats n'obéissent plus ; ils pillent Phocée malgré la défense de leur général ; ils perdent jusqu'au courage ; les garnisons d'Illyrie se rendent à Persée sans combat ; à Uscana, les soldats d'Appius se sont enfuis au premier cri des ennemis. En même temps entrent à Rome les bacchanales sanglantes et les furieuses orgies orientales. Parmi les Grecs rhéteurs et les Asiatiques serviles, les Romains, habitués à tout oser, usurpent la licence de tout faire ; à force de mépriser les hommes, leurs héros méprisent le droit, et l'austère Paul-Émile vend les Épirotes auxquels il a promis la liberté [1]. Ici Tite Live nous manque ; mais la vérité de ces derniers livres nous prouve celle des cent qui suivaient ; et, quand on le juge, on doit songer que le meilleur de son histoire a péri.

Reconnaissons dans la critique de Tite Live les mérites que donnent l'honnêteté, l'amour de la patrie et le génie oratoire ; je veux dire le soin de ne rien avancer sans preuves et d'amasser des documents importants et nombreux, la volonté d'être juge intègre, l'habitude de confesser ses

---

1. Tite Live, XLII, 21 ; XLIII, 10 ; XXXVIII, 14 ; XXXVII, 32 ; XLV, 34, etc.

ignorances, la précaution de confronter les auteurs, le choix prudent des témoignages, le sens exact de la vérité générale, des traditions poétiques, de la grandeur romaine, des mœurs plus récentes, sinon de la vérité locale et de la barbarie primitive, du génie romain tout entier et de tous les âges de Rome. On a besoin de louer un pareil homme, avant d'oser le blâmer.

§ 3. I. Nul emploi des documents anciens. — II. Ni des récits primitifs. — III. Ni de la géographie. — Hérodote et l'Égypte. — Polybe. — Utilité des détails de cuisine. — IV. Tite Live Romain et patricien. — V. Sa critique incomplète. — Ses anachronismes de mœurs. — VI. Son érudition incomplète.

Il faut l'oser pourtant : car, entre tous ces mérites, on ne trouve pas l'amour infatigable de la science complète et de la vérité absolue. Il n'en a que le goût ; il n'en a pas la passion. Nulle autre qualité ne supplée à celle-là.

I. Tite Live ne consulte pas d'auteurs plus anciens que Fabius Pictor, écrivain du sixième siècle de Rome. Pouvait-on raconter les origines sur des témoignages aussi éloignés des origines? Il fallait à tout prix puiser aux mêmes sources que Fabius la nouvelle histoire, et égaler au moins ses recherches pour faire mieux que lui. Un critique moderne serait allé dans le trésor public et dans le temple des Nymphes, pour lire sur les tables d'airain les lois royales et tribunitiennes, les anciens traités conclus avec les Sabins, les Carthaginois, les Gabiens, les décrets du sénat, les plébiscites. Tite Live, enfermé parmi ses livres, laisse dormir dans la poudre les débris authentiques et l'histoire pure[1], si peu inquiet des anciens textes, que, plus tard, quand il découvre dans Polybe le premier traité de Rome et de Carthage, il ne prend pas la peine de rouvrir son second livre pour l'y ajouter ou seulement l'indiquer. Il y a peu d'historiens moins antiquaires. Auguste, qui l'était beaucoup, avait trouvé dans le temple demi-ruiné de Jupiter Férétrien les dépouilles opimes conquises par C. Cossus sur le roi véien Tolumnius, et y avait lu qu'alors Cossus était consul. Or, tous les auteurs rapportaient qu'il était tribun des soldats. Heureuse occasion, s'il en fut, d'aller déchiffrer sur la cuirasse de lin une inscription de l'ancien style. Tite Live cite les deux témoignages contraires et s'en tient là[2]. Ne lui demandez pas de fouiller les archives, comme un greffier aux gages de l'État, qui cherche une pièce perdue. S'il rapporte une formule de droit public, ou une invocation reli-

1. Lachman, 1<sup>er</sup> partie, sections 1 et 2. — 2 Comparez Tite Live, III, 31, et Denys, X, 31, 32, 35, 40, 43, 45, 47, 55. Tite Live n'est point allé lire la loi Icilia, qui était gravée sur une colonne de bronze dans le temple de Diane. Il la néglige et la dénature dans son récit.

gieuse, il l'a prise, non dans les rituels, mais dans F. Pictor. Quand, par hasard, il cite une ancienne prière, celle de Décius, c'est par respect de citoyen, et non par exactitude d'historien ou par goût de la couleur vraie. Encore il s'en excuse. « Quoique nous ayons perdu, dit-il, presque tout souvenir de nos usages civils et religieux, préférant partout des coutumes étrangères et nouvelles à nos institutions anciennes et nationales, je n'ai pas jugé hors de propos de rapporter ces détails dans les termes mêmes où ils ont été transmis et énoncés [1]. » On se doute à ce ton que de telles citations seront rares. Aussi, quand à l'arrivée d'Asdrubal vingt-sept jeunes filles chantent en l'honneur de Junon reine un hymne de Livius Andronicus, premier essai de la nouvelle littérature, il le laisse de côté par bon goût, plus curieux de plaire que d'instruire. « Ce chant, dit-il, que pouvaient louer les grossiers esprits de ce temps, si on le rapportait aujourd'hui, choquerait et paraîtrait informe [2]. » Horace aussi était rebuté de l'horrible vers saturnin, « vrai poison » qu'avait chassé la moderne élégance. Ces amateurs de beau langage n'étaient pas admirateurs des Douze Tables, et Tite Live non plus qu'Horace « ne les eût crues dictées par les Muses sur le

---

1. Tite Live, VIII, 11. — 2. *Id.*, XXVIII, 37.

mont Albain ». C'est donc trop exiger de lui que de l'envoyer remuer les tables triomphales, les livres des censeurs, les actes du sénat, et tant d'autres monuments illisibles. Il laissera Licinius Macer, dans le temple de Monéta, compulser les livres de lin, et se souciera moins que le scrupuleux Denys des vieilles chansons nationales. Que d'autres aillent gâter leur style parmi les chiffres et les détails d'administration, parmi les expressions barbares et les lourdes railleries de l'antique poésie. Il ne veut pas ternir son discours brillant et poli dans la poussière de l'érudition. C'est bien assez de corriger et d'orner les historiens languissants et malhabiles, Fabius et Pison, tout chargés et appesantis qu'ils sont par la barbarie des vieux textes. Tite Live les trouve accrédités, les croit fidèles, y lit tout au long les hauts faits de Rome. Cela suffit à sa conscience et à son éloquence. Il a matière pour bien dire, et garanties pour raconter. Ni l'orateur, ni l'homme honnête n'ont besoin de remonter plus haut.

II. Voilà les pièces officielles écartées. Tite Live a-t-il au moins jeté les yeux sur les récits primitifs ? Un historien de Rome aurait dû recourir aux annales que, par un usage antique et une décision nationale, Rome lui avait préparées. Car, attentive à tout discipliner, elle avait fait de l'histoire, comme du reste, une institution. Tous les ans, le grand pontife exposait un tableau où il avait inscrit les principaux événements; et ces tables assemblées étaient les grandes Annales. De la prise de Rome aux guerres puniques, on les avait complètes. A partir du tribunat jusqu'à la prise de Rome, elles subsistaient encore, quoique restaurées et altérées. Sur les origines, il restait des traditions [1]. Malheureusement les Annales étaient fort sèches [2]. Le grand pontife, peu lettré, homme d'administration et d'affaires, y marquait combien de fois le prix du grain avait haussé, les éclipses de soleil et de lune, si le cri de la musaraigne avait interrompu les auspices, et autres faits très-arides, plus sèchement racontés, jour par jour, dit Servius [3], et illisibles pour quiconque n'était pas le grand pontife, ou tout au moins érudit de profession. Il y en avait quatre-vingts livres. Que Fabius les ait lus, cela est louable, même naturel. Il avait écrit sur le droit pontifical; et, entre les fragments qui restent de lui, il en est un sur les petits plumets du flamine de Jupiter. Mais exiger de Tite Live qu'il secoue cet énorme fatras de puérilités superstitieuses, de détails commerciaux, de chiffres administra-

---

1. Voy. plus loin, ch. III, Discussion. — 2. Aulu-Gelle, II, 28. — 3. V, 377.

tifs, pour en faire sortir les traits de mœurs, les dates authentiques, l'ordre vrai des campagnes, c'est ignorer son caractère et violenter son talent. Se figure-t-on le noble orateur enfoncé tout le jour au milieu des écritures moisies, la lampe à la main, dans un coin du vieux temple, contrôlant Fabius, comme un avocat qui, perdu parmi les pièces de procédure, poursuit une vérité ingrate à travers le bavardage et le griffonnage de cent dossiers? Nous pourrions aussi bien lui ordonner d'aller fouiller les archives des familles, cheminant à tâtons parmi les amplifications oratoires, les falsifications d'amour-propre, les généalogies inventées, les triomphes et les consulats ajoutés, et tout ce que l'orgueil romain et l'adulation grecque ont défiguré. Il eût fallu qu'une génération de savants parût avant lui pour éclaircir, vérifier, ordonner les textes. Mais Rome, au lieu d'un Ducange, d'un Mabillon, d'un Fréret, n'eut que Varron, compilateur crédule. Réduit à lui-même, Tite Live marche d'un pas libre et superbe à travers les victoires romaines, traitant les premiers documents comme s'ils n'étaient pas [1].

III. Ne parlons pas des auteurs moins anciens qu'il a négligés, de Sulpicius Galba, de Scribo-

---

1. Voy. Leclerc, *Journaux chez les Romains*.

nius Libon, de Cassius Hemina, de Sempronius Tuditanus, de Lutatius, du savant Varron [1]. Au moins il eût dû lire les origines du vieux Caton, le dernier Italien de l'Italie. Son malheur et son tort sont de laisser là tout ce qui pourrait le mettre face à face avec les faits, tout à l'heure les documents originaux et les écrits contemporains, maintenant la géographie. Polybe et Diodore avaient visité et étudié les pays dont ils font l'histoire ; Tite Live, point, sauf les Alpes, peut-être, si voisines de sa patrie [2]. De là plusieurs erreurs. Laissons les savants le blâmer d'avoir confondu l'expédition du lac Fucin avec une autre contre les Volsques [3], l'Achradine à Syracuse avec l'Ile [4], d'avoir placé chez les Èques Alba Fucens des Marses [5], et, ce qui est plus grave, de décrire assez obscurément les marches et les batailles. Ces taches gâtent un point ; mais il en est d'autres qui s'étendent au loin, et altèrent la couleur de toute la toile. Sauf une remarque sur le soleil d'Italie, que les Gaulois ne peuvent supporter, et un éloge oratoire de la situation de Rome, Tite Live n'a jamais observé les climats pour comprendre les mœurs. Je sais que cette méthode est toute moderne ; que, depuis trente ans seulement,

---

1. Lachmann, I, 43. — 2. *Id.*, 105. Voy. dans Tite Live le passage des Alpes, par Annibal. — 3. Tite Live, IV — 4. *Id.*, XXV, 30 ; XXVI, 10. — 5. *Id.*, X, 1.

on essaye de retrouver les passions éteintes, en reconstruisant les objets d'alentour ; que les premiers nos historiens ont observé les arbres et les pierres pour deviner l'âme. Les anciens, moins contemplatifs et moins rêveurs, ne racontent que la politique et la guerre, et préfèrent l'exposé des actions à celui des sentiments. Mais, sans raffiner ni conjecturer, Tite Live pouvait imiter Hérodote et Polybe, et ce n'est pas trop exiger d'un historien que de lui donner pour modèles un raisonneur et un conteur. Le chroniqueur curieux[1] ouvre son histoire d'Égypte en décrivant le sol noir et crevassé, don du fleuve qui s'allonge entre les sables rougeâtres de l'Afrique et la terre pierreuse de l'Arabie, tantôt répandu comme une mer sur les campagnes et parsemé de villes, tantôt portant sur ses eaux limoneuses des panégyries retentissantes, et tout un peuple enivré de la puissance de son Dieu. En contemplant dans ces phrases naïves la suite monotone des édifices grandioses et sans nombre qui sont la végétation de ce sol nu, les calmes révolutions de ce fleuve mystérieux et immense, et l'éternel éclat de ce ciel sans nuages, on pénètre dans la vie immobile et dans la discipline étrange de ce peuple disparu. Hérodote, devenu géographe, du

---

1 Hérodote, II, 12, 97, 60.

même coup se trouve historien. — Qui ne comprend les mœurs et les guerres gauloises après ce passage de Polybe? « Les expressions manquent pour dire la fertilité de ce pays.... De nos jours on y a vu plus d'une fois le médimne sicilien de froment ne valoir que quatre oboles, celui d'orge, deux, et le métrète de vin ne pas coûter plus d'une mesure d'orge.... La plupart des porcs qu'on tue en Italie viennent de ces campagnes. Dans les hôtelleries, le plus souvent l'hôte s'engage à fournir tout ce qui est nécessaire pour un semisse (c'est un quart d'obole), et il est rare que ce prix soit dépassé[1]. » Voilà bien le sol inépuisable d'où sortaient des bandes toujours nouvelles, comme des nuées d'insectes qui foisonnent et bourdonnent dans l'air chaud des jours d'orage. Voyez, à la page suivante, comment ils logent dans des bourgs sans murailles, dorment sur la paille ou sur l'herbe, vivent de chair seulement, ne savent que combattre et un peu labourer; et ces détails de cuisine et d'auberge, que dédaigne Tite Live, vous mettront sous les yeux ce peuple immense, à demi nomade, multitude bruyante, fougueuse et gloutonne d'enfants robustes, grands corps que la profusion de nourriture emplit d'un excès de

---

1. Polybe, II, 15. (Traduction de M. Bouchot.)

courage, et dont les forces débordent et se perdent en bravades et en mouvements. Mais, pour étudier ainsi dans un pays le sol, le climat, la culture, il fallait s'intéresser aux plus grossières parties d'un caractère. Tite Live va d'un vol trop haut pour entrer dans cette critique ; et, se tenant au-dessus du vrai, il arrive souvent qu'il ne l'atteint pas.

IV. Il était d'ailleurs Romain de cœur, et patricien, quoique juste. On a beau être consciencieux, toujours le goût dominant l'emporte. Par volonté et réflexion, on tient un temps la balance égale. A la première négligence, d'elle-même, la voilà qui penche, et l'on est partial sans y songer. Comment être toujours en garde contre soi-même ? Certes, Tite Live n'a pas une seule fois menti; mais pensons en combien de manières une partialité involontaire peut séduire. Qu'il confesse et blâme les injustices romaines, lorsqu'elles sont évidentes : ces grands aveux mettent sur le reste sa conscience en repos et ouvrent à la faveur une porte secrète. Qu'il rejette les chiffres exagérés et les embellissements puérils : cette véracité et ce bon goût ne sont pas encore l'esprit critique. Doit-on y compter après la hautaine préface qui impose aux vaincus les traditions romaines, et comprend dans la conquête le droit de règler la vérité? Est-ce une garantie que la joie et l'indignation avec lesquelles il annonce la victoire de Camille? « Les dieux et les hommes, dit-il, empêchèrent les Romains de vivre rachetés. » J'entends ici un soldat qui bat des mains dans le triomphe, non un critique qui pèse deux traditions contraires. Croit-on que ces sentiments si nobles, si convenables dans une pièce d'éloquence laisseront à l'historien sa sagacité de démêler, sous des monceaux de mensonges, les défaites romaines, et le courage d'ôter à son livre ses plus magnifiques récits? Tite Live n'ira point, de ses mains filiales, déchirer la robe de pourpre qui aujourd'hui dissimule une blessure ou une souillure. Il fera son devoir d'orateur, en ornant de son plus beau style la plus belle tradition. Aussi, ne lui demandez pas non plus d'ouvrir l'histoire de la liberté romaine par l'aveu d'une servitude; s'il soupçonne ici quelque difficulté, il la tournera en argument; s'il s'étonne « que le peuple romain, lorsqu'il servait sous des rois, n'eût jamais été assiégé dans aucune guerre et par aucun ennemi, et que ce même peuple, libre à présent, fût assiégé par les mêmes Étrusques dont il avait souvent vaincu les armées[1] », il trouve là le motif de la colère et du dévouement de Mu-

---

1. Tite Live, II, 12.

cius. S'il rencontre dans les anciennes formules
quelque marque d'une conquête et d'une révolte[1], il l'expose avec embarras, mais sans partir de cet indice pour poursuivre une vérité hu-
miliante. A chaque instant sa fierté l'emporte
sur son bon sens; encore un pas, il corrigeait
les mensonges; mais un instinct romain l'arrête
sur le seuil de la vérité. Un jour, il se lasse des
éternelles défaites des Volsques : comment ce petit
pays a-t-il pu fournir tant de soldats? Le lecteur
ici crie à l'auteur d'avancer : les batailles ran-
gées sont des escarmouches, et bien des victoires
ne sont que dans les chroniques. Mais Tite Live,
ayant effleuré le doute, reprend complaisamment
le récit monotone de ces vains triomphes. Il est
bien contraint d'avouer qu'on fut vaincu près de
l'Allia. Mais à l'entendre, la cause en est la volonté insurmontable du destin. Les Romains ont
été aveuglés[2]; eux si disciplinés, si religieux, si
attachés aux usages antiques, ils ont méprisé
les avertissements des dieux; ils n'ont point su
se ranger en bataille : ils n'ont ni pris les auspices, ni immolé les victimes. Tout est miracle,
ou plutôt tout est éloquence. Voyez ce coup de
théâtre qui sauve l'honneur romain: « Avant que
l'infâme marché fût accompli, le dictateur sur-

---

1. Par exemple le dicton : « Vendre les biens du roi Porsenna. » — 2. Tite Live, V, 38.

vient ; il ordonne d'emporter l'or et d'écarter les Gaulois. Ceux-ci résistent, disant que le traité est conclu. Il répond qu'un engagement contracté depuis qu'il est dictateur, par un magistrat inférieur, est nul, et déclare aux Gaulois qu'ils ont à se préparer au combat[1]. » Comparez cette longue narration romanesque à l'abrégé simple et vrai de Polybe: nul doute; chacun voit d'abord de quel côté est la fable, de quel côté est l'histoire. Pourquoi Tite Live a-t-il adopté la fable ? Cela est clair, après ce discours de Camille : « Il ordonne aux siens de jeter en un tas tous leurs bagages, de préparer leurs armes. C'est avec le fer, non avec l'or, qu'ils doivent recouvrer leur patrie. Ils ont devant les yeux les temples des dieux, leurs femmes, leurs enfants, le sol de la patrie défigurée par tant de maux, et tout ce qu'ils doivent défendre, reconquérir et venger. » L'historien combattait de cœur avec ses personnages; il croyait comme eux qu'il portait dans ses mains l'honneur de Rome, et triomphait dans son récit comme sur un champ de bataille. » Déjà, dit-il, la fortune avait tourné ; déjà la protection des dieux et la sagesse humaine aidaient Rome: aussi, du premier choc, ils sont dispersés sans

---

1. Tite Live, V, 49.

beaucoup plus de peine qu'ils n'avaient vaincu sur l'Allia. Dans un second combat plus régulier, à la huitième borne, sur le chemin de Gabies, où ils s'étaient ralliés après leur déroute, sous la conduite et les auspices du même Camille, ils sont encore vaincus. Là, le carnage embrassa tout. Le camp est pris ; il ne reste pas même un messager du désastre. » Heureusement, dans ces narrations, le ton oratoire met le lecteur en défiance ; en écoutant un plaidoyer, il devine que le récit cesse, et se met en devoir d'admirer au lieu de croire. Mais ceci est un mérite du lecteur, non de l'auteur ; et Tite Live ferait mieux de mériter notre croyance que de nous prémunir contre ses erreurs.

Cette partialité fausse les mœurs comme les faits. C'est trop de vertus et de victoires, et l'on voudrait en des hommes moins de perfection et de bonheur. En vérité, il devrait expliquer les mœurs antiques et non les louer. « Qu'ils écoutent, dit-il, ceux qui méprisent tout au prix des richesses, et croient qu'il n'y a place pour les grands honneurs et pour la vertu que là où affluent et regorgent les trésors. L'unique espérance du peuple romain, L. Quintius, cultivait au delà du Tibre un champ de quatre arpents [1]. »

1. Tite Live, III, 26.

Belle leçon, sans doute, et digne d'un moraliste; mais un historien ajouterait que ces mœurs simples étaient grossières[1], et ne donnerait pas à des sénateurs, pâtres de bœufs et conducteurs de charrue, le langage choisi et achevé d'un lettré parfait. Cincinnatus n'est point un Xénophon, homme de goût, instruit, philosophe, qui s'amuse à l'agriculture; c'est un paysan fort rude. Il est aisé de mépriser le luxe quand on l'ignore, et d'être frugal quand on n'a sur sa table que des oignons.

Pendant dix livres, on traverse une galerie de grands hommes, un peu orgueilleux peut-être, mais tous orateurs, philosophes, héros. Ce sont d'utiles exemples, je le veux; mais, au risque de scandale, on se souvient volontiers que ces sages faisaient métier de l'usure; qu'ils étaient conquérants par maxime, c'est-à-dire voleurs par institution; qu'ils passaient le jour à expliquer des formules de procédure, à observer le vol du corbeau, à inventer des chicanes publiques et privées pour piller leurs voisins. On juge encore, sans pour cela être niveleur, que Tite Live est prévenu contre les plébéiens. Un homme si juste n'eût point dû appeler révoltes des demandes si justes. Est-il vrai que les lois agraires « fussent

---

1. Saint-Évremond.

un poison dont les tribuns enivraient le peuple[1] »? Les plébéiens avaient droit de ne pas mourir de faim devant les terres acquises à l'État par leur sang et leurs dangers. Était-ce être « séditieux » que demander sans violence l'égalité et des garanties? Licinius Stolon faisait-il une action « indigne » quand il refusait de porter la loi agraire à moins qu'on ne votât en même temps sur le partage du consulat? Pour que le peuple eût protection, il fallait le forcer à prendre un des consuls dans son ordre, et rien n'est plus noble que la franchise et la fermeté du tribun. Je reconnais que Tite Live a plus d'une fois blâmé « la violence et la dureté » des patriciens; qu'il n'a pas dissimulé, comme le flatteur Denys, l'assassinat de Génucius; que ses tribuns plaident pour le peuple avec une force incomparable; que, s'il a blâmé les Gracques, Cicéron, homme nouveau et équitable, l'avait fait avant lui; que ses auteurs sont eux-mêmes patriciens et Romains; en un mot, que sa bonne foi est entière. Mais ces raisons excusent l'homme, sans justifier le critique. Un panégyrique, si sincère qu'il soit, n'est pas une histoire. C'est peu d'aimer le vrai, en homme de bien, comme toutes les choses belles; il faut encore l'aimer en savant, et plus que tout.

1. Tite Live, II, 52; IV, 40.

V. De là vient qu'il n'est pas assez clairvoyant. C'est la passion du vrai qui donne le doute, et, sans le besoin de certitude, on se contente à peu de frais. A peine a-t-il interrogé ses auteurs sur leurs sources; sa science là-dessus tient dans les six lignes que voici : « De la fondation à l'incendie, les monuments furent rares, parce qu'on écrivait peu; ils périrent en grande partie dans l'incendie. Après ce moment, ils deviennent plus authentiques et plus nombreux; vers la deuxième guerre punique, Fabius Pictor, Cincius et les autres sont contemporains des faits qu'ils rapportent[1]. » Tite Live s'en tient à ce sommaire, et là-dessus commence son récit. Quels documents Fabius a-t-il consultés? de combien d'espèces? quelle foi méritaient-ils? étaient-ils sincères, complets, non altérés? Comment Fabius les a-t-il lus? était-il impartial, capable de bien juger, exercé à la critique? Sur tout cela, nulle recherche. Tite Live eût-il entrepris cet examen, lui qui n'a pas daigné ouvrir les documents originaux? Pour toute critique, il a quelques règles de bon sens et l'opinion commune. Fabius est le plus ancien; Fabius et Pison sont les plus accrédités : donc ils sont les plus véridiques. D'après ce raisonnement, il prend l'histoire dans leurs

---

1. Tite Live, VI, 1.

livres, sans mesurer auparavant ce qu'ils méritent de confiance. Or, sans estime exacte de la certitude acquise, il n'y a pas de science. L'historien, comme l'astronome, doit limiter d'avance les erreurs prévues de ses instruments imparfaits, et marquer de combien sa probabilité approche de l'évidence. Quand on plonge profondément dans le temps ou dans l'espace, le principal travail est de fixer à quel degré d'assurance peut et doit monter la croyance. La science est une monnaie qui n'a de valeur qu'en portant sur soi le chiffre de valeur. Tite Live sent que les premiers siècles sont douteux; mais il ne dit pas jusqu'à quel point il faut douter.—Remarquez encore qu'il critique aussi peu les événements que les documents. S'il connaît le jeu des passions humaines, c'est dans les faits grands et saillants, dans une bataille, une délibération, une sédition. Mais souvent il ignore les mœurs étranges et oubliées qui ont fait les institutions, les révolutions obscures et lentes qui les ont défaites, et ces vastes mouvements insensibles par lesquels naissent et se forment les nations. Rome, dans son histoire, se fonde tout d'un coup telle qu'elle sera pendant plusieurs siècles. Romulus, un jour, s'avise d'un décret, et voilà le peuple divisé en deux ordres. Numa, d'un seul coup, invente tout le culte, crée les prêtres.

Instruit par ses vertus, ce peuple de brigands devient subitement si pieux et si juste que ses voisins se font un scrupule de l'attaquer. Puis aussitôt on entend le terrible chant de Tullus Hostilius. Tout s'improvise; les esprits changent, les institutions naissent comme par magie. Dans ce roman peu vraisemblable, on a oublié deux choses, la nature de l'homme et le temps. Que dire de la délicatesse du bon Porsenna, qui cesse d'insister en faveur de Tarquin de peur d'être indiscret? de la ponctuelle obéissance des Volsques, qui ne gardent pas une seule des villes conquises pour eux par Coriolan? Tite Live s'arrête devant les fables trop évidentes; il doute du gouffre de Curtius, du corbeau de Valérius. Mais que d'obscurités et d'erreurs dans ses récits de victoires supposées et de séditions confuses! Il n'est ni homme d'État ni homme de guerre; il ne songe ni à contrôler le récit d'une campagne par l'étude des lieux et la comparaison des marches, ni à expliquer les dissensions civiles en cherchant l'origine, la composition et la situation des partis. Dira-t-on qu'il s'est figuré clairement les mœurs et les sentiments propres aux temps anciens, et que, pour peindre les temps barbares, il a pris les couleurs et les traits de la barbarie? Mais, sauf quelques formules frappantes jetées çà et là par hasard, il représente l'antique Rome, comme Racine se représentait l'antique Grèce, avec des disparates choquantes, tout s'y heurtant, les mœurs et le style, les institutions et les sentiments. Entre le fratricide d'Horace et le supplice de Mettius se développent d'harmonieux et abondants discours d'un art consommé et d'une élocution choisie, dignes de Messala ou de Pollion. Voyez comme Tullus Hostilius a profité entre les mains de Tite Live, comme le féroce barbare est devenu habile harangueur. Un orateur eût-il mieux préparé les esprits et ménagé les passions? « Romains, dit-il, si jamais dans une guerre vous avez dû rendre grâce d'abord aux dieux immortels, ensuite à votre courage, c'est dans le combat d'hier; car vous avez combattu non-seulement contre les ennemis, mais contre un ennemi plus grand et plus dangereux, contre la perfidie et la trahison de vos alliés. Ne vous y trompez pas; c'est sans mon commandement que les Albains ont gagné les montagnes. Ce n'était point un ordre, mais un stratagème et un semblant d'ordre, afin de vous retenir au combat en vous laissant ignorer cette désertion, et de jeter l'épouvante et la fuite parmi les ennemis, en leur faisant croire qu'ils allaient être entourés par derrière. Au reste, tous les Albains n'ont point part à la faute que je dénonce; ils ont suivi leur chef comme vous m'auriez suivis vous-mêmes, si j'avais voulu vous mener hors de votre poste. C'est Mettius que voici qui les a conduits là; c'est Mettius qui est le machinateur de cette guerre; c'est Mettius qui est le violateur des traités conclus entre Albe et Rome. Mais je veux qu'un autre ose à l'avenir une action pareille, si je ne donne aujourd'hui en sa personne une leçon éclatante aux mortels. Mettius Fufétius, si tu pouvais apprendre à respecter la foi et les traités, vivant tu aurais reçu de moi cet enseignement. Mais, puisque ton naturel est incurable, enseigne du moins au genre humain, par ton supplice, à croire à la sainteté de ce que tu as violé. Ainsi, de même que tout à l'heure ton âme a été partagée entre Fidènes et Rome, de même tu vas livrer ton corps qui sera déchiré en morceaux[1]. » Trop heureuse et trop ingénieuse antithèse! J'ai honte de comparer Tite Live à Mézerai; mais c'est justice, et Tullus parle aussi bien que les nobles de Childéric[2]. Songeons que Tullus, Scipion, Caton, plébéiens, patriciens, Grecs, Romains, barbares, hommes de tous temps et de tous pays, ont chez Tite Live le même langage exquis, le même bon goût oratoire et la même science du raisonnement, disciples de la même école, formés sous un maître qui, bon gré

1. Tite Live, I, 28. — 2 *Histoire de France*, 1, 21, 22.

mal gré, les rend tous éloquents. Cela nous choque moins, au temps des guerres grecques et puniques, plus voisines des âges lettrés; à tort pourtant : car cet art heureux ne s'accorde guère avec les rudes fragments d'Ennius et de Caton. Ce genre d'ignorance n'a qu'une excuse : c'est qu'alors il était universel. Et pourtant comment, dans un récit de sept cents années, ne pas s'apercevoir que les esprits et le langage changent? Il suffit d'avoir vécu dix ans pour découvrir une révolution dans le style et dans les sentiments. Tite Live a-t-il donc cru que l'histoire est une énumération de batailles et de décrets, et qu'il s'agit non de peindre les hommes, mais d'exposer les faits? Dans cette ignorance, que devient le sens critique? Comment décider si un événement est vraisemblable, quand on ne se représente pas les mœurs et les idées qui l'ont causé? Comment comprendre les passions, quand l'imagination se figure toujours les mêmes physionomies, et qu'elle avance parmi cent copies du même portrait? J'ose dire que l'histoire reste immobile. Du premier au trente-deuxième livre, mêmes vertus, même sagesse, même frugalité, même constance; on a vu les conquêtes s'étendre et l'égalité s'établir; tout a changé, sauf l'homme, et dans le vrai rien ne change que par les changements de l'homme. Cette erreur permanente brise la pointe de la critique. L'instrument émoussé ne fait plus que tâtonner grossièrement parmi les traits délicats de la vérité.

VI. Je crois que, s'il est trop peu clairvoyant, c'est qu'il est trop peu érudit. Pour atteindre une parcelle de la vérité, il faut l'embrasser toute; chaque fait s'éclaire de la lumière des autres, et le grand jour les met dans leur vrai jour. C'était peu de connaître les batailles, les traités, les séditions, et ce que rapportaient les annalistes. Il fallait, par les rituels et les traditions rustiques, retrouver l'ancienne religion sous la mythologie nouvelle qui l'avait ornée et déformée, et séparer les dieux italiens, pures abstractions, immobiles, mystérieux, adorés par intérêt et par crainte, des brillantes divinités de la Grèce, images embellies de l'homme, vivantes comme lui. Il eût dû observer, dans les Douze Tables et dans le droit Papirien, l'institution de la famille antique transformée depuis par la morale stoïque et par les interprétations des préteurs. On voudrait qu'il eût connu la vie des laboureurs romains, ce combat contre le sol, contre le Tibre, contre la famine, cette épargne et cette avarice. Mais ces faits le touchent si peu qu'il cite la loi des Douze Tables sans paraître la comprendre ou en remarquer l'importance. Il n'est frappé que des événements rapportés par les annalistes ; il s'intéresse bien plus à l'histoire de Virginie qu'à la législation nouvelle. Autant il recherche ardemment les morceaux d'éloquence, autant il fuit soigneusement les dissertations d'érudit ; la passion s'émeut d'abord en lui, jamais la curiosité. Il ne s'inquiète ni de la constitution, ni de la religion, ni des usages domestiques, ni de tout ce qui fonde le caractère et règle la vie d'un peuple. Les événements, l'action, surtout l'action dramatique, voilà ce qui lui plaît et ce qu'il développe ; et si, après le vingtième livre, nous comprenons par son récit les institutions de Rome et de l'Italie, son intention n'y est pour rien ; les faits parlent à sa place ; il dit tout, parce qu'il transcrit tout. Il eût fallu savoir davantage pour bien voir.

Reconnaissons dans la critique de Tite Live les défauts, comme tout à l'heure les mérites : nul emploi des documents originaux ; dans les premiers siècles les récits contemporains négligés ; une partialité involontaire pour Rome et les patriciens ; sur les annalistes consultés, presque aucune recherche ; les événements saillants mieux compris que les changements lents et vastes ; nulle idée de la barbarie antique, nulle étude, sinon par accident, de ce qui n'est pas une bataille, un décret du sénat, une querelle du Forum. L'orateur lettré et citoyen évite les recherches érudites, n'étudie que ce qui peut être une matière d'éloquence, orne tout de son beau style, et devant la postérité loue sa patrie et sa classe. Les mérites de Tite Live ont les mêmes causes que ses défauts.

# CHAPITRE III.

## LA CRITIQUE CHEZ LES MODERNES.

### § I. Beaufort.

Un érudit français du dix-huitième siècle. — Son discours contre les documents de l'histoire romaine. — Contre les événements de l'histoire romaine. — II. Critique de la critique. — Autorité des grandes Annales. — Documents officiels. — Autorité des premiers historiens. — En histoire le probable est le vrai.

I. Pendant que Tite Live s'avance en triomphateur à travers les mythes et les victoires romaines, deux greffiers le suivent, chagrins et douteurs, comptent les morts, contrôlent ses rapports, lui demandent ses preuves. A partir du vingtième livre, ils l'approuvent; mais, quant aux premiers, l'un déclare qu'il n'en faut rien croire, l'autre refait le récit. Certes, le scandale fut aussi grand que le jour où, pour la première fois[1], un tribun, Génucius ou Considius, mit la main sur le consul qui descendait de son char, et le cita devant le peuple pour justifier sa campagne. Cependant ni l'un ni l'autre n'avaient

1. Tite Live, II, 52.

tort; et si, dans son orgueil patricien, le général avait exposé ses soldats, l'historien, « dans ses courses oratoires, » n'avait pas toujours ménagé la vérité. Mais le critique comme le tribun ne devait pas s'acharner à une poursuite excessive, et il était aussi injuste de chasser Tite Live de l'histoire que le consul de la cité.

La dissertation de Beaufort (1738) n'était pas la première attaque. Un ami d'Érasme, Glaréanus, un Hollandais, Périzonius, avaient déjà douté; et tout récemment, à l'Académie, une discussion de Pouilly et de Sallier venait d'ébranler la foi publique. Mais le livre de Beaufort fut, le premier, méthodique et agréable. C'était un Français de Hollande, membre de la Société de Londres, libre penseur comme on l'était alors en pays protestant, d'un esprit net et vif, fort érudit, mais sans lourdeur, point pédant, et qui laissait à la science l'air sérieux, sans lui donner l'air maussade; de bon goût d'ailleurs, assez poli envers ses devanciers pour les battre sans mauvaise grâce, deux fois savant puisqu'il fut méthodique, lucide comme un Français; rapide et correct, puisqu'il fut du dix-huitième siècle, souvent même spirituel, moqueur, par exemple lorsqu'un « certain Allemand », Christophorus Saxius, essaye de l'accabler sous un in-quarto de citations. Outre sa critique, il fit une histoire romaine, composée de dissertations solides, précises, le plus souvent très-justes, sur la religion, les institutions, les différentes classes, telles que les aimaient les politiques et les raisonneurs du temps. On se laisse volontiers conduire par cet aimable esprit, toujours clair, jamais solennel, qui fait une révolution sans se croire une mission, dit simplement des choses importantes, et, chargé de tant d'in-folio poudreux, à travers les commentaires, les chronologies, les vérifications, garde la démarche aisée et l'air naturel d'un honnête homme et d'un bon écrivain.

Tout son effort tend à détruire. Événements, documents, l'histoire romaine, quand on l'a lu, ne semble plus qu'une ruine. Mais ce critique excessif combat par la vraie méthode. Pour nous qui représentons Tite Live, considérons la guerre qu'on lui fait après dix-sept siècles. Voyons ce qui doit subsister de cet édifice élevé par ses mains pieuses, et tâchons de n'être ni un Barbare ni un Romain.

Voici en abrégé le discours que lui tient Beaufort[1] : « Sur quels témoignages appuyez-vous votre histoire des cinq premiers siècles? Le premier historien romain est du sixième. Comment vos ancêtres, si peu lettrés, ont-ils gardé la mé-

---

[1]. *Dissertation sur l'incertitude des cinq premiers siècles de Rome*, p. 3, etc.

moire des cinq cents ans qui précèdent? Vous avouez qu'on faisait alors peu d'usage de l'écriture ; que, pour marquer les années, on fichait un clou dans les temples ; que cette pratique elle-même fut longtemps interrompue. Singulière chronologie et bien digne de foi ! En croirons-nous plutôt les Annales de vos grands pontifes? Clodius, cité par Plutarque, dit que tout fut brûlé par les Gaulois, et que ce qui tient lieu des documents perdus fut supposé. Denys, si crédule, se plaint de l'obscurité des premiers temps de Rome, Cicéron traite de fable l'histoire de ses fondateurs. Vous-même, vous regrettez dix fois la confusion des noms, des faits, des dates, et vous confessez que la plupart des monuments périrent dans l'incendie! Dans ce débris, qu'est-ce qu'on recueillit et restaura? Selon vos propres paroles, les lois, les traités de paix, quelques livres des pontifes et des devins. Or, ces rituels servaient autant à l'histoire que nos missels et nos bréviaires. Ils sont suspects, d'ailleurs, puisque, après la restauration des Annales, on les tint secrets ; ils furent altérés, puisque plus tard on les jugea contraires aux livres de Numa, qu'on venait de découvrir. Quant aux Annales, si elles avaient subsisté, vous ne trouveriez pas dans vos auteurs tant de difficultés et de contradictions. Mettons qu'on en ait retrouvé quelques pages. Les fables qu'en tire Aulu-Gelle montrent le crédit qu'elles doivent avoir[1]. Les Annales abandonnées, quel monument garantit l'ancien récit? Les statues, les trophées, les édifices bâtis en souvenir des grands événements? Ils périrent dans l'incendie, et ceux qui échappèrent où qu'on rétablit étaient si incertains[2], qu'on ne savait si la statue de Clélie n'était pas celle de Valérie, fille de Publicola ; que Scipion Métellus prenait une statue de Scipion Émilien pour celle de Scipion Sérapion ; que l'inscription qu'Auguste prit sur le bouclier de Cossus pour vous la donner était contredite par tous les auteurs. Les inscriptions? Il n'y en avait pas d'antérieures à celle de Duilius. Des journaux ou *acta*? Ceux que cite Dodwell sont supposés; en tout cas, il n'y en eut pas avant le sixième siècle[3]. Les livres de lin? Ils étaient bien peu volumineux, puisqu'ils ne vous donnent des documents que pendant dix ans; bien incertains, puisque Cincius et Tubéron, en s'appuyant sur eux, se contredisent; bien peu accrédités, puisque Tubéron, qui les cite, doute de leur autorité. Restent donc, pour toute ressource, les mémoires des censeurs, d'où l'on a tiré quelques chiffres, et les archives des familles. Or, vous avouez

---

1. Aulu-Gelle, *Nuits Attiques*, IV, 5. — 2. Beaufort, *Dissertation*, etc., p. 70. — 3. *Ib.*, p. 87.

qu'elles sont mensongères et altérées. Quelle foi peut-on leur accorder, quand on voit les généalogies ridicules qu'elles établissaient de votre temps : celle de Brutus, qu'on faisait descendre du premier consul; celle de la famille Pomponia, qui se donnait pour auteur Numa Pompilius; celle des Hostilii, plébéiens qui voulaient remonter jusqu'au roi Hostilius ; celle d'Acilius Glabrion, qui, au sixième siècle, n'avait pas obtenu la censure parce qu'il était homme nouveau, et qui, un peu plus tard, descendait d'Anchise et de Vénus? Ces mémoires, rédigés, corrigés à loisir et à volonté, pendant cinq siècles, par la vanité des familles, selon l'intérêt du moment, dans des temps de superstition et d'ignorance, gardés secrets, restaurés ou peut-être inventés de toutes pièces après l'incendie, ont été l'unique source dont Fabius, votre premier historien, et ceux qui l'ont suivi, aient fait usage. Ajoutez, si vous voulez, quelques chants informes et des oraisons funèbres, toujours fausses par nature. Quelle confiance pouvez-vous mettre en des historiens qui n'ont que de pareils documents? Comment surtout les croire, quand on sait de quelle manière ils ont écrit? Selon Denys[1], qui les a tous comparés, Cincius, Caton, Pison et les plus

---

1. Beaufort, *Dissertation*, etc., p. 173.

graves ne font que suivre Fabius Pictor ; ils le suivent si bien, qu'ils copient sur lui des absurdités énormes, donnant, par exemple, à conclure que Tanaquil eut des enfants à plus de soixante-quinze ans. Quant à Gellius et à Licinius, on a la mesure de leur exactitude quand on remarque que, par un anachronisme de quatre vingt-cinq ans, ils mettent Denys, tyran de Syracuse, à la place de Gélon, l'an 262 de Rome. Reste donc le seul Fabius. Mais, selon Denys lui-même, « s'il « a parlé avec exactitude de ce qu'il a vu, il n'a « que légèrement parcouru ce qui était arrivé « depuis la fondation de Rome jusqu'à son « temps. » Il a pris tous ses récits dans la tradition ; il est négligent dans la chronologie : Polybe le trouve absurde sur un fait dont il fut contemporain ; il est crédule au point de prendre dans un étranger, dans un inconnu, Dioclès de Péparèthe, le récit de la fondation de Rome. Voilà les auteurs que vous avez suivis. Or, tant valent les sources, tant vaut l'histoire. Qu'est-ce donc qu'on peut affirmer dans tout ce que vous avez raconté ?

« Si les documents n'ont pas d'autorité, les événements n'ont pas de vraisemblance[1]. Croyez-vous bien fermement vous-même à ce que vous rapportez de la fondation de Rome ? Denys, qui,

1. Beaufort, p. 209

sur la foi de Fabius et de Dioclès, adopte votre version, en cite d'autres fort différentes. Cicéron déjà s'en était moqué. Quant aux rois d'Albe et à l'arrivée d'Énée en Italie, les érudits Dodwell, Cluvier, Brochart, en ont depuis longtemps fait justice. La date de la fondation est-elle plus certaine? Selon Denys, c'est Caton qui, le premier, essaya de la fixer[1]. Ennius la met cent ans plus tôt. Que de chances d'erreurs dans une chronologie fondée sur l'usage de désigner les années par les noms des magistrats! Vous avouez que les noms sont plus d'une fois différents, selon les différents annalistes, et que la coutume de marquer les années par un clou était rare et fut longtemps interrompue. On ne sait donc ni quand, ni comment Rome fut fondée. Dans les faits qui suivent, autant d'invraisemblances et de contradictions. Denys[2] fait des Romains une colonie de gens honnêtes que le malheur des temps porte à quitter leur patrie ; alors pourquoi les villes voisines leur refusent-elles des femmes? « Est-il croyable qu'un prince bien fait, et
« orné de tant de belles qualités, tel que les his-
« toriens nous représentent Romulus, ait été
« réduit à la nécessité de vivre dans le célibat,
« s'il n'avait eu recours à la violence pour avoir

---

1 Beaufort, p. 225. — 2. *Ib., Dissertation*, etc., p. 259.

« une femme? Quelques-uns disent qu'Hersilia
« qu'il enleva épousa Hostus Hostilius. Ainsi le
« pauvre prince reste sans femme, ou du moins
« il est incertain qu'il en ait une. » Denys raconte
autrement que vous l'interrègne, le gouvernement alternatif des sénateurs, l'élection de Numa
et de Servius. L'histoire du bon et du méchant
Tarquin, de la bonne et de la méchante Tullia,
n'est pas un roman, mais un conte. J'ai parlé de
Tanaquil qui, selon vos dates, aurait eu un fils
à soixante-quinze ans. A chaque page, on reconnaît d'anciennes légendes inventées ou empruntées par amour-propre, celle de M. Scævola par
exemple. Les Mucii plébéiens[1] trouvèrent commode de se donner une origine patricienne, et
d'expliquer leur surnom de Scævola. Selon Pline
et Tacite, Porsenna prit Rome, et il fut défendu
à vos compatriotes de se servir du fer, excepté
dans l'agriculture. Tous les malheurs et toutes
les hontes de vos ancêtres sont recouverts par
des traits de vertu imaginaires. Les Fabii, selon
vous, meurent en héros, pour avoir entrepris
seuls une guerre publique; selon Denys, ils
tombent dans une embuscade en faisant un sacrifice sur les terres ennemies. — Vous croyez,
d'après vos annalistes, que les Gaulois vain-

1. Beaufort, p. 330.

queurs furent détruits par Camille dans Rome et à Gabies; et l'on voit par Polybe qu'ils retournèrent tranquillement chez eux pour défendre leur pays contre les Vénètes. Qu'on dresse une table des guerres gauloises selon Polybe et selon vous, et l'on verra combien vos auteurs ont dissimulé de défaites et supposé de victoires. Cicéron se plaignait déjà des triomphes inventés, qui ornent et faussent les éloges funèbres. Les fables sont si nombreuses et si vivaces, qu'elles naissent et croissent encore sur des événements que vos premiers annalistes avaient pu voir. Tandis que Sempronius Tuditanus, Cicéron, Florus, Tubéron, font périr Régulus, chacun par des tortures différentes, Polybe, si voisin des faits, si exact, si instruit, si favorable aux Romains, ne dit rien de ces cruautés invraisemblables; et, si l'on pouvait conjecturer le vrai à travers tant de contes, on trouverait peut-être que ce supplice fut supposé, pour excuser celui que les fils de Régulus firent subir aux prisonniers carthaginois[1]. Concluons donc que les monuments de l'histoire romaine étaient rares et ont péri, que les documents mensongers qui ont survécu n'ont transmis que des faits douteux, souvent invraisemblables, parfois contradictoires, et qu'une histoire ainsi faite n'a rien de certain. »

1. Beaufort, *Dissertation*, etc., p. 436.

II. La critique corrige l'excès de la critique, et les modernes, plus sceptiques que Tite Live, mais plus érudits que lui, réfutent les exagérations de Beaufort en adoptant ses découvertes[1]. Certainement on pourrait lui dire : « Prouvons que les Annales ont pu être composées, qu'elles ont dû l'être, qu'elles l'ont été. Vous supposez sans raison que les Romains ne savaient point écrire. L'usage de ficher un clou dans un temple est une cérémonie religieuse, non un moyen de fixer les dates ; on s'en servait pour conjurer la peste, et non pour marquer les années. Polybe a vu dans le Capitole des traités conclus avec les Carthaginois dès les premiers temps de la république, et Horace, comme Denys, en a lu d'autres, faits avec les Gabiens et les Sabins sous les rois. Ne sait-on pas d'ailleurs que, dès la fondation, les Étrusques étaient civilisés et savants, que Rome reçut d'eux plusieurs institutions, que deux fois même, comme vous l'avez indiqué, elle leur fut soumise? Donc on pouvait à Rome écrire l'histoire. — Et les patriciens ont dû l'écrire. Toute classe noble tire sa force du passé, et conserve les souvenirs qui la fondent. — Ils l'ont écrite, et par la main d'un magistrat; ni texte, ni conjecture ne prévaut contre Servius et Cicéron, selon qui les

---

1. Leclerc, Niebuhr, Lebas.

Annales remontaient à l'origine des choses romaines. — Ont-elles péri dans l'incendie? Ce Clodius, que vous citez d'après Plutarque, n'a pas d'autorité, puisqu'on ne sait ni qui il fut, ni dans quel temps il vécut; et on peut lui opposer Denys, qui affirme que les premiers annalistes ont tiré d'elles tous leurs documents[1]. Reconnaître comme Tite Live qu'elles ont péri en partie, c'est dire qu'elles ont été conservées en partie, soit dans le Capitole, soit dans les temples qui ne furent pas brûlés, soit parmi les objets sacrés qu'on enterra, soit parmi ceux qu'on porta à Céré. Peut-on croire que, dans cette restauration des traités, des lois, des livres sacrés, ordonnée par le sénat après la victoire, un peuple si soigneux de ses antiquités, si occupé de la gloire de ses ancêtres, si attaché à ses institutions, si scrupuleux quand il s'agissait de textes et de souvenirs écrits, ait renoncé à son histoire, et d'un seul coup effacé sa vie passée? Certes, les pontifes ont rétabli et complété les Annales, à l'aide des traités et des lois conservés ou retrouvés, de la tradition, des annales des villes voisines, qui toutes avaient une histoire[2]. — Et voici maintenant les preuves de ces vraisemblances. D'abord, on sait par Cicéron[3] que les Annales,

---

1. Denys, t. I, p. 59. — 2. Leclerc, *des Journaux chez les Romains*, p. 71. — 3. Cicéron, *de la République*, I, 16.

vingt-quatre ans avant l'incendie (an 404), mentionnaient une éclipse de soleil. Donc elles avaient survécu. En second lieu, à partir du tribunat, année par année, on rencontre, à côté des brillantes narrations poétiques, des faits précis, si suivis et si secs, qu'on a sous les yeux, sans le moindre doute, les tables que le grand pontife exposait à sa porte. Ici tel temple est fondé, tels consuls nommés, tels prodiges expiés, telle ville assiégée [1]. Ailleurs, on reconnaît les superstitieuses grandes Annales, en lisant que les Romains recommencent les grands jeux, parce qu'un maître a promené son esclave dans les rues en le fouettant [2]. Ce ne sont partout que détails semblables, trop petits pour avoir été conservés par la tradition, trop arides pour être attribués à l'invention poétique, trop peu importants pour avoir été imaginés dans la restauration des textes. Bref, sauf quelques fables et les amplifications oratoires, on retrouve, depuis le tribunat jusqu'à l'incendie, le même ordre, les mêmes sortes de faits, les traces du même livre que dans les récits authentiques des guerres puniques. Qu'après l'incendie la restauration des Annales ait été incomplète, mêlée d'erreurs et de mensonges, on le voit assez par les contradic-

---

1. Tite Live, II, 19; II, 21. — 2. *Ib.*, II, 36.

tions que vous marquez, et Cicéron le prouve en disant qu'on fut obligé de partir de l'éclipse de 404 pour calculer les précédentes. Mais il demeure constant que Rome garda un corps d'annales qui, à partir du tribunat, était digne de foi. Pour les règnes des rois, vous avouez qu'on avait des traditions, et plusieurs lois et traités intacts et importants ; et nul ne doute que depuis l'incendie jusqu'à Fabius Pictor les Annales n'eussent été régulièrement rédigées et conservées. Maintenant, sans parler des monnaies dont plusieurs dataient de Servius, des inscriptions antiques que vous contestez à tort, puisque Pline en vit plusieurs contemporaines de la fondation de la république[1], on lisait dans les livres des pontifes les formules des traités, dans les temples les plébiscites et les sénatus-consultes, dans les Fastes la suite des magistrats, dans les archives de famille les faits développés. Y a-t-il beaucoup de peuples dont les premiers siècles aient laissé autant de monuments ? Fabius Pictor trouvait donc des détails certains à partir de l'incendie, des détails certains encore, mais moins nombreux et mêlés d'erreurs, à partir du tribunat, les principaux faits authentiques, quoique joints à des fables, à partir du roi Servius, puis quelques noms et

---

1 Pline, *Histoire naturelle*, XXXV, 3.

l'indication de plusieurs grandes révolutions cachées sous les légendes, depuis l'origine jusqu'aux Tarquins. Si Tite Live eût étudié, non les historiens, mais les documents eux-mêmes, son livre serait aussi vrai qu'il est éloquent. — Nous avouons maintenant que ces historiens ont fait des documents un médiocre usage. Rome, lorsqu'ils ont paru, commençait à devenir grecque ; Fabius, Pison, Cincius, à l'école des subtils et élégants rhéteurs, n'apprenaient pas à comprendre la poésie et la barbarie des premiers âges ; et des consulaires, qui venaient de quitter leur siége au sénat ou leur cheval de guerre, ne savaient ni ne voulaient s'enfoncer dans les doutes minutieux de la critique. Le grave Fabius a donné la chronologie des rois d'Albe ; il a tiré d'un Grec inconnu l'histoire d'Énée, et, par une malencontreuse exactitude, il a placé au quatrième mois de la ville l'enlèvement des Sabines. Telle était à peu près la critique des moines de Saint-Denis, qui ouvraient leur chronique par l'histoire de Francus, fils d'Hector, fondateur de la nation française. Le dialogue de Romulus et des buveurs, dans Pison, est digne du roi Dagobert et de saint Éloi son ministre. Le docte Cincius rapportait les actions d'Évandre, et Valérius Antias avait employé tout un livre à développer les contes puérils qui précèdent la légende de

Numa. Aussi nous accordons qu'ils n'ont pas débrouillé l'histoire des rois, ni écarté les mensonges qui jusqu'à l'incendie sont mêlés à la vérité. Vous avez prouvé que, s'autorisant des traditions, ils ont, par orgueil, dissimulé les défaites de Rome, et copié, dans les archives de famille, bien des triomphes supposés. Mais prenez garde vous-mêmes d'altérer les textes que vous connaissez si bien, de mal traduire Denys dans l'intérêt de votre cause, de lui faire dire que Fabius est léger lorsqu'il le trouve seulement moins diffus que lui. Vos mains d'inventeur tordent la vérité si fragile. Songez, je vous prie, que Cincius était un jurisconsulte exercé, que Pison avait écrit plusieurs livres sur le droit pontifical, qu'ils avaient tous manié les affaires, que personne ne doute de leur diligence et de leur bonne foi[1], que leurs dignités et leur naissance leur donnaient les moyens de consulter les documents originaux et les Annales, que le spectacle du Forum et la pratique de la guerre leur faisaient comprendre les dissensions et les combats de l'antique république. Reconnaissez que s'il y a un roman dans Tite-Live, il y a aussi une histoire, et qu'avec un peu de patience et beaucoup de prudence, on peut dégager l'histoire du roman.

---

1. Lachmann, *de Fontibus Titi Livii*, I<sup>re</sup> partie.

« On sauve ainsi en partie l'autorité des documents. Pour les événements que vous détruisez, on vous les abandonne. A vrai dire, les anecdotes qu'on a sur les rois et les détails douteux de leurs campagnes n'intéressent guère ; aujourd'hui les historiens s'attachent à des points plus importants. Romulus et Numa ont-ils vécu, on n'en sait rien ; mais on suppose que Rome fut d'abord un assemblage de deux peuples, les Latins et les Sabins, et qu'elle s'accrut dès sa naissance, parce qu'elle fut un asile. On raconte aux enfants les historiettes qui ornent les autres règnes, mais avec vous l'on admet que, sous les Tarquins, Rome devint la capitale d'un État puissant, civilisé, capable de construire de grands monuments; d'où l'on conjecture qu'elle fut alors conquise par les Étrusques. On pense, avec vous, que les dévouements d'Horatius Coclès et de Scœvola sont, sinon invraisemblables, du moins peu certains, que Rome fut prise par Porsenna, que plus tard elle se racheta des Gaulois. On tâche de retrancher les triomphes ajoutés par les familles dans les guerres des Volsques, des Gaulois, des Samnites, et l'on s'avance avec une certitude croissante, en suivant le progrès naturel de l'égalité et l'accroissement pénible du territoire. Mais on se garde de renverser comme vous la vérité en même temps que l'erreur ; on ne croit pas que là où il y a des fables, tout soit fable. On défend les faits probables de la contagion du doute; on sait que, pour des événements reculés, il n'y a pas de démonstrations géométriques, qu'à défaut de certitude l'historien doit se contenter de vraisemblances, et tenir un événement pour vrai quand il n'est pas absurde, et que le témoin a pu en être informé. On juge enfin qu'il faut de la discrétion dans la critique, et qu'en voulant tout prouver, on finit par ne rien savoir. On loue votre méthode; on use de vos recherches; on s'instruit par vos objections; mais on ne rejette pas le récit de Tite Live. On emploie vos doutes à le corriger, non à le discréditer. Un grand critique, aussi peu crédule que vous, mais moins sceptique, viendra, parce qu'il est philosophe et poëte, ébranler encore ce vaste édifice, mais pour le restaurer. »

### § 2. Niebuhr.

I. Un érudit allemand du dix-neuvième siècle. — L'histoire commence par l'épopée. — Histoire probable de Rome. — Les luttes de classes à Rome sont des luttes de nations. — Découvertes dans l'histoire des institutions et des lois. — II. Recherche immodérée des détails. — L'imagination visionnaire. — En histoire, les vérités de détail ne servent qu'à établir les vérités générales.

I. On trouverait sans beaucoup d'efforts Niebuhr dans Vico. Les découvertes se font plusieurs fois ; et, ce qu'on invente aujourd'hui, on le rencontrera peut-être demain dans sa bibliothèque. D'ailleurs, selon la coutume des novateurs, il pousse la vérité jusqu'à l'erreur : exagérer est la loi et le malheur de l'esprit de l'homme ; il faut dépasser le but pour l'atteindre. Tout écrivain a le double regret d'avoir des devanciers et des correcteurs.

Mais le grand penseur allemand approche de Tite Live par sa majesté oratoire et par le respect qu'il a de son œuvre. Rome a deux fois eu l'honneur de susciter pour son histoire des esprits égaux à sa grandeur. Il faut entendre Niebuhr parler « de la philologie médiatrice de l'éternité[1], du penchant secret qui l'entraîne à deviner ce qui a péri[2] ». Il y a, dans sa préface, des accents religieux comme dans celle de Tite Live. « Son siècle, dit-il, a reçu de la Providence une vocation particulière pour ces recherches, et Dieu bénira son travail. » Il parle noblement comme Tite Live « de la haute félicité que ressent l'âme dans le commerce intime des grands hommes qui ne sont plus[3] ». Sans doute il est plébéien de cœur, et, comme le peuple au retour de Véies, il pousse hardiment ses constructions nouvelles à travers les débris sacrés de la ville patricienne. Mais

---

1. Niebuhr, *Histoire romaine*, Préface, traduction de M. de Golbéry, p. 21. — 2. *Ib.*, p. 23. — 3. *Ib.*, t. VI, p. 43.

l'amas irrégulier des monuments qu'il élève est la véritable Rome, et, comme le pontife, il retrouve parmi les ruines le sceptre augural de Romulus.

Ne le prenez point pour un simple destructeur. L'Allemagne a plus de goût pour les hypothèses que pour les doutes ; et il n'abat que pour rebâtir. Au premier moment, quand on quitte Beaufort et qu'on ouvre Niebuhr, quelle horrible lecture ! Conjectures sur conjectures, discussions sur les traditions, les altérations, les interpolations, les moindres faits commentés, contrôlés, restitués, un entassement de dissertations, de démonstrations, de suppositions, l'érudition la plus épineuse, la plus pesante, la plus rebutante, un style obscurci par des mots abstraits, embarrassé de longues phrases, sans divisions nettes ni mouvement sensible ; on se croirait au fond des mines du Hartz, sous la lueur fumeuse d'une lampe, près d'un mineur qui gratte péniblement le dur rocher. Mais, si l'on s'habitue à la noire vapeur de l'atelier souterrain, on admire bientôt, quelles masses énormes soulève cette main puissante, et dans quelles profondeurs inconnues il a pénétré. Ce ne sont plus, comme dans Beaufort, des réflexions frivoles sur la politique de Porsenna qui ne rétablit pas Tarquin, sur les lumières de Numa qui enseigne à ses peuples un

Dieu immatériel, sur la sottise du peuple qui se laisse duper par la constitution de Servius. Contemporain de la révolution philosophique qui depuis Kant agite l'esprit humain, né dans cette Allemagne, patrie d'une science et d'une poésie nouvelles, dont le flexible et profond génie reproduit le mieux les pensées perdues, Niebuhr est encore jurisconsulte, politique, financier, géographe, antiquaire, homme d'imagination et de science, esprit aussi pratique que spéculatif, mais intempérant par excès de force, capable de tout, sauf de se restreindre, avide de science jusqu'à prendre ses conceptions pour les objets mêmes, et imaginer Rome quand il ne peut plus la restaurer.

Sa première découverte est d'un poëte. Puisque les Annales remontent à peine au tribunal, et les documents originaux à Servius, l'histoire des premiers rois est une tradition. Or, toute tradition est poétique ; car les barbares et le peuple, faute de mots abstraits, expriment les faits généraux par des symboles, et figurent par des légendes les révolutions des États, comme ils transforment en dieux les lois de la nature. Ainsi cherchons d'abord, non les faits véritables, mais la poésie qu'ils ont fait naître ; recomposons les traditions, pour démêler ensuite les événements qu'elles cachent, et devinons les chants nationaux sous les textes des historiens qui en ont tiré leurs récits. Niebuhr parcourt ainsi le premier âge de Rome, séparant la poésie de la prose qui coule dans le même lit. Le règne de Tullus Hostilius est encore un poëme barbare, mais déjà, « le fond du récit est vrai[1]. » Peu à peu les faits authentiques, quoique mal expliqués ou altérés, se lient, se serrent et forment la trame de l'histoire. Il faut bientôt qu'un grand intérêt national ait fortement remué l'imagination populaire, pour que la poésie sorte vivante et sur ce tissu terne étale ses riches couleurs. Telle est cette tragédie des Tarquins, qui a pour épisodes les dévouements de Scævola, de Coclès, de Clélie, et dont le dénoûment est la bataille homérique du lac de Régille. Les chefs s'y provoquent au combat, comme Ajax ou Hector ; les Romains et les Latins plient tour à tour, selon que les héros sont vaincus ou vainqueurs. Au premier rang de l'armée romaine, combattent deux jeunes guerriers à la taille gigantesque, montés sur des chevaux blancs ; ce sont les Dioscures, qui subitement apparaissent à Rome, dès que l'ennemi est en déroute, lavent leurs armes à la fontaine de Juturne, et annoncent au peuple la victoire. Un de ces chevaux divins laissa l'empreinte de son pied dans

---

1. Niebuhr, t. I, p. 346.

le basalte. — « A partir de l'insurrection de la Commune, l'histoire est réelle, quoique devenue fabuleuse en beaucoup de parties[1]. » — Au temps de Denys, la chanson de Coriolan subsistait encore. Selon l'usage des héros poétiques, il prend en un an toutes les cités dépendantes de Rome, et campe devant la ville. — La prise de Véies est épique comme celle de Troie. Un aruspice prédit sa ruine; les Romains, en détournant l'inondation du lac d'Albe, décident contre elle la volonté des dieux. Ils arrivent par la mine jusque dans la citadelle, arrachent des mains du prêtre la victime et la consacrent aux dieux. Junon, qu'ils interrogent, leur fait signe qu'elle consent à revenir à Rome. — Dans les guerres gauloises et samnites, les fables de V. Corvus et de Curtius prouvent qu'on est bien près encore du pays des contes. A mesure qu'on s'approche des guerres puniques, les faits précis se dessinent dans une lumière croissante, et les grandioses apparitions s'évanouissent dans les lointains obscurs où elles sont nées.

Niebuhr, ayant refait les fables, essaye de refaire la vérité. Selon lui, Rome fut d'abord subjuguée par les Sabins, et les deux ou trois cités qui la composaient se sentirent longtemps de la sépara-

[1]. Niebuhr, t. III,

tion primitive : « Il n'y a pas de motif raisonnable pour douter de l'existence personnelle du roi Tullus Hostilius[1]. » — « Je regarde, dit-il, la chute d'Albe comme historiquement certaine[2]. » Sous Ancus, un grand nombre de Latins transportés à Rome formèrent la plèbe. Il reconnaît que Tarquin l'Ancien bâtit le mur d'enceinte, les vastes égouts qui desséchèrent le Vélabrum et la place publique, et suppose qu'en ce temps-là un roi d'Étrurie s'établit à Rome[3]. Il croit, selon le texte de Claude, que l'Étrusque Cœlius Vibenna y vint avec une grande armée, et que Servius, un de ses clients, devenu roi, donna des droits politiques à la plèbe par l'institution des centuries. « On peut admettre comme historique le complot des patriciens contre Servius[4]. » Tarquin le Superbe ôte à la plèbe ces droits ; il est chassé avec toute sa race. Mais Rome, conquise par Porsenna, perd tout ce qu'elle possédait au nord du Tibre. Affaiblie, elle traîne une vie précaire, et met cent ans à conquérir Véies.

Sauf les premières conjectures, cela est-il trop romanesque? Tite Live se fût-il indigné qu'on traitât ainsi son histoire? Niebuhr est seulement un peu plus poëte que lui. En laissant subsister les grands faits, il rend à l'histoire le ton des tra-

1. Niebuhr, t. I, p. 357. — 2. *Ib.*, t. III, p. 62. — 3. *Ib.*, t. III, p. 77-101. — 4. *Ib.*, t. III, p. 87.

ditions primitives. Quant aux expéditions de Romulus contre Fidènes et de Tarquin contre Gabies, je ne sais s'il faut bien vivement les défendre. Du reste les grandes découvertes de Niebuhr sont ailleurs.

« L'histoire du droit public, dit-il quelque part, est le but que je me propose[1]. » L'opposition de deux races explique l'histoire intérieure de Rome; les patriciens et les plébéiens étaient deux nations en une seule cité. Les patriciens sont le peuple primitif, maîtres légitimes de la ville, divisés en *gentes* dont les membres sont unis moins par la parenté que par la loi et par des sacrifices communs. Ils ont sous eux des clients étrangers, sortes de vassaux, qui portent leur nom et vivent sous la protection de leurs dieux et de leur lance. Tous réunis, ils forment l'assemblée par curies; les chefs réunis des *gentes* forment le sénat. A côté et au-dessous d'eux vit une nation distincte, accrue des clients dont l'obligation s'est éteinte, composée des étrangers vaincus transportés à Rome, et non-seulement d'une populace, mais de maisons nobles et riches. Ils ont le droit de cité sans suffrage et ne peuvent contracter mariage avec ceux de l'autre nation. Divisés en tribus, ils ont, depuis Servius, des tribuns et des juges.

---

[1]. Niebuhr, t. I.I, p. 17.

Ainsi une différence de race et de condition fonde et maintient l'inégalité des ordres; la guerre extérieure continue par une guerre domestique; et les vaincus, devenus citoyens, supportent et combattent encore des vainqueurs. Les patriciens gouvernent la cité où ils ont reçu les plébéiens, et jouissent des terres publiques qu'ils ont conquises par les mains des plébéiens ; ceux-ci demandent des droits pour sortir de la servitude, des terres pour sortir de la misère, et obtiennent des terres et des droits parce qu'ils deviennent la nation. Dès lors tout le récit de Tite Live s'éclaircit. Les deux peuples, réunis en une seule armée et en une seule assemblée[1] par la constitution de Servius, restent distincts longtemps encore. Chacun a son assemblée[2], ses magistrats, ses intérêts, son caractère; et les retraites de la plèbe ne sont que la séparation de deux nations unies, non confondues. Et remarquez que cette union de deux peuples est la constitution de toute l'antique Italie. Depuis le traité de Servius, le peuple latin est attaché au peuple romain, comme la plèbe à la nation patricienne; ainsi que les plébéiens, les Latins demandent l'égalité, se séparent plusieurs fois de la nation maîtresse, lui fournissent des soldats, et finissent par obtenir les mê-

1. L'assemblée par centuries. — 2. L'assemblée par curies et l'assemblée par tribus.

mes droits. L'Italie, comme le Latium, subit le commandement de Rome, rompt l'alliance dans la guerre Sociale comme le Latium dans la guerre samnite, comme la plèbe dans la retraite au mont Sacré. La colonie romaine est encore l'image de Rome; elle forme dans la ville occupée la nation patricienne, et les anciens habitants sont la plèbe. « Rome elle-même est une colonie d'Albains et de Sabins réunis sur le pied de l'égalité, et les Lucères appartiennent à un peuple allié sur un pied d'infériorité, ou qui même était sujet[1]. » Niebuhr trouve enfin la constitution romaine chez les voisins de Rome. Partout, dans le monde antique, des cités composées d'une plèbe de vaincus et d'une noblesse de vainqueurs s'assujettissent d'autres cités. Sparte a ses ilotes et ses périœques. Sparte, Athènes, Carthage, et leurs colonies, conquérantes comme Rome, s'entourent d'une plèbe de villes soumises. Ce mouvement d'union et de subordination avait commencé dix fois autour de la Méditerranée. Rome le répète, l'assure et l'agrandit.

Niebuhr est admirable encore, lorsqu'il montre la naissance insensible de toutes les magistratures, les tribuns institués par Servius quand la plèbe se forme en tribus, déclarés inviolables lors-

---

1. Niebuhr, t. III, p. 68.

qu'elle revient du mont Sacré, chaque jour plus puissants parce qu'elle devient le peuple, et à la fin vrais chefs de l'État ; les dictateurs, magistrats latins, dès longtemps établis à Lanuvium et à Tusculum ; les préteurs, déjà institués sous les rois, ayant la garde de la ville et le droit d'expédier les affaires en leur absence [1]; les censeurs, d'abord tribuns militaires et simples intendants de la fortune publique, qui, du droit d'inscrire chaque citoyen dans sa classe, tirent celui d'inspecter les mœurs. Il comprend que rien, dans les institutions humaines, n'est soudain ; que, comme les choses naturelles, elles ont des commencements faibles ; que tout changement, étant graduel et préparé, arrive, non par l'arbitraire des volontés, mais par la force des situations, qu'il faut donc lui trouver des origines obscures ; que, par la même raison, une institution ne reste jamais dans le même état ; que, sous les mêmes noms, on trouve à chaque siècle des pouvoirs différents ; qu'elle s'altère nécessairement et sans cesse, parce que l'homme n'est pas un seul instant le même, et que l'histoire n'est que le récit d'un mouvement. Cette vue pénétrante de la nature humaine et cette connaissance infinie des faits marquent, en Niebuhr, le génie moderne.

1. Niebuhr, t. III, p. 151 ; t. IV, p. 118.

Parcourez les explications qu'il accumule sur les *nexi*, sur les finances de Rome, sur la population, sur les terres et les dettes, sur les municipes et les colonies, sur les changements de la légion; dans l'économie politique, dans le droit public ou privé, dans les institutions d'argent ou de guerre, il n'est aucun point qu'il n'éclaircisse. Déjà, il est vrai, le lecteur se perd dans la multitude des suppositions. Niebuhr corrige Tite Live comme si aujourd'hui il avait sous les yeux les grandes Annales, devine sur un manuscrit demi-brûlé les traces d'une conspiration des *Patres minores* contre les *majores*, exagère partout la manie des conjectures, philologue et légiste intraitable, les yeux fixés sur les textes avec tant d'obstination et d'imagination qu'il finit par y lire ce qui n'y est plus, tandis que le lecteur, noyé dans les doutes, arrive à peine à bord, ne sachant plus s'il est dans le roman ou dans l'histoire, sauvant à peine quelques grandes vérités parmi les vraisemblances qui ont glissé entre ses mains.

Faut-il entrer maintenant dans le détail infini des recherches que Niebuhr amasse sur les guerres de Rome? Qu'il suffise de dire que le premier il explique comment l'alliance conclue par Sp. Cassius avec les Latins et les Herniques doubla les

---

1. Niebuhr, t. III, p. 170.

forces de la cité, et la tira lentement de l'abaissement où elle était tombée par la victoire de Porsenna ; qu'il ôte aux Romains et rend aux Volsques beaucoup de victoires; qu'il refait et déplace l'histoire de Coriolan; qu'il montre Rome épuisée par l'invasion des Gaulois, et renouvelée par le nouvel ordre que Camille met dans l'armée[1]; qu'il suit enfin toute la guerre samnite et s'avance jusqu'à la fin de la première guerre punique, contestant, corrigeant, conjecturant, plébéien de cœur et partisan des vaincus, avec une subtilité et une minutie admirables et déplorables. Sans doute, ce travail eût pu être fait du temps de Tite Live, quoique à grand'peine, et avec bien des lacunes; mais, quand nous n'avons pour documents que des auteurs éloignés des faits de plus de sept cents ans, quand nous savons qu'ils ont copié imparfaitement d'autres historiens faibles critiques, copistes eux-mêmes de monuments altérés, vouloir retrouver les moindres détails n'est-ce pas folie? Là est le défaut dominant de Niebuhr; et le bon sens de Tite Live corrige à son tour la témérité de celui qui l'a jugé. C'était assez de démêler les poëmes primitifs, de retrouver les grands traits de la constitution de Rome, et de marquer les principaux évé-

---

1. Niebuhr, t. II, p. 241.

nements de ses premières conquêtes. Il fallait être sobre dans ce désir de science, et comprendre que des vraisemblances douteuses, soutenues par des conjectures aventurées, ne méritent pas d'entrer dans l'histoire. A force de passion et de divination, on finit par devenir visionnaire. Cette phrase est-elle d'un critique ou d'un inspiré ? « Pour l'observateur dont la contemplation a duré de longues années, qui l'a toujours renouvelée, qui n'a jamais détourné la vue de son sujet, l'histoire des faits méconnus, effacés, défigurés, sort de son obscurité; elle quitte la nuit et les nuages; elle prend un corps et une forme précise. Telle, dans la légende slave, la nymphe aérienne, d'abord à peine visible, devient fille de la terre, et se personnifie par la seule puissance d'un long regard de vie et d'amour [1]. » Que sont ces villes « toutes germaines, Lucérum, Rémuria, Quirium, fondées seulement de nos jours [2] ? » A quoi bon chercher comment s'est formée la tradition sur Tarquin l'Ancien, supposer, par exemple, qu'un Corinthien se fixa autrefois à Tarquinies, qu'on lui attribua l'invention de l'écriture, et que, de même qu'on a rattaché Numa à Pythagore, on lui a rattaché Tarquin [3] ? Quelle est cette interprétation des années symboliques de

---

1. Niebuhr, t. III, p. 20. — 2. Leclerc, *des Journaux chez les Romains.* — 3. Niebuhr, t. II, p. 95, 127.

Numa, ce compte exact des familles éteintes, inventé pour expliquer le nombre des centuries que Tarquin ajouta? « Toute apparence, dites-vous, peut tromper à la lueur incertaine de ce crépuscule. » Laissez donc ces ombres incertaines; elles ne peuvent plus être touchées par des vivants : elles sont comme les vains fantômes qu'Ulysse aperçoit chez Hadès, dans les humides prairies d'asphodèle, et qui s'évanouissent en fumée dès qu'on veut les saisir. Que voulez-vous que le lecteur devienne parmi tant de suppositions et de vraisemblances [1]? Ici vous reportez de deux ans en arrière la prise d'une ville; un instant après vous devinez deux armistices; plus loin, vous imaginez trois ou quatre mensonges des annalistes : Q. Fabius n'a pas repris le butin fait par les Èques. Cincinnatus n'a pas délivré Minucius; il n'a été nommé que pour effrayer les plébéiens. Il est vraisemblable que beaucoup de villes latines sont tombées entre les mains des Volsques [2]; il est probable que quelques-unes se sont garanties par des traités; il est à croire que Tusculum, Aricie, Lanuvium, se sont mises dans la clientèle de Rome. Délivrez-nous de tant de conjectures; j'aime mieux tout ignorer que trébucher à chaque instant sur

---

1. Niebuhr, t. III, p. 147, etc. — 2. Ib., p. 342.

des demi-croyances. Le sol s'enfonce sous les pas, et l'on tend en vain les mains autour de soi pour se retenir à quelque appui. « L'issue malheureuse de la guerre ayant déterminé les Samnites à consentir à l'extradition de Papius Brutulus, il est permis de supposer que ce fut une opposition politique qui paralysa et fit échouer ses conseils, précisément parce qu'ils étaient de lui. Je n'examine pas si cette opposition avait le caractère d'une faction, ou si elle venait de peuples à qui il n'appartenait pas immédiatement[1]. » Cela est fort heureux, mais vous examinez bien d'autres choses. « Le parti pour lequel se décida Pontius était si étranger à l'esprit des hommes d'État de l'antiquité, qu'on ne peut guère douter qu'il ne se fût élevé l'âme par la doctrine des philosophes Grecs[2]. » Et un peu plus loin, vous cherchez si les boucliers d'argent des Samnites étaient en grand nombre, si c'était la première fois qu'ils en avaient, d'où ils leur venaient[3]. Prenez garde de quitter la profonde critique de Vico pour les puérilités de l'érudition. D'autres ont eu le tort de faire des livres sur les anneaux ou les chaussures des Romains. Un génie comme le vôtre méritait d'être appliqué à des questions plus hautes et plus certaines. Tite

---

1. Niebuhr, t. VI, p. 252. — 2. *Ib.*, p. 297. — 3. *Ib.*, p. 344.

Live, que vous blâmez si durement, pouvait par sa discrétion vous donner un exemple de bon goût. « Les dieux, dites-vous, se refusèrent-ils à ressusciter Pélops, parce qu'il lui fallait donner une épaule d'ivoire ? Notre travail ressemble beaucoup à celui du naturaliste qui dégage des éléments étrangers un squelette d'ossements fossiles rassemblés avec trop de légèreté[1]. » Un naturaliste comme Cuvier reconstruit la charpente d'un animal, mais ne s'amuse pas à deviner les plus petites saillies d'un os qui manque, ou la couleur de la peau qui est perdue ; et nous ne sommes pas des dieux pour rendre la vie à tous les morts. Sachons estimer ce que nous valons et mesurer ce que nous pouvons. Notre esprit est trop borné pour embrasser tous les objets, trop noble pour s'abaisser à toute recherche. Il faut, dans l'histoire effacée, ne rétablir que les grands traits, parce que les autres ne peuvent pas être retrouvés et ne méritent pas de l'être. Ne corrigeons pas tous les détails de Tite Live, puisque les moyens qu'il avait nous manquent ; essayons seulement de découvrir dans son récit l'antique poésie et la vraie nature de la constitution primitive, de diminuer quelque chose des vertus patriciennes et des victoires romaines ; pour le

---

1. Niebuhr, t. VI, p. 161.

reste, imitons sa modération et sa réserve ; souvenons-nous qu'il a mieux aimé ignorer que deviner, et que, s'il a employé dix livres à abréger avec des doutes les cinq cents premières années de Rome, il en a employé cent trente à développer l'histoire certaine des deux derniers siècles. A travers la distance, nous ne découvrons des anciens âges que les grandes masses et les vastes mouvements. Les faits particuliers ont péri ; les faits généraux subsistent, et le critique se fait philosophe pour rester historien.

# CHAPITRE IV.

## LA PHILOSOPHIE DANS L'HISTOIRE.

Elle cherche la loi des faits, et la loi des lois partielles. — L'ordre des faits en montre la loi. — Puissance d'un adjectif. — La poésie est une philosophie.

En toute science, comme en histoire, la connaissance des faits particuliers est étroite. L'homme, n'occupant qu'un point de l'espace et du temps, aperçoit autour de lui un petit cercle éclairé; au delà est un demi-jour, puis une obscurité qui s'épaissit, puis la nuit infinie qui de toutes parts le presse. C'est la connaissance des faits généraux qui nous relève. Ce coin où nous sommes relégués nous en fournit la matière, et la chute d'une pomme suffit à Newton pour deviner cette loi de la pesanteur qui fait rouler les astres au delà de la portée de nos instruments et de nos conjectures. L'historien est donc philosophe, et ne rassemble des faits que pour trouver des lois.

Cette recherche change son caractère par une nouvelle passion. Peu lui importe désormais de voir passer devant lui l'armée des événements dispersés comme ils le sont, en différents lieux, en différents temps. Ce vain plaisir de curiosité se tourne pour lui en malaise; il essaye à chaque instant de les arrêter au passage, portant les mains en tout sens pour saisir les chaînes invisibles qui les lient, afin de voir partout la nécessité maîtresse de la fortune. Sortant du monde des corps, si bien réglé et qui paraît une raison agissante, il comprend qu'un ordre semblable est dans les affaires humaines, qu'un gouvernement secret mène tant de faits inattendus, que le monde est comme un champ de bataille, où, dans la confusion et le tumulte, tout obéit à la volonté d'un chef unique et marche vers le but que d'avance il a marqué. C'est un bonheur et un besoin que de trouver ce plan caché, non-seulement parce que l'ordre est beau, mais parce qu'un fait dont on ne voit pas la cause reste incertain, flottant dans l'air, sur le point d'être emporté par la moindre difficulté qui surviendra. Les causes trouvées sont des preuves ajoutées, et une explication vaut un témoignage; il faut que le corps entier de l'histoire revendique le fait et se l'attache par une nécessité certaine, pour qu'il soit acquis à la vérité. L'historien sait enfin qu'un fait séparé de sa loi est incomplet, qu'il tient à celui-ci, à tel autre, à ceux-là qu'on voit à peine dans le lointain de l'avenir ou du passé; que lui ôter ses précédents ou ses suites, c'est lui retrancher une partie de lui-même. Autant vaudrait décrire les organes d'une plante sans dire comment ils s'aident et se nourrissent entre eux. L'histoire est un corps vivant qu'on mutile dès qu'on trouble l'économie de ses parties. Ce n'est pas la conserver que de présenter les faits, un à un, tels qu'ils se sont succédé dans le temps. La mémoire qui les déroule ainsi est un mauvais juge, et sa vérité n'est pas la vérité. La raison seule, interprète des lois, aperçoit l'ordre naturel qui est celui des causes ; et, découvrant le plan de l'histoire, étend, dispose, confirme et complète l'œuvre commencée par la critique et l'érudition.

Dans cet esprit, l'historien recherche deux sortes de lois. Chaque groupe de faits d'abord a sa cause. Pourquoi les Samnites furent-ils vaincus ? D'où vient que Rome abattit l'Étrurie ? puis les Gaulois, puis Carthage, puis la Macédoine ? Comment les plébéiens obtinrent-ils l'égalité des droits ? Quel changement fit passer aux grands la toute-puissance ? Par quelle nécessité s'établit l'empire ? Expliquer chacune de ces révolutions et de ces guerres, c'est ramasser et abréger en une seule idée tous les faits qui la composent. Voilà l'esprit à demi satisfait ; sa connaissance resserrée et complétée se dépose par quelques formules dans ce trésor de lois qui résume et ordonne l'ensemble des événements. Qu'un politique, un jurisconsulte, un général, s'en tiennent à cette recherche, cela est naturel, puisqu'ils savent désormais tout ce qui peut s'appliquer à leur art; mais la raison, plus philosophique et plus exigeante, explique ces explications, et réduit ces lois en lois plus générales. Les causes partielles supposent des causes universelles. Pourquoi cette guerre éternelle? Comment la population de Rome y a-t-elle suffi? D'où vient que nul peuple n'a pu résister? D'où vient ce talent d'agir, de conquérir, d'administrer? Pourquoi ce culte discipliné de dieux abstraits, cette famille toute légale, cet amour extraordinaire de la patrie, ce respect de la lettre et de la formule, cette impuissance dans l'art et dans la haute philosophie? Par quelles causes périt la population, la vertu ancienne, l'esprit militaire? D'où vient que tout s'épuise et s'anéantit, croyances, talents, peuple, mœurs, lentement, fatalement, et que rien n'en reste qu'une administration et un code sous un maître? Toutes les parties du caractère et de la vie romaine se tiennent, et l'historien, en les rapprochant, en les classant, en les interprétant, voit du milieu de tant de lois s'élever une idée dominante qui exprime en abrégé le génie du peuple et contient d'avance son histoire, de même qu'une définition comprend en soi toutes les vérités mathématiques qu'on en déduira. C'est alors que l'historien, parvenu à son but, ressent le plein plaisir de la science. Cette foule innombrable de faits obscurs et épars, répandus à travers douze siècles, de l'Afrique à la Bretagne, de la Lusitanie au pays des Parthes, ne forme plus qu'un tout, où les lois particulières qui groupent les événements se groupent elles-mêmes sous une loi universelle, du haut de laquelle on démêle leur ordre et on suit leurs mouvements.

Faut-il pour cela abandonner la narration et composer des catalogues de faits terminés par des formules géométriques? Un écrit peut être philosophique et rester vivant. Pour expliquer les événements, il suffit de les disposer dans l'ordre convenable; c'est dire leur cause que leur donner leur place; et l'art de philosopher n'est que l'art de composer. Mettons ensemble ceux qui sont les effets d'une même cause, ou qui vont vers un même but. Conservons dans la science les ressemblances qu'ils ont dans la nature; estimons-les d'après ce qu'ils sont. Et que sont-ils, sinon les dépendances d'une grande cause commune et les avant-coureurs d'un effet important? Telle conquête du peuple, le partage du consulat ou la publication des Douze Tables, n'est qu'un pas dans le lent progrès de l'égalité. Telle expédition contre les Samnites n'est qu'une marche dans cette bataille de soixante années qui abattit les montagnards du Sud. Vous n'avez plus besoin de disserter quand vous avez exposé des faits suivis, tous de même espèce, aboutissant tous au même effet. Le lecteur trouve de lui-même la loi qui les assemble ; en les mettant en ordre, vous avez montré leur ordre, et vous êtes philosophe sans cesser d'être historien. — Un autre moyen de faire saisir les lois est de choisir parmi les faits. Quelle langueur dans la narration, si on les dit tous ! A quoi bon, après avoir raconté dans une guerre vingt combats ou pillages, continuer la suite monotone d'escarmouches toujours semblables ? C'est trop dire que tout dire, il ne faut ni accabler l'esprit, ni encombrer la science. Ce sont les chroniqueurs qui éternellement répètent les famines, les batailles, les fêtes, sans jamais se lasser de recommencer leur rebutante énumération. L'historien court à l'idée générale à travers les faits qui la prouvent, ne s'arrête que pour mieux l'expliquer par des détails expressifs, et montrer à l'horizon le but de son voyage. On sent avec lui qu'on chemine et qu'on avance ; la narration devient intéressante parce que les faits sont choisis, comme tout à l'heure elle devenait animée parce que les faits étaient ordonnés ; elle est rapide, parce qu'elle est savante, et amuse, parce qu'elle instruit. Croit-on enfin qu'il faille tant de mots pour exprimer une loi ou indiquer une cause? Les principales sont les caractères des climats et des peuples. Un portrait de six lignes s'il est vif et vrai, en apprend plus qu'un volume de dissertation. L'imagination a cela d'admirable qu'un adjectif bien placé lui figure toute une contrée ou toute une nation. Est-ce faire une théorie trop sèche que d'expliquer ainsi la ruine de l'Étrurie? « Au milieu de leurs fêtes religieuses et de leurs éternels banquets, les Lucumons d'Étrurie s'avouaient leur décadence et prédisaient le soir prochain du monde. Derrière les murs cyclopéens des villes pélasgiques, ils entendaient le péril s'approcher. Les Liguriens avaient poussé jusqu'à l'Arno; les Gaulois gravissaient à grands cris l'Apennin comme des bandes de loups, avec leurs moustaches fauves et leurs yeux d'azur si effrayants pour les hommes du Midi. Et cependant, du Midi même, les lourdes légions de Rome marchaient d'un pas ferme à cette proie commune des barbares. Déjà la grande ville de Véies laissait une place vacante dans la réunion nationale des fêtes annuelles de Vulsinie. Il fallut bien quitter les pantomimes sacrées, et les tables somptueuses, et les danses réglées par la flûte lydienne; il fallut équiper en soldats les laboureurs des campagnes, et donner la main aux intrépides Samnites[1]. »

Grouper les faits sous des lois qui les complètent et les prouvent, enchaîner les lois particulières par des lois universelles, soit en disposant les narrations, soit en choisissant parmi les détails, soit en résumant les théories par des éclairs d'imagination, tels sont les traits d'un historien philosophe. Reconnaissons-nous Tite Live à ce portrait?

1. Michelet, *Histoire romaine*, t. I, p. 219.

# CHAPITRE V.

## PHILOSOPHIE DE L'HISTOIRE DANS TITE LIVE.

### § 1.

I. Caractère et faiblesse des Gaulois, des Samnites, des Carthaginois, de Philippe, des Athéniens, d'Antiochus. — II. Lutte des plébéiens et des patriciens. — III. Causes de la décadence du peuple romain. — Utilité de l'émotion et de la logique oratoire.

I. Ne peut-on voir d'avance en abrégé et par raisonnement ce que sera dans Tite Live la philosophie de l'histoire ?

L'esprit oratoire contient quelque chose de l'esprit philosophique aussi bien que de l'esprit critique ; mais il n'est ni l'un ni l'autre. Il découvre les faits généraux comme il a vérifié les faits particuliers, incomplétement. Obligé dans les discours de donner des émotions et des arguments à ses personnages, il ranime les passions et les raisons qui ont causé les événements. Moraliste, parce que la morale est de toutes les parties de la philosophie la plus oratoire, il s'attache à décrire les anciennes vertus, le lent changement des mœurs, la corruption profonde où toutes les âmes s'engloutissent, et rencontre ainsi l'idée principale qui résume et gouverne l'histoire de Rome ; il trouve des explications, parce qu'il donne des renseignements, et qu'il compose des harangues. Mais le goût et le don de l'éloquence ne sont pas l'amour de la science. Occupé à faire parler des personnages et à louer de belles actions, il ne montre les causes qu'en passant, il en omet plusieurs, il range mal les faits, il ne sait pas choisir entre eux, il fait moins une histoire qu'un recueil de matériaux et de morceaux d'éloquence. Il rencontre tous les faits généraux qu'on peut trouver quand on n'en cherche pas.

L'histoire de Rome, au dehors, est la conquête du monde, et s'explique par la faiblesse des vaincus et la force des vainqueurs. Cette opposition est marquée presque à chaque guerre dans les discours. Voici dans celui de Manlius les raisons de la défaite des Gaulois : « Corps gigantesques, chevelures longues et rousses, vastes boucliers, épées démesurées ; ajoutez, quand ils commencent le combat, des chants, des hurlements, des danses, le bruit horrible des armes et des boucliers qu'ils entre-choquent, suivant un antique usage de leurs pères ; tout est chez eux arrangé à dessein pour jeter la terreur. Mais laissons les peuples à qui cet épouvantail est inconnu, Phrygiens,

Cariens, Grecs, s'en effrayer. Les Romains, accoutumés aux tumultes gaulois, en connaissent aussi toute la vanité. Une seule fois, à la première rencontre de l'Allia, nos ancêtres jadis s'enfuirent devant eux ; depuis, voilà près de deux cents ans qu'ils les égorgent et les dispersent aussi consternés que des troupeaux. Les Gaulois nous ont fourni plus de triomphes, je crois, que l'univers tout entier. On sait par expérience que, si l'on soutient le premier choc où les emportent leur colère aveugle et leur naturel bouillant, leur corps se fond de sueur et de lassitude ; les armes leur échappent ; ces membres mous, ces âmes molles, dès que leur rage s'affaisse, le soleil, la soif, la poussière, au défaut du fer, les abattent[1]. » Ailleurs, une peinture de Camille achève le raisonnement de Manlius. « Cette nation, dit-il, qui arrive en hordes tumultueuses, a reçu de la nature des corps et des courages plutôt grands que fermes. Aussi dans tout combat ils excitent plus d'effroi qu'ils n'apportent de force. La défaite de l'armée romaine en est une preuve ; ils ont pris une ville ouverte ; de la citadelle et du Capitole, une poignée d'hommes leur résiste. Déjà vaincus par l'ennui du siége, ils s'écartent et errent en vagabonds dans la campa-

---

1. Tite Live, XXXVIII, 17.

gne, gorgés de vin et de viandes gloutonnement avalées, quand la nuit approche, sans retranchements, ni postes, ni gardes, ils s'étendent près des ruisseaux comme des bêtes sauvages[1]. » On voit comment les raisons des faits sont contenues dans les discours des personnages, comment la science est devenue éloquence, et comment l'historien se trouve philosophe parce qu'il est orateur.

A ce titre, les harangues de Tite Live sont la partie la plus utile de son histoire. C'est là qu'il raisonne et réfléchit. Les jugements de ses capitaines sont des théories; et il arrive qu'en observant les âmes il explique les événements. Rome a vaincu les Samnites, parce que les pâtres des montagnes, habiles aux embuscades, n'avaient pas la discipline des légions massives, et qu'un homme n'est pas un soldat. Le tribun Décius s'étonne, en bon militaire, de voir des troupes qui savent mal leur métier. « Quelle est cette paresse et cette ignorance de la guerre, et comment de telles gens ont-ils pu gagner la victoire sur les Sidicins et les Campaniens! Voyez leurs enseignes qu'ils portent çà et là, que tantôt ils rassemblent, et que tantôt ils font sortir. Personne ne se met à l'ouvrage quand nous pourrions déjà

---

[1] Tite Live XXXVIII, V, 44.

être entourés d'un retranchement[1]. » Les Romains s'échappent de nuit, rejoignent l'armée, qui, revenant sur ses pas, égorge les Samnites dispersés, la plupart sans armes. Par cette indiscipline, ce peuple si vaillant et si opiniâtre périt. Ils ne surent que dresser des piéges en brigands, se couvrir d'armes éclatantes en barbares, s'engager par des rites sanglants en fanatiques. Rome dévasta leur pays avec méthode, tua tous les ans la jeunesse qui s'armait, et maintint par ses colonies ces solitudes soumises.

Les modernes ont beaucoup raisonné sur les guerres puniques. Deux mots de Scipion et d'Annibal contiennent la plupart de leurs dissertations. « Ce fut en frémissant, en gémissant, en retenant à peine ses larmes, qu'Annibal, dit-on, écouta les paroles des envoyés. Après qu'ils lui eurent délivré leur message : « Ce n'est plus, dit-
« il, par des moyens cachés, c'est ouvertement
« qu'ils me rappellent, ceux qui, en empêchant
« qu'on ne m'envoyât des renforts et de l'argent,
« ont travaillé depuis si longtemps à m'arracher
« d'ici. Annibal est vaincu, non par le peuple ro-
« main tant de fois massacré et mis en fuite,
« mais par les calomnies et l'envie du sénat car-
« thaginois. Cet opprobre de mon retour réjouira

---

1. Tite Live, VII, 34.

« et enorgueillira Scipion moins qu'Hannon, qui,
« faute d'autres moyens, a écrasé notre maison
« sous les ruines de Carthage. » Rarement, dit-on,
exilé partit plus triste de son pays qu'Annibal du
pays ennemi. Il regarda souvent les rivages de
l'Italie, accusant les hommes et les dieux, se
maudissant et appelant le malheur sur sa tête,
pour n'avoir pas mené à Rome le soldat sanglant
encore de la victoire de Cannes. Scipion, qui,
consul, n'avait pas vu l'ennemi en Italie, osait
aller à Carthage ; lui qui avait tué cent mille
hommes armés à Trasimène et à Cannes, avait
vieilli autour de Casilinum, de Cumes, de Noles[1]. »
Changez un mot dans ces imprécations éloquentes ; dites qu'Annibal, avec vingt-six mille hommes, ne pouvait pas, après Cannes, aller attaquer
une ville armée, dont le courage était entier,
éloignée de quatre-vingts lieues, et qu'il a dû
s'épuiser contre le rempart de colonies qui la
protégeaient ; vous aurez en abrégé l'histoire de la
guerre, que Tite Live ailleurs achève ainsi : « Alliés infidèles, maîtres pesants et tyranniques, les
Carthaginois n'ont rien de ferme ni de stable en
Afrique. Nous encore, abandonnés par nos alliés,
nous nous sommes soutenus par nos propres
forces, avec des soldats romains. Chez les Car-

1. Tite Live, XXX, 20.

thaginois, point d'armée nationale ; ils n'ont que des mercenaires, des Africains, des Numides, naturels si prompts à changer leur foi[1]. » Montesquieu n'a pas mieux dit. Je ne parle pas des explications que le récit porte en lui-même, et que l'historien n'a pas besoin de commenter au lecteur, par exemple, des traits de constance et de magnanimité que fit Rome après Cannes ; l'exposé nu des faits suffit là pour indiquer les forces des partis et l'issue de la lutte, et l'admiration du lecteur vaut un raisonnement. Peu importe sous quelle forme l'idée générale entre dans l'âme, émotion ou formule abstraite. Il faut seulement que les faits épars se groupent sous leur cause unique, que l'esprit sente ou voie leur lien, en un mot, qu'il comprenne. Comprendre des événements, c'est embrasser leur ensemble en saisissant leur loi. Si au bout du livre on admire la vertu de Rome, sa discipline, sa prudence croissante, on saura, qu'on l'exprime ou non, la raison de son succès.

Dans la guerre de Macédoine, Philippe, par ses cruautés, concilia la Grèce aux Romains. Une fois qu'ils eurent le pied dans le pays, les peuples incertains, moitié par gré, moitié par crainte, devinrent leurs alliés. « Dans l'assemblée des Éto-

---

1. Tite Live, XVIII, 44.

liens, les Athéniens déplorèrent le ravage et la dévastation lamentable de leur territoire. Ils ne se plaignaient pas qu'un ennemi les eût traités en ennemis. La guerre a certains droits qu'on peut supporter aussi bien qu'exercer. Des moissons brûlées, des toits abattus, des hommes et des troupeaux emmenés comme butin, ce sont là des malheurs, non des indignités. Ce dont ils se plaignent, par les dieux! c'est que celui qui appelle les Romains étrangers et barbares ait violé à la fois tous les droits divins et humains jusqu'à faire une guerre sacrilége, dans sa première dévastation, aux dieux des enfers, dans la seconde, aux dieux du ciel. Tous les tombeaux, tous les monuments sont détruits dans leur pays. Les mânes de tous leurs concitoyens sont dépouillés de leurs asiles. Nulle part les ossements des morts ne sont couverts par la terre. Ils avaient des temples qu'autrefois leurs pères, habitants de bourgades, avaient consacrés dans leurs villages et dans leurs petits forts, et qu'ils n'avaient ni abandonnés ni négligés, lors même qu'ils s'étaient réunis en une seule ville. Philippe a porté dans tous ces sanctuaires la flamme ennemie; les statues des dieux mutilées et à demi brûlées gisent parmi les colonnes abattues des temples. Ce qu'il a fait de l'Attique si belle et si ornée autrefois, il le ferait, s'il pouvait, de l'Étolie et de toute la Grèce. On verrait dans Athènes la même désolation, si les Romains n'étaient venus à leur secours. Car il a attaqué avec la même impiété les dieux qui habitent la ville et Minerve gardienne de la citadelle; avec la même impiété le temple de Cérès à Éleusis; avec la même impiété le Jupiter et la Minerve du Pirée. Repoussé par la force et les armes, non-seulement de ces temples, mais encore des murailles, il s'est déchaîné sur les monuments qui n'étaient défendus que par la religion. C'est pourquoi ils prient et supplient les Étoliens, par pitié pour les Athéniens, et sous la conduite des dieux immortels, et sous celle des Romains qui, après les dieux, sont les premiers en puissance, d'entreprendre la guerre[1]. » Trouve-t-on que cette amplification habile, si convenable à des Athéniens aussi rhéteurs qu'orateurs, fasse mal entendre pourquoi les Étoliens s'allièrent à Rome? Pour moi, je préfère ce discours si animé à un froid raisonnement tel qu'en ferait Polybe; c'est dans ce langage oratoire, et avec ce mouvement de passion que s'est décidée la guerre; et la cause de la défection s'explique mieux dans un discours, parce qu'elle a été un discours. — Un peu plus loin, l'Achaïe, ancienne amie de Philippe, prend parti pour les Romains.

---

1. Tite Live, XXXI, 30.

La harangue du préteur Aristène montre ce qu'est devenue la guerre, comment le roi ne combat plus pour la victoire, mais pour son salut, comment il perd des alliés parce qu'il en a déjà perdu : « Pourquoi Philippe absent demande-t-il notre secours, au lieu de venir en personne nous défendre, nous ses anciens alliés, contre Nabis et les Romains? Nous défendre? Pourquoi a-t-il laissé prendre Érétrie et Caryste? Pourquoi tant de villes de la Thessalie? Pourquoi la Locride et la Phocide? Pourquoi en ce moment même souffre-t-il qu'Élatée soit assiégée? D'où vient qu'il est sorti des gorges de l'Épire et de ces retranchements inexpugnables sur le fleuve Aoüs, par force, crainte ou volonté, quittant le défilé qu'il occupait pour se retirer au fond de son royaume? Admettons qu'il n'y ait rien de vrai dans ce que les Athéniens ont dit tout à l'heure de la cruauté, de l'avidité et des débauches du roi. Supposons que les crimes de Philippe ne nous touchent pas, ni ceux qu'il a commis en Attique contre les dieux du ciel et des enfers, ni, à plus forte raison, ce que les Cianiens et les Abydéniens, si éloignés de nous, ont souffert. Oublions nous-mêmes, si vous le voulez, nos propres blessures, les meurtres et les pillages de biens à Messène, au milieu du Péloponèse, notre hôte de Cyparissie, Garitène, contre tout droit et toute justice égorgé presque au milieu d'un festin ; Aratus de Sicyone, malheureux vieillard, que Philippe lui-même nommait son père, assassiné; son fils, tué; l'épouse du fils emmenée en Macédoine pour servir à la brutalité du roi. Abandonnons à l'oubli le viol de tant de vierges et de matrones.... Peut-on nous demander de faire ce que nous ne pouvons pas faire? Le Péloponèse est une péninsule attachée au continent par l'étroit défilé de l'isthme, plus ouverte et plus exposée à la guerre navale qu'à toute autre. Si cent navires pontés et cinquante plus légers non couverts, avec cinquante barques isséennes, se mettent à dévaster la côte de la mer, à assiéger les villes qui leur sont offertes presque sur le rivage, nous nous retirerons sans doute dans les villes de l'intérieur? Comme si nous n'étions pas brûlés par une guerre intestine attachée à nos entrailles elles-mêmes ! Lorsque nous serons pressés sur terre par Nabis et les Lacédémoniens, sur mer par la flotte romaine, où irons-nous implorer l'alliance royale et le secours des Macédoniens[1]? » Nous concluons comme Aristène que les Achéens doivent quitter Philippe. Le voilà réduit à ses propres forces et bientôt vaincu. Le fils se soutiendra quelque temps par les inimitiés qu'inspire Rome trop puissante, et

1. Tite Live, XXXII, 21.

par la barrière de montagnes qui défend la Macédoine ; mais, dès que les armées seront aux prises, la description d'une manœuvre expliquera le succès de la guerre ; et Tite Live aura marqué les raisons des événements sans sortir de la narration ou du plaidoyer. « La charge de la deuxième légion rompit la phalange; et il n'y eut point de cause plus manifeste de la victoire que ces combats nombreux et séparés qui troublèrent d'abord cette masse flottante, puis la brisèrent en morceaux. Car, lorsqu'elle est serrée et toute hérissée de piques dressées, sa force est irrésistible. Mais si, en l'attaquant par pièces, vous la forcez à tourner ses lances qui sont trop longues et trop lourdes pour être maniables, elles s'entremêlent en amas confus, et, à la moindre alarme qui s'élève par derrière ou sur les flancs, tout se trouble, elle n'est plus qu'une ruine; ce qui arriva cette fois, parce que, obligés d'aller à la rencontre des Romains qui chargeaient par pelotons, ils ouvraient en beaucoup d'endroits leur front de bataille ; et ceux-ci, partout où s'offrait un intervalle, insinuaient leurs rangs [1]. »

Il y a des cas où l'exposition, pour être vraie, doit être éloquente, et où l'on ne doit raisonner que par des peintures vives. C'est ainsi qu'il fal-

---

1. Tite Live, XLIV, 41.

lait exposer la faiblesse d'Antiochus si malhabile, si imprévoyant, si confiant dans l'attirail de ses troupes et dans les forfanteries de ses courtisans. « Toutes ces troupes de différentes armes, disait T. Quintius aux Achéens, tant de nations aux noms inconnus, Dahes, Mèdes, Cadusiens, Élymæens, ne sont que des Syriens, race d'esclaves plutôt que de soldats. Et plût aux dieux, Achéens, que je pusse mettre sous vos yeux les allées et les venues de ce grand roi, tantôt de Démétriade à Lamia, tantôt de l'assemblée des Étoliens à Chalcis? Vous verriez à peine dans son camp l'apparence de deux petites légions mal complètes. Vous verriez le roi, tantôt mendiant presque du blé aux Étoliens pour le mesurer à ses soldats, tantôt empruntant pour les solder de l'argent à usure, tantôt debout aux portes de Chalcis, bientôt chassé de là et retournant en Étolie sans avoir rien fait que voir Chalcis et l'Euripe[1]. » Et ailleurs, Acilius Glabrion ajoute : « Ce roi qui a passé d'Asie en Europe pour porter la guerre contre le peuple romain n'a rien fait, en tout un hiver, de plus mémorable que de prendre, par amour, une épouse dans la maison d'un simple particulier, qui est obscur même chez les siens; maintenant nouveau mari, comme engraissé par

---

1. Tite Live, XXXV, 49.

les festins de noce, il vient livrer bataille¹. » Un instant auparavant, on voit par les discours d'Annibal combien le roi eut tort de s'aliéner Philippe et de ne pas porter la guerre en Italie. Celle qu'il fait n'est qu'une longue déroute. Il perd ou abandonne tous les postes où il pouvait arrêter l'ennemi. « Il fallait défendre Lysimachie, lui dit Scipion, pour nous empêcher d'entrer dans la Chersonèse ou nous résister sur l'Hellespont, pour nous empêcher de passer en Asie, si vous vouliez nous demander la paix en nous inquiétant sur l'issue de la guerre ; maintenant que vous nous avez accordé le passage en Asie, et que vous avez reçu non-seulement le frein, mais encore le joug, pouvez-vous discuter en égaux quand vous n'avez plus qu'à subir la loi du maître² ? » En effet, la bataille de Magnésie fut une boucherie, l'épouvantail des chars armés de faux et des cavaliers bardés de fer hâta la déroute. Tout cet appareil ne fut qu'une proie. « Dès lors l'Asie, la Syrie et ses riches royaumes jusqu'au lever du soleil, furent ouverts à la domination romaine. Rien n'empêcha plus que, de Gadès à la mer Rouge, leur frontière ne fût bornée par l'Océan dont l'enceinte limite la terre, et que le genre humain ne vénérât le nom de Rome comme le premier après celui des dieux³. »

1. Tite Live, XXXVI, 17. — 2. Ib., XXXVII, 36. — 3. Ib., XXXVI, 17.

II. L'histoire de Rome au dedans est le progrès de la classe moyenne qui conquiert des droits et reçoit des terres. Ces deux idées sont dans les harangues, mais enflammées par la passion, telles qu'on les agitait au milieu du bruit de la place publique. « Un vieillard avec les marques de tous ses maux se jette dans le Forum. Ses vêtements sales, son corps exténué, plus hideux encore par sa pâleur et sa maigreur, sa longue barbe, ses cheveux lui donnaient un air sauvage. On le reconnaissait pourtant, tout défiguré qu'il était; on disait qu'il avait été centurion : la foule en le plaignant célébrait ses autres récompenses militaires. On lui demande pourquoi cet aspect, qui l'a ainsi défiguré ; et le peuple s'amassait autour de lui en forme d'assemblée. Pendant qu'il servait contre les Sabins, dit-il, non-seulement il avait perdu sa récolte par les ravages de l'ennemi, mais sa ferme avait été brûlée, tout son bien pillé, son troupeau enlevé; dans cette détresse on avait exigé de lui l'impôt. Il avait emprunté; sa dette grossie par l'usure l'avait dépouillé d'abord du champ de son père et de son aïeul, puis du reste de son bien, puis comme une lèpre avait atteint son corps. Emmené par son créancier, il avait trouvé, non un maître, mais un geôlier et un bourreau. En même temps il montrait son dos meurtri par les coups récents des verges[1]. » On comprend maintenant ces fortes paroles du peuple : « Ils disaient en frémissant que combattant au dehors pour la liberté et pour l'empire, ils étaient au dedans traités en captifs et opprimés par leurs concitoyens, et que la liberté du peuple était plus en danger dans la paix que dans la guerre, parmi leurs concitoyens que parmi des ennemis. Que les patriciens fassent le service, que les patriciens prennent les armes, qu'ils aient les périls de la guerre, puisqu'ils en ont les récompenses. » Mais la misère moins que l'insulte touche des âmes libres. « Déjà, Romains, dit Canuléius, j'ai remarqué souvent combien les patriciens vous méprisent, combien ils vous jugent indignes d'habiter avec eux dans la même ville, entre les mêmes murs; mais je le sens aujourd'hui mieux que jamais, en voyant avec quelle fureur ils s'emportent contre nos propositions. Eh quoi ! si l'on donne au peuple romain la liberté des suffrages pour qu'il puisse confier le consulat à qui il voudra, si l'on ne retranche pas au plébéien digne de cet honneur suprême l'espoir de parvenir à cet honneur suprême, cette ville ne pourra subsister? C'en est fait de l'empire? Demander qu'un plébéien soit consul est un scandale, comme si l'on disait qu'un es-

---

1. Tite Live, II, 23.

clave ou un fils d'affranchi sera consul? Sentez-vous enfin sous quel mépris vous vivez? Ils vous empêcheraient, s'ils pouvaient, d'avoir part à cette lumière; ils s'indignent que vous parliez, que vous respiriez, que vous ayez figure humaine.... Peut-on inventer un plus grand affront que de séparer comme souillée une partie de la nation, en la tenant indigne du mariage? Qu'est-ce autre chose que de souffrir dans l'enceinte des mêmes murs l'exil et la déportation? Pourquoi n'établissez-vous pas aussi qu'il n'y aura point mariage entre les pauvres et les riches? Pourquoi ne défendez-vous pas qu'un plébéien soit le voisin d'un patricien, qu'il aille par le même chemin, qu'il s'asseye à la même table, qu'il se tienne dans le même Forum? — Consuls, que cette guerre soit feinte ou véritable, le peuple est prêt à vous suivre, si, en lui rendant les mariages, vous faites de cette cité un seul État, s'il a le droit de se joindre, de s'unir, de se mêler à vous par des alliances privées, si l'on ouvre aux hommes actifs et courageux l'espérance et l'accès des honneurs; si on lui accorde sa part et son rang dans la chose publique; si, selon les droits d'une liberté égale, il lui est permis dans les magistratures annuelles de commander et d'obéir tour à tour. Si on s'oppose à ces demandes, déchaînez dans vos discours et multipliez les guerres : personne ne donnera son nom, personne ne prendra les armes, personne ne combattra pour des maîtres orgueilleux qui ne veulent avec nous ni alliance publique par le partage des honneurs, ni alliance privée par le droit de mariage[1]. » Ainsi Tite Live explique la révolte des plébéiens en plaidant leurs sentiments, et leur succès en montrant leur force. Ils finissent par vaincre parce qu'ils sont l'armée, et que depuis Servius ils forment un corps. Il faut bien qu'on leur cède, sous peine de voir Rome se retirer de Rome comme il arriva pour l'établissement des tribuns, après le meurtre de Virginie, au retour des révoltés de Capoue, au temps du dictateur Hortensius. Pressés par les Volsques, les Éques et tant d'autres, les patriciens sont forcés, pour garder leurs soldats, d'en faire des propriétaires et des citoyens.

III. Tite Live, ayant marqué les causes générales qui forment en groupes les événements particuliers, n'a pas laissé cet immense journal de sept cents années sans un lien commun. Son abrégé de l'histoire est que les mœurs, d'abord pures, se sont corrompues ; il le dit au commencement de son livre, quand il conseille au lec-

1. Tite Live, IV, 3.

teur de s'attacher à considérer l'antique vertu romaine, à en suivre le déclin insensible, puis à contempler la chute qui l'enfonce dans les vices et les débauches les plus extrêmes. A chaque instant, dans les premiers livres, il s'arrête pour louer ou mettre en lumière des traits de courage, de probité, de dévouement, et il se trouve historien parce qu'il est moraliste. Lorsque les plébéiens reçurent le droit d'être tribuns militaires, les patriciens indignés et sans espérance voulurent d'abord se tenir à l'écart. « Mais l'issue des comices leur apprit qu'autres sont les esprits lorsqu'ils luttent pour la liberté et pour l'honneur, autres lorsque, le combat fini, rien n'altère plus la droiture de leur jugement. Car le peuple ne créa tribuns que des patriciens, satisfait qu'on eût tenu compte des plébéiens. Trouverait-on maintenant dans un seul homme cette modération, cette équité, cette hauteur d'âme, qui furent alors celles d'un peuple entier[1] ! » Ces regrets de moraliste lui font remarquer la faiblesse de Rome en même temps que ses vices. L'an 346 (avant J. C.), les Latins refusèrent les secours de troupes qu'ils devaient donner d'après les traités. Rome suppléa à l'armée des alliés par une armée de citoyens. » On rapporte

---

1. Tite Live, IV, 6.

qu'on enrôla non-seulement la jeunesse de la ville, mais celle des campagnes, et qu'on en forma dix légions de 4200 fantassins chacune et de 300 chevaux. Lever aujourd'hui une pareille armée, si du dehors quelque danger fondait sur nous, ne serait pas chose facile, même en réunissant toutes les forces de ce peuple romain que l'univers a peine à contenir. Tant il est vrai que nous n'avons grandi qu'en ce qui nous mine, en richesses et en luxe[1] ! » Telles sont les causes de la grandeur romaine : de fortes vertus et une multitude de soldats. C'est pourquoi Rome déchoit quand ses mœurs s'altèrent et que sa population diminue. Tite Live a marqué le moment et les raisons de ce changement. Il se déclara après le brigandage de Manlius en Asie. « La renommée rapportait qu'il avait corrompu la discipline militaire par tous les genres de licence. Il était décrié, non-seulement par les récits de ce qu'il avait fait loin des yeux, dans sa province, mais encore par le spectacle que ses soldats donnaient tous les jours. En effet, ce fut l'armée d'Asie qui introduisit à Rome les commencements du luxe étranger. Les premiers ils apportèrent des lits ornés d'airain, des tapis précieux, des voiles et autres tissus déliés, ces buffets, ces ta-

---

[1]. Tite Live, VII, 25.

bles à un seul pied, qui passaient alors pour des meubles magnifiques. Ce fut alors qu'on ajouta aux festins des chanteuses, des joueurs de harpe et des baladins pour amuser les convives, que les repas eux-mêmes commencèrent à être préparés avec plus de soin et de frais, que le cuisinier, le dernier des esclaves chez les anciens pour le prix et pour l'emploi, fut tenu en estime, et que ce qui n'était qu'un office de valet fut regardé comme un art[1]. » Déjà, dans la guerre samnite, la garnison de Capoue a comploté, comme celle de Rhégium, pour tuer les habitants et s'établir dans la ville. Ces paysans, plébéiens et patriciens, ne résistèrent pas à la conquête de l'Asie voluptueuse et de la Grèce raffinée, dont les plaisirs subjuguaient leurs sens, et dont les idées assujettissaient leurs esprits. Les Germains qui s'emparèrent de l'Empire, les Mèdes, les Perses, les Arabes, conquérants de la riche Asie, les Mongols, maîtres de la Chine savante et polie, tous se sont jetés sur les jouissances offertes avec fougue et fureur, parce que la tempérance et la vertu des barbares ne tiennent pas à la réflexion et à la raison, mais à l'habitude et à la pauvreté[2]. Aujourd'hui, dans Tite Live, c'est une province pillée; demain, une ville massacrée après qu'elle a capitulé; les

---

1. Tite Live, XXXIX, 6. — 2. Duruy, *Histoire romaine*, tome II, ch. 1

généraux ne sont plus obéis; une religion nouvelle apporte pour rites l'adultère et le meurtre. Cette décadence est si prompte, que Rome a peine à finir ses dernières guerres, qu'elle est vaincue d'abord par Persée, par Numance, par Carthage, par Jugurtha, par les Cimbres, et obligée chaque fois de chercher, parmi les rares gardiens des anciennes coutumes, un Paul Émile, un Scipion, un Marius, qui, à force de châtiments et de travaux, renouvelle le courage et rétablisse la discipline. Cependant les levées se font péniblement. Les hommes de médiocre fortune se ruinent ou périssent dans les guerres lointaines; bientôt Marius sera forcé d'enrôler les prolétaires. On sent la cause de cet épuisement, quand on a connu, par le discours d'un vieux centurion, la vie et les périls d'un soldat. « Romains, dit-il, je suis Spurius Ligustinus, né dans la tribu Crustumine, au pays des Sabins. Mon père m'a laissé un arpent de terre et une petite chaumière où je suis né, et où j'ai été élevé. J'y habite encore aujourd'hui. Lorsque je fus en âge, mon père me donna pour femme la fille de son frère, qui n'apporta rien avec elle, que la liberté, la pudicité, et en outre une fécondité assez grande même pour une maison riche. Nous avons six fils et deux filles, toutes deux déjà mariées. Quatre de mes fils ont la toge virile, les deux autres ont encore la prétexte. Je fus enrôlé, sous le consulat de P. Sulpicius et de C. Aurélius, dans l'armée qu'on embarqua pour la Macédoine; j'y fus deux ans simple soldat contre le roi Philippe. La troisième année, à cause de mon courage, T. Q. Flamininus m'assigna la dixième compagnie des hastats. Après que Philippe et les Macédoniens furent vaincus, et qu'on nous eut ramenés en Italie et licenciés, je partis sur-le-champ comme volontaire, avec le consul M. Porcius Caton, pour l'Espagne. De tous les généraux qui vivent aujourd'hui, on sait, quand on a servi longtemps sous lui et sous les autres, qu'il n'y a pas de témoin plus sûr ni de juge meilleur du courage. Ce général m'a jugé digne du grade de premier centurion dans le premier manipule des hastats. Pour la troisième fois, je redevins soldat volontaire dans l'armée qui fut envoyée contre les Étoliens et le roi Antiochus. M. Acilius me fit premier centurion du premier manipule des Princes. Le roi Antiochus ayant été chassé et les Étoliens soumis, on nous embarqua pour l'Italie, et, depuis, j'ai fait deux fois le service annuel des légions. Ensuite j'ai encore servi deux fois en Espagne, une fois sous Q. Fulvius Flaccus, une autre fois sous le préteur T. Sempronius Gracchus. Flaccus me ramena parmi ceux qu'il faisait revenir de la province pour le triomphe, à cause de leur bravoure; sur la demande de T. Gracchus, je retournai dans la province. En peu d'années, j'ai été quatre fois primipile de ma légion. J'ai reçu des généraux trente-quatre prix de courage; j'ai gagné six couronnes civiques; j'ai vingt-deux années de service accompli à l'armée, et plus de cinquante ans d'âge. Quant je n'aurais pas fait mon temps et que mon âge ne me servirait pas d'exemption, comme je puis vous présenter quatre soldats à ma place, C. Licinius, il serait juste de me donner mon congé. Mais ce n'est point pour moi que je donne toutes ces raisons, c'est pour ma cause. Quant à moi, tant que celui qui fera les levées me jugera capable d'être soldat, je ne m'excuserai jamais. C'est aux tribuns des soldats de voir de quel grade ils me jugent digne. Je ferai mes efforts pour que personne ne me surpasse en bravoure, ainsi que je l'ai toujours fait, ce dont mes généraux et tous ceux qui ont servi avec moi sont témoins. Vous aussi, mes camarades, quoique vous usiez maintenant du droit d'appel, puisque vous n'avez jamais rien fait, étant jeunes, contre l'autorité des magistrats ni du sénat, il vous convient aujourd'hui de vous soumettre au sénat et aux consuls, et de trouver convenables tous les postes où vous défendrez la république[1]. » Combien d'hommes, dans l'armée

1. Tite Live, XLII, 34.

qui refusait le triomphe à P. Émile, auraient prononcé ce discours si noble et si simple? On donnait en exemple le centurion aux soldats, ce qui prouve qu'ils en avaient besoin. Combien avaient survécu à tant de campagnes? Combien, comme Ligustinus, avaient pu conserver leur champ, toujours absents, opprimés par leurs riches voisins? Un peu plus tard, les Gracques diront que les bêtes des forêts ont leurs tanières, et que les vainqueurs du monde n'ont ni un tombeau ni un toit. La conquête dépeupla et pervertit Rome, et dans la victoire les hommes périrent aussi bien que les mœurs.

Une idée dominante qui explique toute l'histoire, des idées subordonnées qui résument les grandes guerres et les révolutions politiques, voilà ce que les réflexions morales et les harangues oratoires ont fourni à Tite Live. Que manque-t-il donc à la philosophie de son histoire? L'esprit philosophique. Il a vu les causes, mais par rencontre, et en allant ailleurs.

§ 2. I. L'ordre des années n'est point l'ordre des idées. — Obscurité des campagnes et de la politique. — II. Beaucoup de lois manquent. — III. Détails inutiles. — Les grands faits confondus parmi les petits. — L'esprit oratoire n'est pas l'esprit philosophique.

I. De là ses défauts :

Il a fait des annales, et partant, il n'a pas disposé les événements comme ils doivent l'être. Si nous les lisons, non pas comme tout à l'heure en notant les idées, en démêlant les lois, mais en simples auditeurs, attachés à répéter sa pensée, nous ne gardons que quelque vague impression dominante dans la confusion des faits innombrables. Accablé sous cette multitude de batailles, de décrets, de dissensions, l'esprit ne sait vers quel but il marche, ni quelle est la pente des événements. Que Tacite les range par années, il en a le droit, parce que, sous les premiers Césars, la révolution est insensible et que les faits sont dispersés, parce que, dans la servitude et la tranquillité publique, l'histoire peut se changer en peintures des mœurs et « en mémoires contre les tyrans ». Cela est permis à César, qui ne compose que des commentaires et sur une seule guerre, simples documents proposés aux historiens. Au contraire Tite Live, qui raconte les événements de sept cents années et le développement régulier de la constitution et de l'empire, devait classer les faits selon leurs lois, non selon leurs dates. Des annales conviennent quand les événements sont contemporains, quand leur suite incomplète ne laisse pas encore apercevoir leur but, leur marche ou leur cause, et la chronique vient à sa place quand l'histoire est prématurée. Mais, lorsqu'on écrit après Polybe, quand on voit le monde conquis, l'empire établi, les mœurs changées, quand on peut embrasser d'un coup d'œil ce progrès réglé et continu de corruption, d'asservissement et de puissance, il faut mettre les faits dans leur ordre, et, de toutes ces pierres éparses, bâtir un monument. Ce monument dans Tite Live n'est point construit; une esquisse indiquée dans une préface, ou cachée dans un discours, n'est pas un édifice. Il lui manque le besoin d'expliquer qui achève l'historien et fait le philosophe. Est-ce assez de jeter dans une harangue la raison des faits? Oui, peut-être, lorsque, comme Thucydide, les discours sont des dissertations destinées au lecteur plutôt qu'à l'auditeur, plus propres à lier les faits qu'à imprimer une persuasion, mais non, lorsqu'un courant d'éloquence change les théories en arguments, et cache les raisons qu'il contient sous les passions qu'il agite. Serait-ce même assez de noter la cause à la fin ou au commencement du groupe de faits qu'elle régit? On ne peut faire ainsi deux personnages, être annaliste dans son récit, philosophe dans sa conclusion ou dans sa préface. Il faut que la cause ou l'effet principal des événements soit visible dans chacun d'eux, qu'à chaque pas l'esprit sente l'action croissante de la cause qu'il a quittée, et la proximité plus grande de l'effet qu'il va toucher, que dans une guerre, à chaque mouvement, à chaque bataille, on découvre la force et la faiblesse des deux partis, les progrès de l'un, les pertes de l'autre, et qu'au moment où arrive l'événement suprême et l'explication dernière, le lecteur prévoie l'issue préparée et devance la conclusion annoncée. Ainsi disposée, la narration est un tissu continu où les premiers faits attirent et nécessitent les derniers, où la logique, non le hasard, gouverne les choses, où la raison retrouve une image de son ordre et de sa beauté. Au contraire, Tite Live laisse tomber de sa main les événements un à un : aujourd'hui une guerre contre les Volsques; l'an suivant, les Sabins sont battus; un peu plus tard, Fidènes est prise ou se révolte. Sans cesse on est tenté de noter et détacher les faits pour mettre ensemble ceux qui se conviennent. On lui dit : « Pourquoi telle guerre? Au moment où nous sommes, quels progrès a fait Rome? De grâce, servez-vous de votre haute raison, et non plus seulement de votre mémoire et de votre éloquence. Nous ne venons pas vous écouter pour entendre un recueil d'aventures. Fabius Pictor suffisait pour cela. Faites au moins ce que demandait Sempronius Asellio, un de vos premiers historiens, si rude de style, si peu exercé au raisonnement; que des idées générales rangent chacune sous elle un groupe de ces dissensions et de ces expéditions, et nous en fassent retenir le détail; sinon le lecteur se fatigue et quitte le livre; ou du moins, l'ordre manquant, au bout du volume, il a tout oublié. Ne voyez-vous pas que vous vous lassez vous-même de la monotonie de ces batailles[1]? Au moins, pour l'honneur de Rome, montrez la sage disposition de ses entreprises et la fatalité divine de sa domination. »

II. Parmi ces lois impuissantes à classer les faits, que de lois manquent! On n'est pas impunément amateur d'éloquence. Il faut poursuivre partout les causes pour les trouver toutes, et, quand on les cherche d'un désir languissant, on en laisse échapper beaucoup. Ne parlons pas de l'histoire des rois tout altérée et fabuleuse, si abrégée dans Tite Live, si poétique. Mais à partir du tribunat, quel lecteur entend un mot à toutes ces marches d'armées? A grand'peine, les cartes sous les yeux, en conjecturant les intentions, on découvre les signes d'un progrès et les traces d'un plan; et il faut être un Niebuhr pour mettre quelque ordre dans les guerres volsques. Si l'on s'en tient à Tite Live, on ignore comme lui la tactique des chefs et les conseils du sénat. Peut-on suivre les opérations militaires dans les

---

1. Tite Live, VI, 12.

guerres samnites? Que dire des expéditions d'Espagne et de Gaule? On marche sur des monceaux d'ennemis, en aveugle, comme le soldat qui les a tués. Tite Live essaye-t-il en un seul endroit d'expliquer la tactique d'Annibal ou les mouvements des armées de Macédoine et d'Asie? Qu'un historien ignore l'art militaire, qu'il s'abstienne de juger les plans de campagne, et d'assigner aux vaincus deux cents ans après leur mort ce qu'ils devaient faire, on l'excuse. Mais encore doit-il rendre raison des principaux mouvements; sinon, qu'il abrége et qu'il cesse d'énumérer des faits qu'il n'entend pas. Quand on raconte toutes les prises de villes, toutes les marches, toutes les batailles, on est tenu de les comprendre. C'est fausser les événements que de changer en jeux du hasard les calculs de la réflexion. Ici, comme ailleurs, les faits ne valent que par la pensée qu'ils révèlent, et c'est leur ôter l'âme que d'omettre leurs raisons. Tite Live eût-il pu les connaître, lui qui s'inquiète si peu de la géographie, et ne décrit pas une seule fois les pays où il conduit la guerre[1]? Il n'y a touché que par hasard, et pour remplir ses discours. Par la même raison, il a laissé obscure la politique du sénat. Il a cité les décisions sans montrer les maximes; il a marqué les fondations de colonies et les

1. Sauf la Bretagne, selon les suppléments.

conditions des traités, sans en rechercher les motifs ni les effets. Comment le ferait-il, étant aussi peu politique que tacticien, aussi peu attentif à la constitution des États qu'à la géographie des pays? A plus forte raison, il n'a pas expliqué les changements qu'il n'a pas rapportés. Lorsqu'il s'agit de droit, de littérature, de science, de commerce, d'industrie, de mœurs domestiques, les lois chez lui comme les faits manquent. Et pourtant tout contribue à chaque événement; chacun d'eux tient aux autres par cent mille chaînes invisibles; pour le comprendre, il faut voir agir toutes ces causes éparses, ouvriers innombrables, qui travaillent sourdement et tissent la trame infinie de l'histoire. La vérité est qu'après avoir lu Tite Live, il reste à étudier chez lui et ailleurs le climat, le sol, les institutions, le plan de conduite des différents peuples, et bien d'autres choses; on connaît par ses discours certains intérêts et certaines passions dominantes, mais rien de plus, et l'on juge l'auteur plus admirable qu'instructif. S'il raisonne, c'est par un bonheur oratoire, quand son personnage doit être meilleur politique et capitaine que lui-même. Il y a, pour un historien, un moyen certain d'omettre des causes : c'est d'attendre que sur son passage un personnage orateur se rencontre pour les exposer.

III. Le même défaut accumule les détails inutiles, et laisse dans l'ombre les faits importants. Les événements doivent être pesés et non comptés, et c'est étouffer les grands que de donner à tous une place égale. Tel combat contre les Èques ou les Volsques peut être négligé sans grand dommage. Mais l'alliance conclue avec les Herniques et les Latins, qui soutient Rome débile contre ses voisins, la loi des Douze Tables, qui établit la liberté civile, la loi Licinia, qui renouvelle la classe des petits propriétaires, l'institution régulière des municipes et des colonies, qui fait de l'Italie un État unique, discipliné et stable, voilà des faits qu'il faut mettre dans un lieu éclatant et élevé, d'où ils puissent dominer et éclairer tous les autres. Les événements forment une armée, et chacun n'y tient que la place d'un homme. Mais les uns sont des chefs et mènent les autres; on peut oublier plusieurs soldats, pourvu qu'on voie le général. Tite Live passe rapidement sur les faits notables, pour s'arrêter complaisamment sur ceux qui prêtent à l'éloquence, se croyant fort exact, parce que chaque année il dit les noms des consuls, les pestes, les prodiges, toutes les expéditions, tous les sièges. Ce n'est là qu'une revue et un dénombrement; quelques chiffres et une phrase générale auraient pu en tenir lieu, et l'on en eût su tout autant;

on en eût su davantage : car on aurait remarqué plus aisément les faits remarquables; on ne serait pas réduit à écarter la foule importune des détails monotones, pour saisir le combat ou le traité qui décide de la guerre. Pour mieux instruire, il fallait mieux choisir.

Tels sont les effets de l'esprit oratoire. Tite Live en louant la vertu et en composant des discours, fournit à ses successeurs plusieurs lois; mais il leur laisse le soin de les dégager d'entre les harangues, de leur ajouter celles qu'il a omises, de distribuer les faits dans un ordre meilleur, d'en effacer un grand nombre, de donner aux plus importants plus d'importance, et de changer une narration éloquente de faits mal liés en un système de lois régulières et d'événements expliqués.

# CHAPITRE VI.

## PHILOSOPHIE DE L'HISTOIRE ROMAINE DANS LES MODERNES.

### § 1. Machiavel.

*Un politique du seizième siècle. — Son livre n'est qu'un recueil de maximes pratiques. — L'esprit chirurgical en politique. — Lois vraies rencontrées par hasard et par justesse d'esprit. — Un manuel d'hommes d'État n'est point une philosophie de l'histoire.*

Les anciens n'ont pas considéré l'histoire comme un ensemble de lois. Les modernes seuls lui ont donné son nom et son but, j'entends les plus modernes; et Machiavel ne sait et ne veut encore en tirer que des maximes de gouvernement. Secrétaire d'État de Florence, cinq fois ambassadeur, puis destitué, il écrivit la politique qu'il avait pratiquée, n'observa le passé que pour mieux régler le présent, et fit de l'histoire un traité de conduite : traité admirable où les idées générales ne sont que des résumés d'observations particulières, écrit par la raison sous la dictée de l'expérience, tout pratique, et qui semble fait pour être lu la veille de chaque grande entreprise. — Au reste, nul plus que lui ne fut capable de comprendre les anciens. Age étrange que ce seizième siècle, antiquité moderne, presque aussi païenne que l'autre, et qui en eut l'activité, la volonté héroïque, la sensualité, la force! Est-ce un chrétien qui a écrit ces paroles : « Notre religion couronne plutôt les vertus humbles et contemplatives que les vertus actives. Elle place le bonheur suprême dans l'humilité, l'abjection, le mépris des choses humaines, et l'autre au contraire faisait consister le souverain bien dans la grandeur d'âme, la force du corps, et toutes les qualités qui rendent l'homme redoutable. Si la nôtre exige quelque force d'âme, c'est plutôt celle qui fait supporter les maux que celle qui pousse aux grandes actions. Les méchants ont vu qu'ils pouvaient tyranniser sans crainte des hommes qui, pour aller en paradis, sont plus disposés à supporter les injures qu'à les venger [1]. » Ailleurs il oublie entièrement quel est son culte. « Les dieux, dit-il, ne crurent pas les lois de Romulus capables d'accomplir les grands desseins qu'ils avaient sur Rome. Ils inspirèrent au sénat romain de lui donner pour successeur Numa [2]. » Il croit, selon les doctrines antiques, que les affaires humaines

---

1. Machiavel, *Discours sur Tite Live*, liv. II, ch. 2. — 2. Ib liv. I, chap. 11.

tournent nécessairement, sans progrès et à l'infini, dans un cercle borné de révolutions fixes : royauté, aristocratie, démocratie, tyrannie[1]. Mais il aime en vrai Romain l'État populaire. « L'expérience prouve, dit-il, que les peuples n'ont jamais augmenté leur puissance et leur richesse que sous un gouvernement libre, parce que le gouvernement républicain cherche l'utilité commune, et le prince son intérêt particulier[2]. » Son style a la vigueur, la gravité, la simplicité, l'éloquence mâle et sévère d'un philosophe de l'antiquité.

Pour le but et la composition, son Discours ressemble fort à la Politique d'Aristote. Il commente sans plan marqué les diverses maximes de la politique, et l'histoire de Rome ne lui sert que d'exemple. Sans s'inquiéter de l'ordre des faits, des temps, des lieux, des causes, il va de Manlius Capitolinus à Romulus[3], puis à Tibère et Caligula, comparant à Rome Venise, Sparte et Florence, introduisant dans son récit les rois de Judée et les sultans de Constantinople, parce que son but est de prouver sa maxime, et non d'expliquer l'histoire. Il l'annonce lui-même dans sa préface : « Qu'est-ce que la médecine, sinon l'expérience des médecins anciens prise pour guide

---

1. Machiavel, *Discours*, etc., liv. I, ch. 2. — 2. *Ib.*, liv. I, ch. 58; liv. II, ch. 2. — 3. *Ib.*, liv. I, ch. 9, 8.

par leurs successeurs? Et cependant, pour fonder une république, maintenir des États, gouverner un royaume, organiser une armée, conduire une guerre, dispenser la justice, accroître son empire, on ne trouve ni prince, ni république, ni capitaine, ni citoyen, qui ait recours aux exemples de l'antiquité[1]. » Son Discours sur Tite Live est une théorie de la république, comme son Prince est une théorie de la tyrannie, et, si on y trouve de grandes vues sur la constitution de Rome, c'est par aventure et en passant. — En morale, il est beaucoup moins honnête que Tite Live, et son principe est que les hommes sont méchants et malfaisants[2]; opinion fort naturelle dans un contemporain de César Borgia, de Ferdinand le Catholique, de Ludovic le More; mais il aime l'Italie comme Tite Live aime Rome; et, si sa politique paraît criminelle, c'est qu'il raisonne en médecin, examinant quel remède comporte tel danger, quand et jusqu'à quel point les opérations cruelles sont nécessaires, abstraction faite du juste et de l'injuste. Vous voyez un savant qui divise les conspirations en plusieurs genres[3], distinguant les trois sortes de personnes qui peuvent les entreprendre, les trois moments que chacune présente, les deux moyens par lesquels

1. Machiavel, *Discours*, etc., liv. I, ch. 54. — 2. *Ib.*, liv. I, ch. 3. — 3. *Ib.*, liv. II, ch. 6.

on les découvre, les quatre espèces de dangers qui en accompagnent l'exécution ; il note les variétés et éclaircit par des faits chaque point de théorie. « On ne pouvait pas, dit-il quelque part, présenter un exemple qui servît davantage aux conspirateurs et à ceux contre qui on conspire. » C'est le mot d'un homme qui aime son art et se réjouit d'avoir trouvé un cas instructif. « Si j'ai dessein, dit-il ailleurs, de faire la guerre à un prince, j'attaquerai plutôt son ennemi que lui ; ensuite.... ¹. » Ainsi parle le maître lorsqu'il prend la place de son élève et fait l'opération lui-même, afin que la démonstration soit plus claire. Tel est l'effet d'une longue pratique des hommes et des choses. On est disposé à les regarder comme des ressorts, et l'on fait de la politique une mécanique morale. « Le peuple commit une faute, dit Machiavel en demandant les décemvirs pour les brûler vifs ; il fallait les demander sans dire pourquoi. » Il n'y a point ici mépris, mais oubli du juste, et l'auteur n'est pas un scélérat, mais un raisonneur. Après avoir dit qu'un prince nouvellement établi doit tout renouveler : « Ces moyens, ajoute-t-il, sont cruels et destructeurs, je ne dis pas seulement du christianisme, mais de l'humanité. Tout homme doit les abhor-

---

1. Machiavel, *Discours*, etc, liv. II, chap. 9.

rer, et préférer une condition privée à l'état de roi au prix de la perte de tant d'hommes. Néanmoins, quiconque se refuse à suivre la bonne voie et veut conserver la domination, doit se charger de tous ces crimes. Mais les hommes se décident ordinairement à suivre les voies moyennes, qui sont encore bien plus nuisibles, parce qu'ils ne savent pas être ni entièrement bons ni entièrement mauvais[1]. » Par cette précision de raisonnement, Machiavel, qui ne songeait pas à être historien, a compris l'histoire de Rome.

« Le peuple romain, dit-il, a conquis le monde plutôt par vertu que par fortune[2]. » Et il en donne deux raisons : l'une est la prudence de Rome, son courage, son amour de la liberté. Cette ville n'a eu pour magistrats que de grands hommes[3]. « Toute république bien constituée doit produire une pareille succession[4], » parce que dans le danger le mérite y arrive aux charges[5]. Son armée, composée de citoyens, presque toute infanterie, formée de trois lignes qui se soutenaient les unes les autres, fut la meilleure de l'antiquité[6]. Les généraux, maîtres des opérations, ne craignant point, comme à Carthage, le

---

1. Machiavel, *Discours*, etc, liv. I, ch. 26. — 2. *Ib.*, liv. II, ch. 1. — 3. *Ib.*, liv. I, ch. 20. — 4. *Ib.*, liv. III, ch. 16. — 5. *Ib.*, liv. I, ch 21; liv. II, ch. 16, 17. — 6. *Ib.*, liv. II, ch. 33,

supplice s'ils étaient vaincus, pouvaient et osaient agir à propos[1]. Le sénat, qui hâtait la guerre et réservait le butin, avait toujours des troupes et de l'argent pour de nouvelles conquêtes, et les colonies conservaient les anciennes[2]; intraitable par système, il persuadait aux nations qu'il faudrait détruire Rome pour la vaincre[3]. Au dedans la constitution, mélangée d'aristocratie, de monarchie et de démocratie, avait les avantages de tous les gouvernements sans en avoir les défauts[4]. Les tribuns, défenseurs de la liberté, défendaient l'État, et maintenaient le peuple dans la possession de ses droits, les magistrats dans l'obéissance du sénat[5]. Rome au besoin changeait sa constitution, inventait des remèdes à ses vices, établissait la censure pour conserver ses mœurs[6]. Ces mœurs si honnêtes ôtaient leur danger aux magistratures dangereuses, arrêtaient la dictature sur la pente de la tyrannie, duraient avec la religion qui les maintenait. — L'autre cause de la grandeur romaine fut le traitement qu'ils firent aux vaincus. Sparte[7], comme Venise, devenue conquérante, périt parce qu'elle leur ferme ses portes; Rome se fortifie parce qu'elle les fait citoyens, reste maîtresse, parce qu'elle les tient

---

1. Machiavel, *Discours*, etc., liv. II, ch. 6. — 2. *Ib.*, liv. II, ch. 30, 1. — 3. *Ib.*, liv. I, ch. 2. — 4. *Ib.*, liv. I, ch. 5, 7, 50. — 5. *Ib.*, liv. I, ch. 49; liv. II, ch. 49; liv. III, ch. 1. — 6. *Ib.*, liv. I, ch. 34, 22. — 7. *Ib.* liv. I, ch. 6; liv. II, ch. 3, 21.

dans un rang inférieur[1]. « Mais toutes les choses du monde ont un terme et des bornes à leur durée. » La république tombe parce que les lois agraires y mettent la discorde et que les commandements prolongés rendent les particuliers trop puissants[2].

Mais ces idées, presque toutes justes et grandes, sont perdues dans une poussière de commentaires et de maximes utiles pour la pratique, inutiles pour la science. Le génie n'agit que là où on l'applique. Machiavel en recueillant des leçons politiques, Tite Live en cherchant des matières d'éloquence, ne font pas la théorie de l'histoire romaine. Il faut, pour expliquer les faits, vouloir les expliquer. On reçoit de Machiavel des conseils pratiques, on admire dans Tite Live des modèles oratoires, et l'on demande la philosophie de l'histoire à Montesquieu.

### § 2. Montesquieu.

Son style. — Causes de la puissance de Rome. — Erreurs sur l'histoire intérieure. — L'esprit légiste. — Un recueil de réflexions n'est point un système de lois. — Construction moderne de l'histoire romaine. — Système du génie romain et de son œuvre.

Saint-Évremond avait écrit sur Rome quelques observations fines, souvent moqueuses, en

---

1 Machiavel, *Discours*, etc., liv. III, ch. 1. — 2. *Ib.*, liv. III, ch 24.

homme du monde un peu frondeur. Bossuet n'avait guère ajouté à Tite Live. Il résumait l'histoire avec un grand sens, dans un grand style, sous une idée imposante, et rapportait à un seul but toute la vie du genre humain. Mais il parcourait les événements à pas précipités, et l'idée qu'il leur donnait pour règle, éclatante et contestée, était l'improvisation d'un orateur chrétien plutôt que la découverte d'un historien exact. L'ouvrage de Montesquieu, chapitre détaché de l'Esprit des Lois, est le fragment d'une science.

Dans ce livre, il oublie presque les finesses de style, le soin de se faire valoir, la prétention de mettre en mots spirituels des idées profondes, de cacher des vérités claires sous des paradoxes apparents, d'être aussi bel esprit que grand homme. Il ne garde de ses défauts que les qualités. Il parle de Rome avec plus d'apprêt que Tite Live, mais avec la même majesté poétique. Ses jugements tombent comme des sentences d'oracle, détachés, un par un, avec une concision et une vigueur incomparables, et le discours marche d'un pas superbe et lent, laissant aux lecteurs le soin de relier ses parties, dédaignant de leur indiquer lui-même sa suite et son but. Si l'on ôte quelques passages où la simplicité est affectée et la sagesse raffinée, on croit entendre un des anciens jurisconsultes; Montesquieu a leur calme solennel et leur brièveté grandiose; et du même ton dont ils donnaient des lois aux peuples, il donne des lois aux événements.

On n'est pas ici, comme dans Machiavel et Tite Live, obligé de ramasser et de réunir de rares théories éparses. Elles abondent et se suivent. A la vérité, il explique avec une assurance trop crédule les premiers règnes; Voltaire lui a déjà reproché d'être mauvais critique. Mais, dès l'abord, il devine que Rome naissante fut un camp de brigands, « comme les villages de Crimée, faits pour renfermer le butin, les bestiaux et les fruits de la campagne; » et, au bout d'une page, il entre dans les faits certains, dans les raisonnements solides. Il montre que Rome conquit la domination, parce qu'elle fut la plus forte dans la guerre, et la plus habile dans la politique[1]. Les Romains apprennent la guerre, parce qu'ils la font sans cesse; ils la font, parce que le sénat veut occuper le peuple, parce que les consuls cherchent à se distinguer, parce que le peuple a besoin de gagner du butin et des terres. Ils ne s'y corrompent pas, parce que leurs voisins sont pauvres, parce que l'ignorance des sièges et le manque de solde prolongent la lutte. Ils s'endurcissent par les exercices du champ de Mars, par les travaux

---

1. Montesquieu, *Considérations sur les causes de la grandeur et de la décadence des Romains*, Éd. Panthéon, p. 127.

des camps, par la résistance de leurs ennemis. Ils s'approprient tout ce qu'il y a de bon dans la tactique et dans les armes des autres peuples. Ils inventent la légion, le plus flexible et le plus solide de tous les corps, le mieux préparé pour la défense et l'attaque. Soutenus par l'orgueil national, disciplinés par une règle inflexible, ils sont multipliés par le partage égal des terres [1]. Nul État n'eut des soldats plus braves, plus nombreux, plus obéissants. Il faut voir ici comment Montesquieu oppose à Rome les différents peuples qu'elle a vaincus, les Gaulois, Pyrrhus, Carthage, la Macédoine, la Grèce, la Syrie, l'Égypte, comment il mesure leur force et leur faiblesse d'après leur climat, leur gouvernement, leur sol, leur génie, leur éducation militaire, leurs moyens d'attaque ou de défense, la discipline de leurs armées, leur concorde ou leur discorde, le courage et les talents de leurs rois. Pour la première fois, on trouve cette description minutieuse et complète qui, comparant les forces opposées, substitue aux chances du hasard des problèmes de mécanique, et met le calcul dans l'histoire.

« Pendant que les armées consternaient tout, le sénat tenait à terre ceux qu'il trouvait abattus. » Ni Polybe ni personne n'a exposé

---

1. Montesquieu, *Considérations*, etc., p. 130.

comme Montesquieu cette politique. Le sénat est par maximes l'ennemi de la liberté du monde. Il divise pour régner; il offre son alliance à ceux qui lui sont utiles, pour les asservir quand il n'aura plus besoin d'eux. Il accorde des trêves à ses ennemis pour les détruire quand ils n'auront plus d'amis; il dissout les ligues sous prétexte de rendre la liberté aux cités. Il épargne les vaincus pour se servir d'eux contre leurs libérateurs; il soutient les traîtres pour commander par eux chez les peuples libres. Il exige pour otages les proches parents des princes, afin de pouvoir exciter chez eux des révoltes. Il trouve des prétextes de guerre en se portant comme arbitre entre deux rois ennemis, en se disant héritier d'un pays, en s'attirant des insultes par les paroles insolentes de ses ambassadeurs. Vaincus, les Romains se dispensent du traité en disant qu'il n'est pas ratifié; vainqueurs, ils abusent des mots ambigus pour exiger au delà des conventions. Ils ruinent le vaincu par la paix comme par la guerre, le condamnant à payer des tributs énormes, à brûler ses vaisseaux, à tuer ses éléphants, à ne plus entretenir de mercenaires, à ne plus faire la guerre que de leur consentement. Ils tolèrent en lui une liberté douteuse pour l'acheminer à la servitude; ils l'enchaînent par la terreur pour prévenir ses attaques. « Rome mit d'abord les rois dans le silence, et les rendit comme stupides ; il ne s'agissait pas de leur puissance, mais leur personne propre était attaquée. Risquer une guerre, c'était s'exposer à la captivité, à la mort, à l'infamie du triomphe ; ainsi les rois, qui vivaient dans les délices et le faste, n'osaient jeter des regards fixes sur le peuple romain ; et, perdant courage, ils attendaient de leur patience et de leurs bassesses quelque délai aux misères dont ils étaient menacés. »

L'histoire intérieure est moins parfaite. On ne savait pas encore au dix-huitième siècle que les dissensions des deux ordres furent la lutte de deux nations réunies, l'une conquise, l'autre maîtresse. Montesquieu attribue la révolte du peuple à l'amour de la liberté que le sénat lui inspira pour repousser Tarquin : faible raison d'un mouvement si grand, si nécessaire, si durable. Mais, quand il faut montrer et mesurer les ressources et les armes politiques des patriciens et de la plèbe, exposer comment deux nouvelles classes s'élèvent, les nobles et le bas peuple, expliquer pourquoi les nobles, appuyés sur leurs richesses, résistent mieux que les patriciens odieux par leur prérogative, il retrouve son génie et la vérité. Mêmes erreurs, même clairvoyance, quand il s'agit de la décadence. Il comprend, comme Machiavel, que la république périt par la prolongation des commandements et par l'éloignement des armées qui se donnent à leur général. Mais il remarque à peine les pernicieux effets de la conquête, et juge à tort que le droit de cité, accordé aux Italiens, ruina l'amour de la patrie, la concorde des citoyens, « et changea les tumultes populaires en guerres civiles. » La plupart des nouveaux citoyens, trop éloignés, ne vinrent pas voter et n'eurent qu'un titre. On les mit dans huit tribus nouvelles qui donnaient leur suffrage après les autres. Celui des trente-cinq tribus romaines annulait leurs voix. D'ailleurs, avant la guerre Sociale, l'État était déjà la propriété de quelques nobles[1]. C'est la conquête qui abolit la liberté. En détruisant la classe moyenne, elle ne laissa contre les grands qu'une populace impuissante; en corrompant leurs mœurs, elle leur donna le mépris des lois.

Mais Montesquieu est admirable lorsqu'il développe chaque groupe d'événements, les guerres de Mithridate, de Sylla, de Pompée, de César, le règne d'Octave, le progrès insensible de la tyrannie, l'établissement de la monarchie militaire, l'affermissement du despotisme oriental. Il a le rare talent de comprendre la pratique par

---

1. Salluste, *Jugurtha*, ch. 41.

la théorie. Ordinairement, les idées générales portent la philosophie si haut qu'elle n'aperçoit plus les vérités particulières. La philosophie de Montesquieu, loin de lui cacher les détails, les lui découvre, et « ces ailes de l'âme », dont parle Platon, au lieu de l'emporter dans les nuages, le mènent plus aisément et plus vite dans toutes les parties du pays qu'il doit explorer. — Cette qualité pourtant n'en diminue-t-elle point une autre? Il suit les faits pas à pas, et les commente tour à tour, avec les raisons précises et pratiques d'un jurisconsulte, d'un financier, d'un géographe, exact et soigneux jusqu'à employer de longs chapitres pour expliquer la chute de ce misérable empire byzantin. Sa méthode rappelle celle du légiste qui s'appesantit volontiers sur un texte. Montesquieu s'arrête sur chaque guerre, sur chaque révolution, sur chaque grand caractère, comme sur un article du code; il prend plus de plaisir à placer des commentaires qu'à saisir des lois universelles; quoique ses idées se suivent, elles paraissent détachées. Quelquefois même le lien manque; ce sont « des considérations » plutôt qu'une théorie; il assemble des notes plutôt qu'il ne forme un système. Or, une suite de remarques, même bien distribuées, n'est pas la philosophie d'une histoire. On sent qu'une idée unique devait embrasser tout l'ouvrage, et démontrer par quatre ou cinq idées subordonnées, qui résumeraient et expliqueraient les moins générales. — Ce système imparfait est encore incomplet; ajoutez-y l'histoire de la législation et de la religion romaine qu'il a mise ailleurs, et ses lacunes ne seront pas comblées. Les arts, les sciences, les mœurs, les événements de l'économie politique et domestique ont leurs lois qui tiennent aux autres, et toutes s'unissent en une seule. Il faut que la science soit une et multiple comme la vie du peuple qu'elle doit représenter.

Essayons en quelques mots de résumer cette philosophie telle qu'elle est dans les contemporains[1]; ce n'est point s'éloigner de Tite Live que montrer comment on a complété son ouvrage. « Grande reine, dit Bossuet devant la tombe d'Henriette d'Angleterre, je satisfais à vos plus tendres désirs quand je célèbre ce grand monarque, et ce cœur, tout poudre qu'il est, se réveille pour m'écouter. » Tite Live n'entendrait point avec indifférence les philosophes modernes qui expliquent, retrouvent et complètent l'histoire de son pays.

Agir en vue d'un intérêt personnel, et partant organiser des moyens, tel est le trait dominant

---

1. Ortolan, Michelet, Creutzer, Ganz, Hegel

de l'histoire et du génie de Rome. C'est pourquoi son esprit est la réflexion qui calcule, non l'invention poétique ou la spéculation philosophique; et son caractère consiste dans la volonté raisonnée, non dans les sentiments et les affections.

De là cette lutte infatigable contre une terre ingrate, ce mépris versé sur celui qui perd son patrimoine, la renommée de celui qui l'augmente, l'économie, la frugalité, l'avidité, l'avarice, l'esprit de chicane, toutes les vertus et tous les vices qui engendrent et conservent la richesse; la propriété tenue pour sainte et sacrée, la borne des champs devenue une divinité, les terres et les créances protégées par des lois terribles, les formes des contrats minutieuses et inviolables; en un mot, toutes les institutions qui peuvent garantir le bien acquis [1].

Tandis qu'ailleurs la famille naturelle, établie sur la communauté d'origine, est gouvernée par les affections, la famille romaine, toute civile, fondée sur une communauté d'obéissance et de rites [2], n'est que la chose et la propriété du père, gouvernée par sa volonté, subordonnée à l'État, léguée chaque fois par une loi en présence de

---

1. Voir les Douze Tables : le sens primitif de *fides* est crédit, solvabilité; *res* signifie fortune. — 2. *Agnatio*.

l'État[1], sorte de province qui est dans la main du père et fournit des soldats au public[2].

Formé de races différentes, violemment réunies, œuvre de la force et de la volonté, non de la parenté et de la nature, l'État contient deux corps organisés qui luttent régulièrement et légalement, non par passion, mais par intérêt, et s'unissent sous la constitution la plus composée et la mieux combinée qui fut jamais. Conquérant par système et avec méthode, pour conserver et exploiter, il pousse au plus haut degré l'art militaire, l'habileté politique, le talent d'administrer, et réunit par la force le monde alors connu en un empire organisé sous une ville maîtresse. Sa politique consiste à changer en soldats de Rome les peuples vaincus, en ministres de Rome les princes et les magistrats étrangers, c'est-à-dire à se donner beaucoup de forces avec peu de dépense. Son art militaire consiste à former les soldats les plus robustes et les plus braves sous la plus stricte obéissance, c'est-à-dire à tirer le plus grand profit de forces très-grandes. Toute sa sagesse est de s'accroître et de se ménager. Institution de la volonté, machine de conquête, matière d'organisation, l'État occupe toutes

---

[1]. Testament devant les curies. — 2. Discours du censeur Métellus sur le mariage.

les pensées, absorbe tous les amours, se soumet toutes les actions et toutes les institutions.

Cette domination de l'intérêt personnel et de l'égoïsme national produit le mépris de l'humanité. Le genre humain non conquis est une matière à conquêtes ; conquis, une proie dont on use et abuse[1]. Les esclaves sont foulés avec une dureté atroce, des peuples entiers détruits, les rois vaincus menés en triomphe et mis à mort.

Les dieux sont des abstractions sans vie poétique, telle que la sèche réflexion en démêle par l'analyse d'une opération d'agriculture ou des différentes parties d'une maison[2], des fléaux adorés par crainte, des dieux étrangers reçus dans les temples par intérêt, comme des vaincus dans la cité, mais soumis au Jupiter du Capitole, comme les peuples au peuple romain. Les prêtres sont laïques, organisés en corps, simples administrateurs de la religion, sous l'autorité du sénat, qui règle l'expiation des prodiges, et seul avec le peuple peut innover. Le culte consiste en cérémonies minutieuses, scrupuleusement observées, parce que l'esprit philosophique et poétique, interprète des symboles, manque, et que le triste raisonnement ne s'attache qu'à la lettre. Il sert

1. Douze Tables, *Hostis vel peregrinus.* — 2. Serrator, Occæcator, Domiduca, Prema, Pertunda, Subigus, Honos, Virtus, Pudicitia, Limen, Carduus, Porta, etc.

au sénat de machine politique, et n'est, comme le reste, qu'un instrument d'administration.

Dans les arts, rien d'indigène, sauf des mémoires de famille écrits par intérêt de race, des annales sèches rédigées par intérêt public, des rituels, des livres de comptes, des recueils de lois, des livres de sentences morales[1], le souvenir d'âpres satires politiques; bref, des documents d'administration, des maximes de conduite et des pamphlets. Le reste est étranger, importé ou conquis. Le théâtre vient d'Étrurie, puis de Grèce, simple imitation que le peuple abandonne pour des combats d'ours, et qui se change en un défilé d'armes et d'ornements magnifiques[2], parade de guerre et de triomphe. Les monuments des arts sont pillés en Grèce, et du temps de Cicéron[3] encore méprisés. En poésie, nulle fiction originale, nulle invention de caractères. Les seuls genres où le génie national soutienne l'imitation étrangère sont l'éloquence, arme de forum; la satire, plaidoyer versifié et enseignement de morale; l'histoire, souvenir des faits politiques, et qui n'est à Rome qu'un recueil de mémoires ou un exercice d'éloquence: tous ces genres touchent à la pratique et au gouvernement. Si Rome a des poëtes, c'est quand son génie périt sous un esprit

1. Celui d'Appius Cæcus. — 2. Cicéron, *Lettres*. — 3. Cicéron, *Discours contre Verrès sur les Statues*.

nouveau. Les seuls spectacles qu'elle invente sont les triomphes et les jeux du cirque, où la victoire continue par l'humiliation et la mort des vaincus, où le spectateur reste conquérant et meurtrier.

Les sciences sont des traductions. On a des compilateurs comme Varron et Pline, des imitateurs comme Cicéron et Lucrèce, quelques recherches dans l'agriculture, la rhétorique, la médecine, l'architecture, toutes sciences appliquées. Nulle métaphysique; on ne copie que la grossière physique d'Épicure et des stoïciens. On n'étudie dans la philosophie que la partie pratique, la morale, et dans un but pratique. La seule science romaine, toute pratique et politique, est la jurisprudence. Encore, tant qu'elle reste romaine, elle n'est qu'un recueil de formules dont la lettre tue l'esprit ; elle est un manuel de procureurs et non un corps de science ; il faut attendre que la philosophie grecque la forme en système, et la rapproche du droit naturel par les mains de Labéon.

De la nature du génie romain suit son histoire. Puisque la famille et la religion sont subordonnées à l'État, puisque l'art et la science sont nuls ou tout pratiques, puisqu'enfin l'État n'a d'autre but que de conquérir et d'organiser la conquête, l'histoire de Rome est celle de la conquête et de ses effets.

Dans le travail de cette guerre immense, la classe moyenne se ruine ou périt. Dès le temps des Gracques, au-dessus d'une populace de pauvres et d'affranchis, il ne reste qu'une classe de grands, maîtres de richesses énormes, de clientèles formidables, d'armées entières, des charges et de la chose publique, d'abord unis, puis divisés, et dont l'un, après un siècle, devient maître. Ce pouvoir, fondé sur la force, passe aux armées qui ont la force. Cependant l'univers, dépeuplé et ruiné par la conquête, par les guerres civiles, par le pillage des proconsuls, par le fisc impérial, ne fournit plus de soldats. Dans la décadence des armées, un despotisme oriental, exercé par une administration savante, se fonde. Par la conquête et ses suites, vainqueurs et vaincus, peuples et libertés, tout a péri. Rien ne subsiste qu'un système d'institutions vaines sous le caprice d'un maître qui souvent est à peine un homme.

Dans la contagion des idées grecques et des mœurs orientales, l'ancienne famille se dissout. Les interprétations des jurisconsultes et des préteurs ont éludé la puissance du mari et du père. La famille civile, devenue naturelle, se fond dans l'excès des plaisirs de la conquête. En dépit des lois d'Auguste, les mariages diminuent, et ne sont qu'une matière pour l'adultère et le divorce.

Le mysticisme, la misère, l'accablement des curiales ajoutent aux effets de la débauche par le mépris de la vie terrestre et par le désespoir.

Par ces changements de la famille et sous l'effort des philosophies étrangères, le caractère romain de la propriété change. Renfermée d'abord dans la seule main du père (*mancipium*), elle devient un bien de famille (*dominium*), et finit par s'attacher à l'individu (*proprietas*). Mais, améliorée en théorie, en fait elle cesse d'être, parce que, selon le droit, l'empereur en est le maître, parce que le fisc en prend les fruits, parce que l'impôt, la tyrannie, l'ignorance, la dépopulation croissante la rendent stérile ou la réduisent au néant.

L'antique religion, fondue avec celles de la Grèce et de l'Orient, disparaît dans le Panthéon des dieux accru des empereurs morts, et ne laisse de soi qu'une pompe officielle et un prétexte de persécutions. La jalousie des despotes, l'avilissement de la servitude, la perte de tout intérêt et de tout espoir, l'abus des plaisirs, la ruine de la Grèce et de l'Orient éteignent ce qu'on voyait encore d'arts et de sciences. Les jurisconsultes seuls ordonnent un code, dernier effet de l'esprit d'organisation.

Ainsi la conquête, effet du génie romain, détruit le génie des peuples et les peuples, laissant, parce qu'elle fut un système, un système d'institutions sur une matière morte. Mais, dans cet abattement de toutes les forces et de toutes les espérances terrestres, l'homme se réfugie en lui-même. Aidé du mysticisme oriental, il découvre et prépare un nouveau monde dans une nouvelle religion.

Voilà ce que les modernes ont ajouté à Tite Live. La critique commencée par lui, renouvelée dans Beaufort, presque achevée dans Niebuhr, la philosophie couverte sous son éloquence, détournée dans Machiavel vers la pratique, incomplète dans Montesquieu, deviennent chaque jour encore plus exactes et plus profondes. Ces corrections honorent ceux qui les font, sans rabaisser ceux qui les souffrent. Les premiers auteurs sont les pères de la science, et le seul Tite Live a fait plus pour l'histoire de Rome que tous ceux qui ont voulu le redresser.

# DEUXIÈME PARTIE.

## L'HISTOIRE CONSIDÉRÉE COMME UN ART.

## CHAPITRE I.

### DE L'ART EN HISTOIRE.

L'art est l'achèvement de la science. — La science des caractères donne les portraits. — La science des lois donne l'ordre. — La science des faits, des caractères et des lois donne le style.

Qui décomposerait un corps vivant n'y trouverait que des parties de matière diversement figurées, réunies suivant certaines lois fixes. Serait-ce en donner une image exacte que d'énumérer ces lois et ces parties? Non, car elles ne se manifestent que par des formes, des mouvements et des couleurs. De même, après avoir traversé les dissertations de la critique et les abstractions de la philosophie, l'historien entre enfin dans l'histoire. Car la vie humaine qu'il imite n'est pas une formule, mais un drame, et les lois n'y agissent que par des événements. Si sa copie n'est pas animée, elle n'est ni complète ni fidèle. En effet, qu'y a-t-il de plus précieux dans les choses et dans la pensée que le mouvement, la beauté, la vie? Si vous ôtez aux faits la passion originale qui les suscite et la couleur sensible qui les éclaire, ils n'entrent dans l'esprit ni purs, ni entiers. Changeons donc les abstractions et les raisonnements en émotions et en images. Que l'histoire, pareille à la nature, touche le cœur et les sens en même temps que l'intelligence. Que le passé, reconstruit par la raison, ressuscite devant l'imagination. Jusqu'à présent nous n'avions que des matériaux inertes et des lois inactives. Les voilà qui se meuvent au souffle divin de l'âme. La science devient art.

Elle ne prend point pour cela un habillement étranger et extérieur. Elle ne reçoit que sa forme naturelle et définitive. Ses ornements sont inséparables d'elle ; ils la figurent aux yeux, comme les feuilles d'une plante manifestent la force qui les produit. Elle devient portrait, récit, comme les lois qu'elle exprime deviennent action et mouvement. L'artiste dans l'historien n'est pas séparé du savant. Les deux génies s'entr'aident, ou plutôt il n'y en a qu'un, qui tantôt prépare et raisonne, tantôt achève et raconte, et, appliqué deux fois au même objet, y découvre, par la même clairvoyance, d'abord la vérité, puis la vie. Car prenons dans l'histoire les diverses parties de l'art; on verra qu'elles ne sont parfaites que par la perfection des diverses parties de la science, et que la science achevée produit d'elle-même l'art accompli.—Le savant étudie dans les particuliers et dans les peuples le caractère, parce que le caractère est la vraie cause des actions privées et publiques. Pour cela, il remarque les passions originales, parce qu'il a pour charge de trouver des vérités nouvelles, et que les sentiments communs à tous sont déjà connus ; il les ordonne en un système sous une inclination dominante, parce que son office est de classer et de lier les faits. Mais le plus grand talent d'un poëte est de bien figurer les caractères, parce que, s'ils manquent, les personnages sont des masques et non des hommes. Dans ce dessein, il saisit les traits distinctifs, parce que seuls ils peignent le personnage et intéressent le lecteur ; il les accorde entre eux, et les soumet à une disposition maîtresse, parce que l'harmonie est une beauté et donne un plaisir. Ainsi, l'historien fait des portraits en cherchant des causes, et, parce qu'il veut instruire, il plaît. Au milieu des textes et des formules, il voit se dresser des figures, et trouve le beau parce qu'il cherche le vrai. — Maintenant le savant rassemble tous les événements, car ils sont le corps de la science. Ne doit-il pas, s'il est érudit et critique, recueillir les moindres particularités, les plus minces accidents, et tout ce qu'on a retrouvé ou deviné des usages, des sentiments, des gestes, des discours? Ne faut-il pas encore, s'il est philosophe, qu'il choisisse dans cette multitude, qu'il mesure aux divers faits leur importance diverse, les range dans leur ordre, en tire les lois, distribue ces lois particulières sous une loi plus générale? Or, l'artiste réunit les mêmes événements, parce qu'ils composent sa narration ; il se munit des mêmes détails, parce que les détails seuls figurent à l'imagination les lieux, les actions, les physionomies, et qu'un récit doit être sensible ; il les classe dans le même ordre, néglige les mêmes, met les mêmes en lumière, parce que la narration animée retranche les faits inutiles, s'attache aux grands événements, marche selon un plan marqué. N'est-ce pas dire que l'art reçoit de l'érudition les détails, de la philosophie l'arrangement et le choix des faits, que le récit devient vivant par les compilations, un par les théories, et que des dissertations sort l'épopée? — Quant au style, il n'est pas loin d'être parfait lorsque la science est complète. Car, lorsque l'historien, à force d'accumuler et de classer les événements, aperçoit, dans sa mémoire comblée, toutes les parties et l'ordre exact de chaque caractère, les sentiments et leur correspondance, les actions et leur nécessité, et, par-dessus tout, le courant irrésistible des faits pressés qui roulent vers leur terme, il faut bien que ce mouvement l'emporte, que ces douleurs ou ces joies le touchent, qu'il aime et qu'il haïsse, qu'il combatte de cœur avec ses acteurs. Or, en quoi consiste le style, sinon dans la part que l'auteur prend à la narration, dans les émotions qu'elle soulève en lui, dans les accents passionnés, les tons variés, les agitations de l'âme que manifestent le choix des mots et des tours, le son et la symétrie des phrases? Si, enfin, l'historien s'est figuré nettement les faits, s'il a médité chaque partie de son idée, s'il en sait précisément la force, l'espèce et l'emploi, il saura sa langue, et l'expression vraie ira trouver la conception exacte, parce que l'art d'écrire n'est que l'art de penser, et que, pour bien dire, il suffit d'avoir beaucoup réfléchi. Ainsi portrait, narration, style, expression, toutes les parties de l'art sont produites par la science. Plus elle est complète, plus il est parfait; elle s'achève par lui comme une plante par sa fleur.

Par cette correspondance, les peintures de caractères, le style et le récit de Tite Live ont les mérites et les imperfections de sa critique et de sa philosophie. Les mêmes causes appliquées à des objets semblables ont produit les mêmes effets.

# CHAPITRE II.

## LES CARACTÈRES DANS TITE LIVE.

I. Portraits de peuples. — Le peuple romain. — Les autres nations. — 2. Portraits des particuliers. — Annibal. — Fabius Maximus. — Caton. — Paul Émile. — Différences et ressemblances de l'artiste et de l'orateur

Je crois voir trois moyens de représenter des caractères. Ou bien l'auteur s'arrête pour réfléchir, et compose un portrait : ainsi fait Thucydide, en philosophe[1]. Ou bien il peint les personnages par leurs actions : c'est l'usage de Tacite et des poëtes. Ou bien il expose leurs sentiments par leurs discours : c'est le talent de Tite Live et des orateurs.

I. Le plus beau de ces portraits est celui du peuple romain. Chaque discours, chaque narration oratoire le précise et le complète ; et l'on voit que Tite Live ne l'a pas tiré des anciens auteurs, mais de lui-même, quand en même temps que Tite Live on lit Denys. Dans le combat d'Horatius

---

1. I$^{er}$ et II$^e$ livres. Caractères des Athéniens et des Lacédémoniens.

Coclès, quelle fierté et quelle vigueur ! Il n'est pas probable que les Romains, en un an, soient devenus des républicains si intraitables. Mais comme la fable est bien cachée sous la passion généreuse ! « Portant autour de lui sur les chefs des Étrusques des regards farouches et menaçants, tantôt il les provoque les uns après les autres, tantôt il les insulte tous ensemble : « Es-
« claves de rois insolents, oubliant votre propre
« liberté, vous venez attaquer celle des autres[1] ! »
Si ce passage est théâtral, il est grandiose, et l'éloquence orne noblement « les commencements de la liberté ». Denys fait de Mucius un Grec ingénieux, fertile en expédients comme Denys lui-même, qui effraye le bon Porsenna et se sauve par un stratagème à double effet. Dans Tite Live Mucius est un héros. « Saisi par les gardes, et mené devant le tribunal du roi, alors encore, parmi de si grandes menaces de la fortune, il craignait moins qu'il n'était à craindre. « Je suis
« citoyen romain, dit-il ; on m'appelle C. Mucius.
« Ennemi, j'ai voulu tuer un ennemi, et je n'ai
« pas moins de cœur pour mourir que pour tuer.
« Un Romain sait tout oser et tout souffrir. Je ne
« suis pas le seul qui porte contre toi ce courage ;
« derrière moi est une longue suite d'hommes

---

1. Tite Live, II, 10.

« qui cherchent le même honneur. Apprête-toi
« donc, si tu le veux, à cette lutte. A chaque
« heure, tu combattras pour ta tête, et tu auras
« un poignard et un ennemi dans le vestibule de
« ton palais. Nous, la jeunesse romaine, voilà la
« guerre que nous te déclarons. Ne crains ni armée ni combat ; l'affaire est entre chacun de
« nous et toi seul. » Le roi, à la fois excité par la
colère et effrayé du danger, ordonne qu'on l'entoure de flammes, s'il n'explique promptement
ces menaces ambiguës de complot. « Regarde,
« dit Mucius, afin de comprendre combien le
« corps est peu de chose à ceux qui ont devant
« les yeux une grande gloire. » Il met sa main
dans un brasier allumé pour le sacrifice, et la
laisse brûler, comme insensible à la douleur[1]. »
Chez Denys, Clélie demande aux gardes la permission de se baigner, les prie de s'écarter un
peu pendant qu'elle se déshabillera, et traverse
alors tranquillement le Tibre. En lisant ces inventions d'habile poltronnerie, on estime Tite
Live d'avoir parlé en Romain.

C'est l'orgueil, non l'intérêt, qui révolte le peuple romain contre un maître. Voyez de quel ton
Cincinnatus juge la tyrannie. Tite Live a-t-il oublié qu'il vit sous Auguste ? Quand Mélius fut

---

1. Tite Live, II, 12.

étendu mort sur la place : « Il a été tué avec justice, dit le dictateur ; on ne devait pas traiter en citoyen un homme qui, né dans un peuple libre, au sein du droit et des lois, avait conçu l'espoir de régner, sachant que cette ville en avait chassé les rois ; que la même année les neveux du roi, fils du consul libérateur de la patrie, dénoncés pour avoir comploté de rétablir les rois, avaient été frappés de la hache par leur père ; que le consul Tarquin Collatin, en haine de son nom, avait été forcé d'abdiquer sa magistrature et de s'exiler ; que Sp. Cassius, quelques années après, ayant aspiré à la tyrannie, avait été mis à mort ; que dernièrement les décemvirs, pour leurs violences tyranniques, avaient été punis par la perte de leurs biens, par l'exil, par la mort. Qu'un Spurius Mélius, qui pouvait désirer plutôt qu'espérer le tribunat, qu'un riche marchand de blé eût fait le projet d'acheter pour deux livres de farine la liberté de ses concitoyens, et de gagner à la servitude par l'appât d'un morceau de pain un peuple vainqueur de tous ses voisins ; que la cité supportât pour roi celui qu'elle n'eût pas enduré pour sénateur ; qu'elle vît dans ses mains les insignes et le commandement de Romulus son fondateur, fils des dieux, reçu parmi les dieux : cela était moins un crime qu'un prodige. Ce n'était pas assez de l'expier par le sang du coupable, si l'on ne réduisait encore en poussière les toits et les murs où un homme avait pu concevoir cette folie, si ces biens souillés, prix et payement du trône, n'étaient confisqués[1] ! » Toutes ces raisons sont tirées de la dignité du peuple romain, issu des dieux, triomphateur, maître prédestiné du monde. Cette hauteur d'estime où il est de lui-même est sa passion dominante[2]; il tue un tyran, parce qu'il veut être tyran lui-même, non par culte du juste, mais par amour de l'empire. Ce besoin de commander est si naturel en lui qu'il lui semble de droit divin; c'est une profanation que l'avertir d'être équitable; et, quand les Latins, qui depuis deux cents ans forment la moitié de son armée et font la moitié de ses conquêtes, réclament l'égalité de droits qu'ils méritent, il s'en indigne comme d'un

1. Tite Live; IV, 15. — 2. Corneille connaît les Romains aussi bien que Tite Live ; la poésie commente ici l'histoire :

> Songez toutes les deux que vous êtes Romaines
> Vous l'êtes devenue, et vous l'êtes encor.
> Un si glorieux titre est un digne trésor.
> Un jour, un jour viendra que par toute la terre
> Rome se fera craindre à l'égal du tonnerre,
> Et que tout l'univers tremblant dessous ses lois,
> Ce grand nom deviendra l'ambition des rois.

Corneille sent ici, comme Tite Live, que la vertu ne se soutient pas toute seule, qu'il lui faut une passion pour appui, que l'orgueil fonde l'héroïsme. Le Romain aime sa patrie, mais parce qu'elle satisfait le plus grand de ses désirs en l'établissant roi sur le reste des hommes. Ici comme en beaucoup de cas, le dévouement est une manière d'être égoïste.

sacrilége. Le consul dit ouvertement « que, si les Pères conscrits étaient assez insensés pour recevoir la loi d'un homme de Sétia, il viendrait dans le sénat avec une épée, et que, tout Latin qu'il verrait dans la curie, il le tuerait de sa main. Puis se tournant vers la statue de Jupiter : « Écoute « ces crimes, Jupiter ! écoutez-les, Droit et Justice ! « Des consuls étrangers, un sénat étranger, Jupi-« ter, dans son temple inauguré, toi-même captif « et opprimé, voilà ce que tu verrais[1] ! » Cette insolence sublime prouve que ces hommes ont des âmes de rois. Il faut voir comment, après la guerre d'Annibal, le sénat et les généraux gourmandent ou louent les peuples et les princes, d'un style bref, en maîtres qui épargnent leurs paroles, et suppriment les ménagements et les délicatesses, sachant qu'ils ont la force et qu'on est trop heureux de leur obéir. Un gouvernement comme un homme a son style. On sent dans les proclamations de Démosthène[2] la généreuse indignation et la douleur éloquente d'un peuple artiste et philosophe, qui en appelle aux dieux et aux hommes contre la force brutale, et s'enveloppe de sa gloire avant de tomber. Les décrets du sénat sont les sentences d'un juge qui accable le cœur par sa dureté impérieuse avant d'abattre

1. Tite Live, VIII, 4. — 2. Par exemple, le décret qui précède la bataille de Chéronée.

l'ennemi sous ses armées. Quand Cotys le prie de fixer la rançon de son fils, et s'excuse d'avoir aidé Persée, en disant qu'il y était contraint : « Le peuple romain, lui répondit-on[1], se souvient de l'amitié qu'il y eut entre lui et Cotys, les ancêtres de Cotys, et la nation des Thraces. Les otages donnés à Persée sont un grief, non une excuse. Persée tranquille n'était point à craindre aux Thraces, bien moins encore Persée occupé par la guerre romaine. Au reste, quoique Cotys ait préféré la faveur de Persée à l'amitié du peuple romain, le sénat considérera moins ce qu'il mérite que ce qui est digne de Rome. Il lui renverra son fils et ses otages. Les bienfaits du peuple romain sont gratuits. Il aime mieux en laisser le prix dans l'âme de ceux qui les reçoivent que se les faire payer comptant. » Quand Popilius, traçant un cercle avec sa baguette autour du roi de Syrie, lui ordonnait de répondre avant d'en sortir, il ne faisait rien d'extraordinaire. Tout Romain traitait les étrangers en sujets.

De cet orgueil public et privé, né avec Rome, nourri par une succession de victoires et par l'habitude de la domination, naissait un genre particulier de courage. Les Romains ne combat-

---

1. Tite Live, XLV, 42.

tent pas par élan de bravoure et d'imagination, comme les Athéniens, par besoin d'action et de mouvement, comme les barbares, mais par maximes d'orgueil et par obstination. Leurs défaites sont admirables. Près de la Trébie, à Trasimène, des corps de troupes percent toute l'armée victorieuse qui les enferme. A Cannes, rangés en cercle, cinquante mille hommes moururent jusqu'au dernier, ceux des bords tombant sans cesse, ceux du centre prenant leur place[1]. Dix mille hommes laissés dans le camp étaient restés prisonniers; ils demandèrent à être rachetés, et sur la place des comices, une foule de femmes suppliantes tendaient en pleurant leurs mains vers la curie; alors le consul Manlius fit ce discours plus beau que le dévouement de tous les morts : « Si les députés avaient seulement demandé pour ceux qui sont au pouvoir des ennemis qu'on les rachetât, j'aurais en quelques mots donné mon avis, sans attaquer aucun d'entre eux; car, que fallait-il faire, sinon vous rappeler que vous devez, par un exemple nécessaire à la discipline, conserver une coutume reçue de nos pères? Mais puisqu'ils se sont presque glorifiés de s'être livrés aux ennemis, Pères conscrits, je ne vous laisserai rien ignorer de tout ce

---

1. Polybe.

qui s'est passé. Pendant presque toute la nuit, P. Sempronius Tuditanus n'a cessé de leur conseiller et de les presser de marcher avec lui, tandis qu'il n'y avait que peu d'ennemis autour du camp, que tout était dans le repos et le silence, et que la nuit couvrait l'entreprise. Avant la lumière, on pouvait parvenir en lieu sûr, dans les villes alliées. Du temps de nos pères, Publius Décius, tribun des soldats dans le Samnium, du temps de notre jeunesse dans la première guerre punique, C. Flamma avec trois cents volontaires les menant prendre une hauteur située au milieu des ennemis, leur dit : « Mourons, soldats, et « par notre mort, délivrons d'un siége les lé- « gions entourées. » Si P. Sempronius vous eût dit cela, et que personne ne se fût présenté pour être le compagnon d'un si grand courage, il ne vous eût regardés ni comme des hommes, ni comme des Romains. Il vous montre un chemin qui conduit non-seulement à la gloire, mais au salut. Il vous ramène dans votre patrie, vers vos parents, vos femmes et vos enfants. Pour vous sauver vous-mêmes, le cœur vous manque ! Que feriez-vous s'il vous fallait mourir pour la patrie ? Cinquante mille citoyens et alliés tués ce jour-là même gisent autour de vous. Si tant d'exemples de courage ne vous touchent pas, jamais rien ne vous touchera; si un tel carnage ne vous donne pas le mépris de la vie, jamais rien ne vous le donnera. Regrettez votre patrie, oui, mais libres et sauvés, ou plutôt regrettez-la quand elle est encore votre patrie, quand vous êtes ses citoyens. Vous la regrettez trop tard aujourd'hui, frappés de mort civile, exclus des droits de citoyens, esclaves des Carthaginois. Remonterez-vous à prix d'argent au rang d'où vous êtes tombés par lâcheté et par bassesse? Vous n'avez pas écouté Sempronius votre concitoyen, qui vous ordonnait de prendre les armes et de le suivre. Un peu après, vous avez écouté Annibal qui vous ordonnait d'abandonner votre camp et de livrer vos armes. Et j'accuse ces gens de lâcheté quand je pourrais les accuser de crime! Que je vous rachète! vous qui, lorsqu'il faut sortir du camp, hésitez et restez; vous qui, lorsqu'il faut rester et défendre le camp par les armes, livrez et le camp et vous-mêmes et vos armes à l'ennemi? Mon avis, Pères conscrits, est que nous ne devons pas plus racheter ces hommes que livrer à Annibal ceux qui sont sortis du camp à travers l'ennemi, et à force de bravoure se sont conservés à leur patrie[1]. » Ce courage intraitable est plus qu'une

---

1. Tite Live, XXII, 60. Comparez cet accent à celui de Corneille :

> Ne me parlez jamais en faveur d'un infâme;
> Qu'il me fuie à l'égal des frères de sa femme.

passion, c'est une vertu. Les Romains combattent par honneur et devoir, incapables de fléchir, parce qu'un cœur d'homme se révolte à la moindre approche ou apparence de pardon, parce que l'humiliation est pire que la ruine, parce qu'il vaut mieux perdre tout que céder rien[1]. C'est pour cela que Rome augmente ses prétentions avec ses revers, qu'elle ne consent à traiter que pour faire grâce, qu'elle ne souffre autour d'elle que des protégés, des suppliants et des sujets, et « porte son empire aussi loin que la terre, son courage aussi haut que le ciel ».

L'orgueil donne le calme. L'homme qui veut être digne reste grave, et le Romain accomplit sans émotion ni enthousiasme les plus grands événements. L'orgueil divinise la patrie, parce qu'elle donne au citoyen la gloire et l'empire, sans lesquels il ne peut vivre. L'orgueil sacrifie la famille, parce qu'il appelle faiblesse les affections qui la fondent. On voit dans les harangues de Tite Live combien à Rome le dévouement est simple, tranquille et réfléchi. Q. Fabius présidait

>  Pour conserver un sang qu'il tient si précieux,
>  Il n'a rien fait encor, s'il n'évite mes yeux.
>
>  Je sais trop comme agit la vertu véritable ;
>  C'est sans en triompher que le nombre l'accable,
>  Et sa mâle vigueur, toujours en même point,
>  Succombe sous la force, et ne lui cède point.

1. Tite Live, XLII, 62.

les comices; la première centurie nomme consul son neveu Otacilius. Il arrête le vote et dit froidement : « Nous t'avons éprouvé, Otacilius, dans de moindres charges, et certes tu n'as rien fait pour que nous ayons confiance en toi dans de plus grands emplois. Nous avions équipé pour trois raisons la flotte que tu as commandée cette année, pour que la côte d'Afrique fût dévastée, pour que les rivages de l'Italie fussent en sûreté, surtout pour que de Carthage on ne fit point passer à Annibal des renforts, des vivres et de l'argent. Créez consul Otacilius s'il a rendu à l'État, je ne dis pas tous ces services, mais un seul.... Il n'importe à personne plus qu'à toi, Otacilius, qu'on ne mette pas sur tes épaules un fardeau sous lequel tu succomberais. Héraut, rappelle au suffrage la centurie des jeunes gens de l'Anio. » — Comme Otacilius s'écriait avec emportement que Fabius voulait se continuer dans le consulat, et se déchaînait contre lui, le consul ordonne aux licteurs de s'approcher, et avertit Otacilius que, n'étant pas entré dans la ville, il fait encore porter devant lui ses haches avec ses faisceaux[1]. » Fabius est si sûr de son désintéressement qu'il ne craint pas de paraître ambitieux et tyrannique, et le peuple, qui en juge comme lui, sur-le-

---

1. Tite Live, XXIV, 8.

champ le nomme consul. — Le fils de Manlius a combattu contre l'ordre de son père. Il arrive avec les dépouilles. Sans lui dire un mot, le père se détourne, fait sonner la trompette pour convoquer l'armée, et prononce à l'instant cette sentence : « Puisque, sans respect pour l'autorité consulaire et la majesté paternelle, T. Manlius, tu as, contre notre défense, hors des rangs, combattu un ennemi et détruit, autant qu'il était en toi, la discipline militaire par laquelle jusqu'à ce jour a subsisté la chose romaine ; puisque tu m'as amené à la nécessité d'oublier ou la république ou moi-même et les miens, portons plutôt la peine de notre crime que de faire payer à la république notre faute par un si grand dommage. Nous serons un triste exemple, mais salutaire à l'avenir pour la jeunesse. Sans doute, l'amour naturel au père et cette marque d'un courage trompé par une vaine apparence de gloire m'émeuvent pour toi. Mais, puisqu'il faut par ta mort sanctionner les ordres des consuls ou par ton impunité les abroger pour toujours, je ne crois pas que toi-même, si tu as dans les veines une goutte de notre sang, tu refuses de rétablir par ta peine la discipline renversée par ta faute. Va, licteur, attache-le au poteau[1]. » Ce raisonne-

---

1. Tite Live, VIII, 17.

ment, qui finit comme un coup de hache, est terrible parce qu'il est subit. Jugeons par là à quel excès étaient tendues les volontés romaines. Dans l'âme du magistrat il y avait comme un tribunal permanent d'où, à chaque instant, pouvait tomber la sentence toujours prête. Ils n'avaient pas besoin de s'élever au-dessus d'eux-mêmes pour atteindre le dévouement; ils s'y trouvaient tout portés. Ainsi les sauvages d'Amérique offraient tranquillement leurs membres aux tortures, et, par éducation, par tempérament, par habitude, par nature, se jouaient de ce qu'osait à peine l'exaltation des martyrs. L'aruspice ayant déclaré que l'armée victorieuse doit perdre son général, Manlius et son collègue, sans s'émouvoir, convoquent la veille leurs officiers, et conviennent que là où l'on verra l'armée plier, l'un des deux se dévouera.

Par fierté de citoyen, Tite Live met en relief les belles parties de ce caractère; par exactitude d'orateur, il en découvre les traits expressifs : car il est obligé d'approprier ses raisons à son auditoire, et de toucher les passions romaines par des arguments romains. Considérez dans le discours de Camille cette religion qui n'est qu'un culte, si minutieuse, si soigneuse des formes consacrées, si attachée aux rites extérieurs, dont on observe, non l'esprit, mais la lettre, qui seule empêche le peuple d'émigrer à Véies, parce que, toute politique et locale, elle attache au sol le gouvernement et le citoyen. « Nous avons une ville fondée suivant les auspices et les augures. Nul endroit en elle qui ne soit plein des dieux et de leur culte. Nos sacrifices solennels ont non-seulement des jours, mais des lieux fixés. Abandonnerez-vous, Romains, tous ces dieux privés et publics? Que votre action ressemble peu à celle de ce noble jeune homme, C. Fabius, que les ennemis virent avec une admiration égale à la vôtre, lorsque, parmi les javelots gaulois, descendu de la citadelle, il accomplit sur le Quirinal le sacrifice solennel de la maison Fabia! Voulez-vous que les rites de famille ne soient pas interrompus même pendant la guerre, et que les rites publics et les dieux romains soient abandonnés même dans la paix? Quelqu'un dira peut-être qu'on les accomplira à Véies, ou que, de Véies, on enverra ici nos prêtres pour les accomplir; ni l'un ni l'autre ne peut se faire sans violer les usages sacrés. Et, pour ne pas énumérer par espèces toutes nos cérémonies et tous nos dieux, dans le banquet de Jupiter peut-on placer le pulvinar ailleurs qu'au Capitole? Que dirai-je des feux éternels de Vesta, et de cette statue, gage de domination, gardée dans son temple? Que dirai-je de vos boucliers, Mars Gradivus, et toi, Quirinus, notre père? Voulez-vous abandonner en un lieu profane ces choses saintes contemporaines de la ville, quelques-unes plus anciennes que la ville même? Et voyez quelle différence entre nous et nos ancêtres : ils nous ont transmis plusieurs sacrifices que nous devons faire sur le mont Albain et à Lavinium. Lorsqu'il est contre la religion de transporter d'une ville ennemie à Rome des cérémonies, les transporterons-nous sans profanation à Véies, dans une ville d'ennemis? Je parle du culte et des temples : que dirai-je donc des prêtres? Ne songez-vous pas quel sacrilége on commettrait? Les Vestales ne peuvent avoir qu'une seule demeure, celle d'où rien ne les fit jamais sortir que la prise de la ville. Le flamine de Jupiter ne peut rester une nuit hors de Rome sans faire un crime. Ces prêtres romains, les ferez-vous Véiens, et tes Vestales t'abandonneront elles, ô Vesta? Et le flamine habitant à l'étranger commettra-t-il chaque nuit une impiété que la république expiera avec lui? Que dirai-je de tant de choses que nous accomplissons avec des auspices, toutes presque dans le pomœrium? A quel oubli, à quel abandon les livrons-nous? Les comices par curies d'où dépendent toutes les affaires de la guerre, les comices par centuries dans lesquels vous créez les consuls et les tribuns militaires, où peuvent-ils se tenir avec des auspices, sinon dans l'endroit

14

accoutumé?... Ici est le Capitole, où, lorsqu'on trouva jadis une tête humaine, les aruspices répondirent que dans ce lieu serait la tête du monde et le siége de l'empire; ici, lorsque sous la conduite des augures on ôtait les autels du Capitole, la Jeunesse et le dieu Terme, à la grande joie de nos pères, ne souffrirent pas qu'on les déplaçât. Ici sont les feux de Vesta, les boucliers tombés du ciel, et, si vous y restez, des dieux tous propices [1] ! » On voit que l'amour de la patrie est religieux à Rome, autant que politique; les dieux sont habitants du sol et Romains; quelle doit être la force de ce sentiment en qui les autres se réunissent! De notre temps, ils sont séparés. La ville qu'on habite, la religion qu'on suit, l'État où l'on est compris, forment trois mondes toujours distincts, parfois ennemis. Chez les anciens [2] il n'y en avait qu'un, la cité. Elle était la ville ; on lui sacrifiait la famille; elle se confondait avec la religion; le cœur et la pensée de l'homme étaient tout à la patrie, et, de quelque côté qu'on regardât son âme, on ne voyait en lui que le citoyen.

Le portrait que peignent ces discours a-t-il tous ses traits et sa couleur vraie? Je ne le pense pas. Il est bon de dire que Cincinnatus labourait la terre. Mais un mot jeté en passant ne montre

---

1. Tite Live, V, 52. — 2. Criton, discours de Socrate.

pas les Romains à la charrue. On les imagine mal, tant qu'on ne touche pas les détails crus de leur vie domestique. L'esprit aperçoit plutôt des idées que des figures; on attend une main qui marque et arrête ces contours vagues et flottants. On cherche dans Juvénal, dans Plutarque, dans Caton, des faits plus sensibles, des traits plus originaux, des couleurs plus vives. Ceux-ci peignent, quand ils représentent leurs ancêtres labourant nus sous le soleil brûlant, « défrichant les cailloux et les rochers du Sabinum, buvant au bout du champ un peu de vinaigre et d'eau, trois maîtres dans la chaumière, un seul esclave, » le soir tous mangeant des légumes à la même table. C'est peu de dire qu'ils furent pauvres et sobres; ces termes généraux, utiles dans une dissertation, ne servent de rien dans une peinture. Il faut parler, non à la raison, mais à l'imagination. On ne la remue que par des faits tout grossiers et rustiques, en la promenant dans les granges, dans les étables, parmi les hoyaux et l'attirail de la ferme. Tite Live, qui rapporte vingt fois qu'on fit un grand butin, frappe moins qu'Aulu-Gelle qui donne une idée de ce butin : une pique, le fût d'une lance de bois, des navets, des fourrages, une outre, un sac, un flambeau, voilà ce que le soldat peut garder, et il jure aux tribuns militaires que, dans le camp romain et à dix milles à la ronde, il ne volera pas au delà d'une pièce d'argent par jour. Des expressions nobles et des périodes éloquentes ne figurent pas aux yeux ces paysans qui pillent des paysans. Conduisez les patriciens à leur maison de campagne ; découvrez l'homme sous le héros, le maître âpre et économe sous le grand homme Dites-nous [1] avec Caton que Manius et Marcus Manlius ont trouvé le moyen de gratter la lie des tonneaux, que les sénateurs se transmettent des recettes pour guérir les bœufs malades, pour blanchir le sel, pour empêcher les insectes de ronger les vêtements. Nous comprendrons alors qu'ils labourent, non par philosophie et pour montrer leur grand cœur, mais par intérêt, « et pour faire une bonne maison ; » vrais campagnards qui pour louer un honnête homme l'appellent un bon laboureur, un bon colon ; si excellents ménagers que Métellus, dans un éloge funèbre, mettait parmi les dix vertus de son père l'art de gagner beaucoup d'argent[2]. Apprenons de Caton comment ils savent compter et profiter. Ce dialogue du fermier et du maître vaut bien le récit d'une bataille : « Que le père de famille, dès qu'il est arrivé à sa ferme, sitôt qu'il a salué le lare familier, fasse le tour de sa terre

---

1. Caton, *de l'Agriculture*, 152. — 2. Cicéron. Il est vrai qu'il ajoute : « par de bons moyens. »

le jour même, s'il se peut, sinon le lendemain. Quand il a connu comment la terre est cultivée, quels ouvrages sont achevés et inachevés, que le lendemain il appelle le fermier, lui demande ce qu'on a fait d'ouvrage, ce qui reste à faire, si l'ouvrage a été achevé à temps, s'il peut achever ce qui reste, ce qu'on a fait de blé, de vin et de toutes les autres choses. Sitôt qu'il a connu tout cela, il doit faire le compte des ouvrages et des journées. S'il trouve qu'on n'a pas travaillé, le fermier répond qu'il a fait tous ses efforts, que des esclaves se sont enfuis, qu'il y a eu des corvées. Lorsqu'il aura donné toutes ces raisons et beaucoup d'autres, rappelle-le au compte des ouvrages et des journées de travail; si le temps a été pluvieux, vois combien il y a eu de jours de pluie, quels ouvrages ont pu être faits pendant la pluie : laver les tonneaux, les enduire de poix, nettoyer la ferme, transporter le blé, porter dehors le fumier, raccommoder les vieilles cordes, en faire de nouvelles.... Les jours de fête on a pu nettoyer les vieux fossés, travailler à la route publique, couper les broussailles, fouir le jardin, nettoyer le pré, lier l'osier, moudre le grain.... Quand les esclaves ont été malades, on a pu épargner tant sur leur nourriture.... Qu'il vende l'huile, si elle a du prix, et ce qui reste de vin et de blé; qu'il vende les vieux bœufs, les veaux, les petites brebis, la laine, les peaux, les vieilles charrettes, les vieux fers, l'esclave vieux, l'esclave malade; s'il reste quelque chose d'autre, qu'il le vende : il faut que le père de famille soit vendeur, non acheteur. » Terrible style, précis et sec comme un chiffre, manuel d'administrateurs et de maîtres[1]! Cette clairvoyance d'avarice, cet interrogatoire réglé d'avance qui arrache au fermier le compte d'une mesure d'orge et d'une heure d'ouvrage, cette exploitation de la maladie, de la vieillesse, des jours de pluie, des jours de fête, montre de quelles mains vigoureuses et avides le Romain serrera et pressurera la terre et les hommes. Cette âme, comme celle d'Appius Cæcus, est un arc toujours tendu. On s'explique enfin ce courage indomptable à Trasimène, à Cannes; il est nourri par l'orgueil et par l'amour de la patrie, mais plus encore par l'éducation et la vie rustique. « Les laboureurs, dit Caton, font les soldats les plus actifs et les hommes les plus braves[2]. » Ceux qui pendant quinze ans ont fendu le sol pierreux du Sabinum, resteront debout un jour entier dans la poussière, au bord du Vulturne, percés par les flèches numides, les épieux gaulois, les épées espagnoles, frappant sur l'ennemi comme ils frap-

---

1. Comparer ce livre aux *Économiques* de Xénophon. — Caton, *de l'Agriculture*, Préface.

paient sur la terre, avec une obstination farouche, ne tombant que lorsque le sang leur manque, et alors encore déchirant de leurs dents le visage des ennemis abattus, ou enfonçant leur tête dans le sable pour achever de mourir.

Une fois que le père de famille a fait sa vente, compté la récolte, marqué par écrit quel champ on doit mettre en blé, quel autre en orge, il rentre à Rome. On le voit dans Tite Live au Forum, discutant les lois, mais non chez lui occupé à plaider et à faire ses affaires. Nous ne connaissons que sa vie publique. Horace et les jurisconsultes nous découvrent sa vie privée. « Le Romain place ses écus prudents en bonnes créances, écoute les anciens, explique au jeune homme par quels moyens on peut accroître son bien, diminuer ses fantaisies dispendieuses[1]. » De grand matin, Tibérius Coruncanius ou Sextus Ælius siégent dans le vestibule de leur maison parmi les images de leurs ancêtres, et répondent sur le droit à leurs clients. Ils leur donnent les formules d'action, et leur enseignent les gestes et pantomimes juridiques, les combats simulés sans lesquels on n'est point admis à revendiquer sa chose. Celui-ci se grave dans la mémoire les paroles sacramentelles, et apprend que s'il dit

---

1. Horace, *Épîtres* liv. I, épîtres I, 110.

*vites* lorsqu'il plaide sur des vignes, au lieu d'*arbores* que veut la loi, il perdra son procès. A Athènes, les jeunes gens discutent sur le souverain bien et s'enchantent des poétiques discours de Platon. A Rome, ils disputent pour savoir si le fruit d'une bête louée appartient au propriétaire ou au locataire[1]; ils recueillent les sentences qui tombent de la bouche des jurisconsultes, ou, comme Caton, après avoir labouré, ils vont plaider pour leur client dans les petites villes voisines. Le premier Romain qui écrivit, Fabius Pictor, composa seize livres sur le droit pontifical.

On voit ce qui manque à Tite Live par ce que les autres lui ajoutent. Il devrait choisir des détails plus particuliers et plus sensibles; ses personnages ne sont ni assez vrais, ni assez visibles; ils restent dans un demi-nuage, à demi reformés et ressuscités. Certainement, quand on a lu son histoire, on cherche à donner à ses figures plus de relief et d'expression ; on va voir les statues et les médailles antiques pour approfondir son impression et animer sa connaissance; on reste frappé à la vue de ces traits roides, de ce front anguleux et bas, de cette physionomie dure et réfléchie; et l'on revoit la foule

---

1. Cicéron, *des vrais Biens et des vrais Maux.*

obstinée, qui, le jour du marché, affluant par les rues poudreuses et étroites, serre ses masses compactes autour des Rostres, et, de ses rudes mains, parmi les clameurs et les injures, repousse les licteurs du consul.

Tite Live marque seulement en quelques traits le caractère des peuples vaincus. On a vu pourtant qu'il a bien représenté le facile esprit et la savante rhétorique des Athéniens, la fougue bruyante et le naturel mou des Gaulois. Voici maintenant une peinture des Asiatiques. « Le député d'Antiochus, parleur emphatique, comme tous ceux que nourrissent les richesses des rois, fut entendu le premier. En termes sonores et vains, il couvrit de soldats la terre et la mer. A l'entendre, une multitude innombrable de cavalerie entrait par l'Hellespont en Europe, composée en partie de cuirassiers nommés cataphractes, en partie d'archers à cheval contre qui rien n'était en sûreté, lorsque, dans leur fuite, ils décochaient par derrière leurs flèches inévitables. A ces forces de cavalerie, quoiqu'elles eussent pu suffire pour écraser toutes les armées de l'Europe réunies, il ajoutait des troupes de pied de tout genre, et effrayait l'auditoire par des noms de peuples à peine connus, Dahes, Mèdes, Élyméens, Cadusiens. Quant aux forces navales, nul port de la Grèce ne pourrait les contenir : les

Sidoniens et les Tyriens formaient la droite ; les Araciens et les Sidètes de Pamphylie, la gauche. Aucune nation n'avait jamais égalé celles-là, ni pour l'art, ni pour le courage sur mer. Parler de l'argent et des autres préparatifs de guerre était inutile ; ils savaient eux-mêmes que les royaumes de l'Asie avaient toujours regorgé d'or. Aussi, ce n'était point à Annibal et à Philippe, l'un chef d'une seule cité, l'autre enfermé dans les limites de la Macédoine, que les Romains auraient affaire, mais au grand roi de toute l'Asie et d'une partie de l'Europe[1]. » Jamais ennemi, dit Tite Live[2], ne fut plus méprisé des Romains ; ils voulaient l'attaquer dans son camp ; et dans la bataille, pour trois cent cinquante soldats qu'ils perdirent, ils tuèrent, dit-on, cinquante mille hommes. Le roi ordonna à ses députés d'accepter toutes les conditions quelles qu'elles fussent. Leurs prières furent abjectes : « Nous ne savons, Romains, que dire nous-mêmes ; nous venons plutôt vous demander par quelle peine nous pouvons expier l'erreur du roi et obtenir paix et pardon de nos vainqueurs. Votre grand cœur a toujours fait grâce aux peuples et aux rois vaincus. Avec combien plus de clémence et de magnanimité devez-vous pardonner dans cette

---

1. Tite Live, XXXV, 48. — 2. *Ib.*, XXXVI, 39.

victoire qui vous rend maîtres du monde! Renonçant désormais à combattre les mortels, il vous convient comme aux dieux d'épargner et de protéger le genre humain[1]. » L'emphase est la même dans la servilité et dans l'arrogance, et ces vains génies insultent et se prosternent du même visage, toujours dans l'exagération et le mensonge, incapables de mesure et de vérité. Il y a bien encore quelques mots dans Tite Live sur le courage obstiné des Samnites, sur le facile enthousiasme des Grecs, sur la mauvaise foi des Carthaginois; mais une esquisse n'est pas un portrait; il expose plutôt les passions simples, générales, humaines, que les passions composées, particulières, nationales. L'éloquence n'est pas l'imagination, et, pour être peintre, il est dangereux d'être orateur.

II. Au-dessous de ces grandes figures, se lèvent celles des hommes illustres. S'il y a plaisir à connaître les goûts, les maximes, les manières, le langage d'un personnage imaginaire, combien plus celles d'Annibal, de Paul Émile, de Scipion? Ici l'historien est vraiment poëte. Il faut le même génie pour ressusciter que pour créer.

Coriolan, Appius, Cincinnatus et quelques au-

---

1. Tite Live, XXXVII, 45.

tres, déjà distincts, se détachent mal encore du fond commun et uniforme des mœurs patriciennes. Vers la seconde guerre punique, les documents plus précis marquent les personnages d'une empreinte plus nette, et Tite Live ouvre son nouveau récit par le portrait d'Annibal[1].

« En le voyant, les vieux soldats crurent qu'on leur avait rendu Amilcar jeune homme. C'était la même énergie dans la physionomie, la même force dans le regard, la même expression de visage et les mêmes traits. Mais, en peu de temps, il fit en sorte que son père fut la moindre raison de sa faveur. Jamais esprit ne fut plus propre aux deux choses les plus opposées, obéir et commander. Aussi on n'aurait pas décidé facilement auquel des deux il était le plus cher, au général ou à l'armée. Asdrubal ne cherchait pas d'autre chef, lorsqu'il fallait pour une entreprise activité et courage; sous nul autre chef les soldats n'avaient plus de confiance et de hardiesse. Beaucoup d'audace pour braver le péril, et dans le péril même, beaucoup de prudence; nulle peine ne pouvait fatiguer son corps ni vaincre son âme. Il supportait également le froid et le chaud; pour le boire et le manger, il les mesurait, non au plaisir, mais au besoin de la nature. Sa veille

---

1. Comparez Michelet, *Histoire romaine*, t. II.

et son sommeil n'étaient réglés ni d'après le jour, ni d'après la nuit. Ce qui lui restait de temps après les affaires, il le donnait au repos, qu'il ne cherchait ni sur un lit moelleux ni dans le silence. On le vit souvent couvert d'une casaque militaire, étendu parmi les gardes et les postes des soldats. Son vêtement ne se distinguait en rien de celui des gens de son âge. On remarquait ses armes et ses chevaux. Il était de beaucoup le meilleur des fantassins et des cavaliers. Il allait le premier au combat; et, le combat engagé, il se retirait le dernier. Tant de grandes qualités étaient égalées par de grands vices : une cruauté au delà de l'humain, une perfidie plus que punique, rien de vrai en lui, rien de saint pour lui, nulle crainte des dieux, nul serment, nulle religion[1]. » Ce ton est oratoire; Tite Live songe moins à nous faire connaître Annibal qu'à nous bien disposer pour les Romains; c'est intéresser à leur succès et excuser leurs défaites que montrer le génie et les vices de leur ennemi. Changez l'intention ; observons, avec un moderne[2], que cette armée, patrie d'Annibal et patrimoine de sa famille, était mercenaire. On comprend quelle éducation admirable et infâme il reçut dans ce camp, assem-

---

1. Tite Live, XXI, 4. — 2. M. Michelet. Voy. pour tous ces portraits son *Histoire romaine*.

blage de brigands payés, qui sortaient de la guerre inexpiable, mélange de toutes les religions, de toutes les langues, de toutes les mœurs, sans famille ni patrie, « vraies Sodomes errantes, dont l'ancienne eût eu horreur. » Annibal avait livré sa beauté à Asdrubal, Asdrubal avait livré la sienne à Amilcar, et ainsi se transmettait le commandement[1]. Mais vingt ans de guerre, trois grands capitaines, tant de combats contre les opiniâtres Espagnols, ont fait d'eux les meilleurs soldats du monde, disciplinés comme ceux de Rome, aussi braves par métier que les Romains par orgueil. Annibal, nourri sous la tente, est comme eux un aventurier et un soldat. Après Zama, il jette à bas de la tribune Giscon, qui parle contre la paix ; il rit tout haut quand les sénateurs s'affligent de payer le tribut ; l'homme d'épée et d'action estime à leur prix ces parleurs et ces marchands. Il ajoute à sa tactique les ruses de l'officier de fortune, embuscades, surprises, intrigues. Il se déguise tous les jours pour rendre vains les complots des Gaulois auxiliaires ; il échappe à Fabius, défait Sempronius, détruit Flamininus, tue Marcellus par des stratagèmes. Il maintient les soldats, comme Wallenstein, « en prodiguant l'argent,

[1]. Tite Live, XXI, 2 et 3

dit Dion, en exigeant un dévouement absolu, une obéissance immédiate, outrageusement dédaigneux pour le reste des hommes. » Il traite l'Italie comme Tilly traita Magdebourg, jetant dans les puits les sénateurs d'Acerra, brûlant vives les femmes de ceux qui l'abandonnent, transportant en plaine les cités suspectes, égorgeant les Italiens qui ne veulent pas s'embarquer avec lui. L'homme qui fait son dieu du hasard et de la force est volontiers superstitieux. Wallenstein consultait les astres. « Annibal était habile à lire dans les entrailles des victimes. » Tous ces traits de son caractère sont des impressions de l'éducation ; il est habile et injuste, sans doute, mais à sa manière. Dans tout homme les qualités générales deviennent particulières et les couleurs sont des nuances. Chacun reçoit de sa fortune distincte une forme originale ; les circonstances qui façonnent une âme ne s'assemblent que pour elle seule, et les moules où la nature nous coule ne servent qu'une fois. Tite Live eût dû plus souvent briser les siens. Mais, si son œuvre a peu de relief, elle a de la grandeur ; il élève son éloquence au niveau de son personnage ; il est digne de faire mouvoir « les colosses de l'antiquité ». Le discours d'Annibal à Scipion est déjà dans Polybe ; mais il n'est là qu'un abrégé de raisons, sans accent ni autorité, tel que tout autre l'eût pu faire. Tite Live met une âme dans ces phrases inertes, l'âme d'Annibal; celui qui parle est un vieillard, un politique, un vainqueur, qui sait qu'une défaite perdra Carthage, qui sent que la fortune tourne, qui se souvient de Cannes, mais qui prévoit Zama. Il flatte Scipion, mais noblement; c'est un maître de l'art, qui loue un jeune homme heureux et le conseille. Nul n'est plus insinuant, mais nul n'est plus grave ni plus digne. A travers ses raisons perce le sentiment amer de la fatalité et de la fragilité humaine. Il remarque avec un triste sourire les dérisions de la fortune, qui lui donna pour premier ennemi le père de Scipion, et maintenant le conduit auprès de Scipion pour demander la paix. Il s'avoue suppliant; Annibal seul peut prier sans s'abaisser; car, quand il confesse que les Romains sont devant Carthage, il rappelle qu'il a mis son camp sous les murs de Rome. Sa patrie est vaincue, ses deux nobles frères tués; mais ses regrets sont contenus et sa voix reste ferme. Il juge de haut les hommes et les choses, avec une tranquillité imposante, digne de son expérience et de sa gloire, en homme qui se sent le droit d'instruire les autres. « Je ne nierai pas, dit-il en finissant, que, voyant la paix peu sincèrement demandée et attendue, vous ne teniez pour suspecte la foi punique. Pour savoir si elle sera fidèlement gardée, il importe beaucoup de savoir qui la demande, Scipion. Vos sénateurs aussi, me dit-on, nous l'ont refusée, un peu parce que nos ambassadeurs n'étaient pas assez considérables. Aujourd'hui, c'est Annibal qui demande la paix. Je ne la demanderais pas, si je ne la croyais utile ; et je la maintiendrai, pour la même utilité qui me la fait demander. J'ai fait la guerre que j'avais commencée, de manière que personne n'y eût regret, jusqu'au moment où les dieux eux-mêmes m'envièrent la victoire ; je m'efforcerai pareillement que personne n'ait regret à la paix que j'aurai procurée[1]. » Carthage entière repose sur cet homme, et il sait que seul il vaut tout l'État. Ce n'était pas jactance. La seconde guerre punique est entre Annibal et le peuple romain.

Dirons-nous qu'ailleurs, lorsque Annibal quitte l'Italie et quand il s'empoisonne, ses plaintes sont trop longues et trop savamment développées ? Développer est l'emploi et le danger, naturel et volontaire, du talent oratoire. Mais laissons ces taches. Tite Live a le droit d'en avoir ; celles-ci disparaissent devant l'idée grandiose qu'il donne de ses héros.

Fabius Maximus est dans Tite Live l'homme le

1. Tite Live, XXX, 30.

plus sage et le plus grave. Sauf le jour où, par jalousie, il rabaisse les victoires de Scipion et s'oppose à ce qu'il passe en Afrique, il n'y a dans ses discours et dans sa vie que raison et que vertu. Ces louanges mettent en défiance. Qu'un personnage soit ferme et prudent, à la bonne heure. Encore n'est-il pas la prudence et la vertu. Il est un homme, non une qualité ; son naturel donne un tour distinct à sa sagesse. Un être abstrait est un être mutilé, et ce qui est incomplet n'est pas vivant. L'imagination sent qu'il manque au portrait quelque chose. Elle s'agite et cherche de tous côtés ce qui doit l'achever et l'animer ; tout à l'heure un mot sur l'éducation d'Annibal, ici un trait sur l'humeur de Fabius. « On lui donna dès son enfance le nom de petite brebis, parce qu'il avait beaucoup de douceur et l'esprit lent à se développer. Son naturel tranquille et taciturne, son peu d'empressement pour les plaisirs de son âge, sa lenteur et sa difficulté à apprendre, sa complaisance et sa docilité même pour ses camarades, le faisaient soupçonner de bêtise et de stupidité par les personnes du dehors [1]. » Ainsi, quand il temporise, c'est par naturel autant que par calcul. Quand il s'oppose à l'expédition d'Afrique, c'est par inclination autant que

---

1. Plutarque, traduction Ricard, *Vie de Fabius Maximus*, ch. 1.

par envie. Sa fermeté héroïque est une tranquillité flegmatique. « Alors qu'après Cannes la consternation était générale, que l'excès de la douleur, que le trouble qui en était la suite empêchaient de pourvoir à rien, il marchait seul dans la ville, d'un pas modéré et avec un visage tranquille, parlait à tout le monde avec douceur, faisait taire les lamentations des femmes, et dissipait les attroupements de ceux qui se rendaient dans les places publiques pour y déplorer les malheurs communs [1]. » Quand le peuple, par une injure extraordinaire, lui égale le maître de la cavalerie, il est patient, parce qu'il est impassible. Il va toujours du même pas, vers le même but, « comme une rivière qui coule sans bruit et dont l'action n'est jamais interrompue, » sans être détourné par les cris, sans même les entendre. Quand les tribuns l'accusent de trahison, au lieu de répondre, il dit seulement qu'il faut se hâter de finir les sacrifices, pour qu'il puisse retourner promptement à l'armée, et punir le maître de la cavalerie. Notons pourtant qu'il reste doux et bon. Selon Plutarque [2], quand il vit Minucius enveloppé, « il frappa sur sa cuisse et poussant un profond soupir, il dit à ceux qui étaient près de lui : « O dieux, que Minucius s'est

---

1. Plutarque, traduction Ricard, *Vie de Fabius Maximus*, ch. xxviii. — 2. *Ib.*, ch. xviii.

« perdu beaucoup plus tôt que je ne pensais, mais
« bien plus tard qu'il ne le voulait lui-même!
« Soldats, hâtons-nous d'aller à son aide; souve-
« nons-nous que c'est un homme de cœur et qui
« aime sa patrie. » Il pardonne à Minucius, non
par effort de magnanimité, mais parce qu'il a peu
senti l'offense. On ne doit pas trouver dans son
discours le ton solennel, les antithèses senten-
tieuses, la rancune amère, le contentement de
vanité vengée qui perce dans Tite Live[1]. Plutarque rapporte que par goût et par maximes il
traitait alliés et soldats avec une grande douceur.
Un soldat marse mécontent ayant proposé à plusieurs de ses camarades de déserter, Fabius le fit
appeler, reconnut qu'on ne l'avait pas récom-
pensé selon sa bravoure, lui donna en marque
d'honneur un cheval de bataille, et fit de lui
l'homme le plus fidèle et le plus affectionné. Une
autre fois, ayant appris qu'un Lucanien, contre
les défenses, passait la nuit hors du camp pour
voir une jeune fille qu'il aimait, il la fit amener
et dit au soldat que désormais il n'avait plus de
raison pour sortir. Rien de plus frappant quand
on connaît par Polybe la terrible et inflexible dis-

---

1. « Non citius quam timui deprehendit fortuna temeritatem.
« Fabio æquatus imperio Annibalem virtute et fortuna superio-
« rem videt; victoriam hosti extorqueamus, confessionem er-
« roris civibus. »

cipline de Rome. Mais Fabius est obstiné comme tout esprit lent et silencieux. Dès qu'une opinion s'est enfoncée en sa croyance, il la soutient jusqu'au bout, sans plus entendre les raisons présentées qu'il n'a senti les injures reçues, sans se soucier de l'avis des autres, parce qu'il l'a formée sans l'avis des autres, d'autant plus constant qu'il est plus réfléchi, d'autant plus convaincu qu'il est plus calme. Plutarque dit qu'ayant excité le sénat à force de démarches et de discours contre l'expédition d'Afrique, il persuada au consul Crassus de ne pas céder à Scipion le commandement de l'armée. Crassus s'étant désisté, Fabius fit refuser à Scipion l'argent de la guerre, puis détourna les jeunes gens de cette expédition ; Scipion ayant trouvé parmi les alliés des soldats et des approvisionnements, Fabius, dans plusieurs harangues, effraya tellement le peuple, qu'on défendit à Scipion d'emmener d'autres troupes que les légions de Sicile. Scipion ayant vaincu Syphax, et arraché Annibal de l'Italie, Fabius ne cessa d'alarmer les Romains et de demander qu'on rappelât le général, invincible aux mécomptes, à la fatigue, aux soupçons, à l'évidence et à l'éloquence des faits les plus palpables et les plus accablants. J'admire beaucoup la majesté et la fierté que lui donne Tite Live ; elles sont dignes d'un vieillard chargé d'honneurs et de ce sénat que Cinéas appelait une assemblée de rois. Mais elles conviennent plus au magistrat qu'à l'homme ; peut-être même ce ton est-il étrange dans Fabius ; du moins il serait plus naturel dans un Papirius ou un Appius. « Je sais, dit Fabius, qu'en m'opposant à cette ardeur inconsidérée de passer en Afrique, je vais être accusé de deux défauts. On blâmera d'abord cet esprit de temporisation qui m'est naturel, et que je permets aux jeunes gens d'appeler crainte et lenteur, pourvu que mes conseils, moins séduisants au premier aspect que ceux des autres, se trouvent à l'essai plus utiles ; ensuite on dira que j'ai de la jalousie et de l'envie contre la gloire tous les jours croissante de l'illustre consul. Si ma vie passée, mon caractère, la dictature, cinq consulats, et tant de gloire acquise dans la guerre et dans la paix ne me mettent à l'abri de ce soupçon, mon âge du moins m'en défendra. Car quelle rivalité peut-il y avoir entre moi et un homme qui n'a pas même l'âge de mon fils ? Quand j'étais dictateur dans la force de l'âge, et dans une carrière de grandes actions, personne, ni dans le sénat ni devant le peuple, ne m'entendit m'opposer à ce que le maître de la cavalerie qui m'attaquait reçût, chose inouïe jusqu'alors, un commandement égal au mien. J'ai voulu obtenir, par des actions plutôt que par des paroles, que celui qui m'avait été égalé par le jugement des autres me mit par son propre aveu au-dessus de lui-même. Ce n'était pas pour entrer en lice et en rivalité, après avoir épuisé tous les honneurs, avec un jeune homme qui est dans la fleur de l'âge ; sans doute, pour que si on lui refuse cette province d'Afrique, on me la décerne à moi qui suis fatigué, non-seulement d'agir, mais de vivre! Avec cette gloire que j'ai acquise, je vivrai désormais et je mourrai ; j'ai empêché Annibal de vaincre, afin que vous, qui êtes maintenant dans la vigueur de l'âge, vous puissiez non-seulement lui résister, mais le vaincre [1]. » Fabius dédaigne si fort et repousse si loin les soupçons de jalousie qu'il les justifie ; il se convainc en se disculpant. Ce jeu de passion est habilement exprimé. Mais un trait de comédie sérieuse est-il un portrait? J'avoue que depuis que je lis cette harangue je vois moins clairement la figure si nette qu'avait tracée Plutarque. Il me semble même que ce ton altier et cette dextérité d'éloquence s'ajustent mal au caractère déjà construit ; le biographe curieux et minutieux est plus exact que l'historien orateur.

« Scipion, dit Tite Live [2], non-seulement fut admirable par ses vertus véritables, mais encore,

---

1. Tite Live, XXVIII, 40. — 2 *Ib.*, XXVI, 19.

dès sa jeunesse, il s'arrangea habilement pour les mettre en lumière. Ce qu'il proposait à la multitude, il l'avait vu par des visions nocturnes ou conçu par une inspiration divine, soit que son esprit lui-même fût possédé par une certaine superstition, soit pour qu'on accomplît ses ordres et ses projets sans retard, comme venant d'un oracle. Dès le commencement, préparant les esprits à cette croyance, du jour où il prit la toge virile, il ne fit jamais une action privée ou publique sans aller au Capitole s'asseoir dans le temple et y passer quelque temps, presque toujours seul et sans témoins. Cet usage, qu'il garda toute sa vie, par politique ou sans dessein, rendit croyable à quelques-uns l'opinion commune : qu'il était d'origine divine.... Lui-même ne démentit jamais cette croyance; il l'augmenta plutôt par l'art qu'il eut de ne rien affirmer et de ne rien nier sur ce sujet. » Cette conduite annonce le naturel ambitieux et le génie inspiré. Scipion agit « non par réflexions lentes, mais par illuminations subites ». C'est ainsi qu'il tranche la guerre d'Espagne en marchant sur Carthagène, et la guerre punique en marchant sur Carthage. C'est ainsi que « tout à coup », dit Tite Live, il demande et obtient avant l'âge l'édilité pour lui et pour son frère, puis le commandement en Espagne. L'inspiration est un raisonnement ailé.

Scipion est un de ces brillants esprits qui franchissent les difficultés par des élans d'invention, calculent par divination, suppriment le péril par l'audace et improvisent la victoire. Il a foi en lui-même, parce qu'il a conscience de son ascendant. Il est héroïque, parce que les dangers communs ne lui semblent pas devoir l'atteindre. Il va sur deux vaisseaux exhorter Syphax à l'alliance de Rome, se livre à lui, et dîne assis sur le même lit que l'envoyé de Carthage. Aimable, néanmoins, et charmant, parce que le génie naturel est toujours flexible et facile. Tite Live parle quelque part de son port majestueux, qu'embellissait la fleur de la jeunesse, et qui le faisait ressembler aux dieux immortels [1]. « Telle était la douceur et la souplesse de son esprit que, non-seulement Syphax, un barbare étranger aux mœurs romaines, mais Asdrubal, un ennemi acharné, se laissèrent gagner au charme de son entretien. Asdrubal disait tout haut qu'il lui avait paru plus admirable dans la familiarité d'une entrevue que par toutes ses actions guerrières, et ne doutait plus que Syphax et son royaume ne fussent au pouvoir des Romains, tant Scipion avait d'art pour se concilier les esprits [2]. « Mais l'inspiration a ses inégalités et ses

---

1. Tite Live, XXXVIII, 35. — 2. *Ib.*, XXXVIII, 18.

langueurs; entre les coups de génie sont des intervalles. Ainsi Scipion laisse échapper d'Espagne Asdrubal et la grande armée qui faillit perdre Rome; et Tite Live remarque qu'après la défaite d'Annibal il resta au-dessous de lui-même. Son second consulat est d'un homme ordinaire. Selon Polybe, protégé de sa famille, il passait dans le public pour n'être ni tempérant ni appliqué aux affaires; il renvoya Caton, disant qu'il n'aimait pas un questeur si exact. Du moins il détendait la discipline, tour à tour indulgent et sévère; à Sucrone, ses soldats, gâtés par l'oisiveté et la mollesse, se révoltèrent; à Locres, il souffrit que Pléminius, son lieutenant, exerçât la plus détestable tyrannie. Il n'a pas l'austérité stricte, l'exactitude administrative d'un Romain, mais plutôt la négligence, le goût du beau, la magnificence d'un artiste. « On lui reprochait des mœurs qui ne convenaient pas à un général romain, encore moins à un homme de guerre. Il se promenait en manteau et en sandales dans le gymnase, donnant son temps aux livres et à la palestre. Toute sa suite jouissait aussi mollement que lui des délices de Syracuse [1]. » De tels génies ne peuvent souffrir l'humiliation de l'égalité ni de la contrainte des lois. Ils naissent les

---

1. Tite Live, XXIX, 29.

premiers des hommes, et c'est renverser leur nature que les rabaisser sous le droit commun. « Scipion, cité comme accusé, traversa l'assemblée avec un grand cortége d'amis et de clients et monta à la tribune; alors, au milieu du silence :
« A pareil jour, dit-il, tribuns du peuple et vous,
« Romains, en Afrique, j'ai bien et heureusement
« combattu en bataille rangée contre Annibal et
« les Carthaginois. C'est pourquoi, comme il est
« juste en ce jour de surseoir aux procès et aux
« différends, je vais de ce pas au Capitole pour
« saluer Jupiter, très-bon, très-grand, Junon,
« Minerve et tous les autres dieux qui protégent
« le Capitole et la citadelle, et je leur rendrai
« grâces de ce qu'en ce jour et en plusieurs au-
« tres ils m'ont donné les pensées et le pouvoir
« qu'il fallait pour bien servir la République.
« Vous tous à qui cela convient, Romains, venez
« avec moi et priez les dieux de vous donner des
« chefs qui me ressemblent. Car si, dès l'âge
« de dix-sept ans jusqu'à la vieillesse, vos hon-
« neurs ont toujours devancé mon âge, mes ser-
« vices ont toujours surpassé vos honneurs [1]. »
Dans Aulu-Gelle, Scipion dit un mot plus cru et plus expressif : « Laissons là ce coquin [2]. » Tout

1. Tite Live, XXXVIII, 51.
2. Voici le discours authentique tel qu'il est dans Aulu-Gelle.
« Scipion dit, après quelques mots convenables à la dignité de

le peuple le suivit, jusqu'aux scribes et aux viateurs des tribuns, et il ne leur resta que leurs esclaves et le héraut. L'entraînement qu'exerce le génie prouve sa royauté naturelle ; voyez-le dans sa réponse à Fabius dominer ses auditeurs par l'ardeur de sa passion, les événements par l'impétuosité de ses conjectures, partout prédire et commander. Son discours est comme soulevé et emporté par le souffle de l'espérance. « Qu'on ne me retarde point ici, et tout à la fois vous apprendrez que j'ai traversé la mer, que l'Afrique est en feu, qu'Annibal quitte l'Italie, que Carthage est assiégée. Attendez de l'Afrique des nouvelles plus heureuses et plus fréquentes que vous n'en receviez de l'Espagne. J'aurai, Quintus Fabius, l'adversaire que tu me donnes, Annibal. Mais, au lieu d'être retenu par lui, je l'entraînerai avec moi. C'est dans son pays que je le forcerai à combattre, et le prix de la victoire sera Carthage, non des forts à demi ruinés du Bruttium. Que l'Italie

sa vie et à sa gloire : « Il me souvient, Romains, qu'à pareil jour
« j'ai vaincu en Afrique, dans un grand combat, Annibal le Car-
« thaginois, le plus redoutable ennemi de votre empire, et que
« je vous ai gagné une paix et une gloire inespérées. Ne soyons
« donc pas ingrats envers les dieux ; mais plutôt laissons là ce
« coquin, et allons de ce pas rendre grâce à Jupiter très-bon
« et très-grand. » On voit ce que la magnificence du langage de
« Tite Live ajoute à la grandeur de Scipion. Tite Live fait son
personnage plus calme, plus hautain, plus Romain, que le personnage réel. Est-ce un si grand tort ?

longtemps dévastée se repose enfin ; qu'à son tour l'Afrique soit brûlée et ravagée ; dressons le camp romain sous les portes de Carthage, au lieu de voir une seconde fois de nos murs les retranchements de l'ennemi. Reportons-y la terreur, la fuite, le ravage des champs, les défections d'alliés, et tous les fléaux de la guerre qui pendant quatorze ans ont fondu sur nous [1]. » Malheureusement dans Tite Live ces traits saisissants sont épars. Il n'explique pas l'une par l'autre les diverses parties du caractère ; il ne les rapporte pas à une qualité dominante. Il n'ose insister sur les vices. Enfin il attribue parfois à Scipion des discours trop apprêtés, qui conviennent mal à la facilité et à la vivacité de son esprit [2]. La gravité et les ornements du style répandent une teinte uniforme sur tous les personnages, et quelquefois il fait songer au coloris monotone et brillant de Lebrun.

Scipion est déjà Grec ; Caton son ennemi est tout Romain, le dernier peut-être : « Il eut, dit Tite Live [3], une si grande vigueur d'âme et de génie, que, dans quelque condition qu'il fût né, il se fût fait à lui-même sa fortune. Nul talent ne lui manqua ni dans les affaires publiques, ni dans les affaires privées. Il savait également les

---

1. Tite Live, XXXVI, 44. — 2. Discours aux révoltés de Sucrone, aux captives espagnoles. — 3. Tite Live, XXXIX, 40.

affaires civiles et l'économie rurale. Les uns ont été portés aux suprêmes honneurs par la science du droit, les autres par l'éloquence, les autres par la gloire militaire. Son génie fut si également flexible en tous sens que vous l'auriez dit né uniquement pour ce qu'il faisait. Dans la guerre, brave soldat et célèbre par beaucoup de combats brillants ; plus tard, lorsqu'il parvint aux grands honneurs, général accompli. En temps de paix, si vous le consultiez sur le droit, très-habile jurisconsulte ; s'il fallait plaider une cause, orateur très-éloquent. Il ne fut pas de ceux dont la parole est puissante pendant leur vie et qui ne laissent après eux aucun monument de leur éloquence. Au contraire son éloquence vit et respire encore, consacrée par des écrits de tout genre. Ses discours sont nombreux, tantôt pour lui, tantôt pour d'autres, tantôt contre d'autres ; il fatigua ses ennemis non-seulement en accusant, mais encore en se défendant. Il poursuivit un nombre infini de haines, et fut poursuivi par un nombre infini de haines. On déciderait difficilement si la noblesse s'est plus acharnée contre lui, ou s'il s'est plus déchaîné contre la noblesse. Sans doute, il eut un caractère âpre, une langue acerbe et libre à l'excès. Mais son âme fut invincible aux désirs, sa probité rigide, et il méprisa faveurs et richesses. Contre les plaisirs, le travail, le péril, il avait une âme et un corps de fer. La vieillesse même, qui détend tout, ne put le briser. A l'âge de quatre-vingt-six ans, appelé en justice, il prononça lui-même son plaidoyer et l'écrivit ; à quatre-vingt-dix ans, il appela Servius Galba en jugement. » Sauf quelques antithèses, ce morceau est d'une énergie admirable, et, quand Caton parle pour la loi Oppia, Tite Live retrouve le ton de l'intraitable censeur[1] : « Si chacun de nous, Romains, avait conservé sur sa femme les droits et l'autorité de mari, nous n'aurions pas affaire aujourd'hui à toutes les femmes ensemble. Maintenant notre liberté, vaincue à la maison par leur révolte, est foulée et écrasée encore ici dans le forum, et, parce que nous n'avons su résister à chacune d'elles, nous les redoutons toutes ensemble. » Il est amer et mordant, et quand il frappe, il blesse. « Quel prétexte, honnête au moins à dire, donnent-elles à cette émeute? Nous voulons, disent-elles, être brillantes d'or et de pourpre ; nous voulons, les jours de fête et les jours ordinaires, être portées par la ville sur des chars, comme pour triompher de votre loi vaincue et abrogée, de vos suffrages conquis et arrachés ; nous voulons qu'il n'y ait pas de bornes aux dépenses, au luxe... Du temps

---

1. Tite Live, XXXIV, 2.

de nos pères, Cinéas essaya de séduire par des dons, non-seulement les hommes, mais les femmes. Aucune d'elles n'accepta; si maintenant il parcourait la ville avec ses présents, il les trouverait debout dans les rues pour les recevoir. » Cette rudesse est brutale, cynique. « Quelle est cette manière de courir sur la place publique, d'assiéger les rues, d'arrêter des étrangers? Cela même, ne pouviez-vous le demander chacune à votre mari? Êtes-vous plus caressantes en public qu'en particulier, pour ceux des autres que pour les vôtres?..... Vous voulez mettre des rivalités entre vos femmes, Romains! Celle qui le pourra achètera de son argent; celle qui ne le pourra pas demandera à son mari. Malheureux le mari, s'il cède et s'il ne cède pas! puisque ce qu'il n'aura pas donné, il le verra donné par un autre. » Ce discours est virulent et acerbe; et pourtant il paraît faible à qui rassemble les anecdoctes de Plutarque et lit les véritables écrits de Caton. Dans Tite Live, ses paroles sont des périodes; ses développements sont pleins de force, mais tels qu'il en ferait s'il eût étudié sous un Grec. Ils ne ressemblent pas aux phrases courtes, brusques, perçantes, lancées et accumulées comme des coups par cette main de combattant. Écoutez cette accusation : « Il dit que les décemvirs n'avaient pas assez de soins de ses provisions. Il ordonne qu'on leur arrache leurs vêtements, qu'on les batte de verges. Des Bruttiens frappèrent les décemvirs. Beaucoup d'hommes l'ont vu. Qui supporterait cet outrage? qui cette tyrannie? qui cette servitude? Nul roi ne l'a osé faire. Faire cela à des hommes de bien et de bonne race, le trouvez-vous bon? Où est l'alliance? Où la foi de nos ancêtres? Injures signalées, coups, meurtrissures, douleurs et tortures, avec la honte et le dernier opprobre, sous les yeux de leurs concitoyens et de beaucoup d'hommes, tu as bien osé cela! » Dans le traité de l'Agriculture, pas un ornement, pas un mouvement, pas un sentiment : des sentences sèches, nues, précises comme les articles d'un code; le langage abrégé comme l'action, les mots traités en simples moyens comme les hommes; point de style, rien que des pensées et qui vont toutes à l'utile. Son ironie est violente; elle est une arme comme toutes ses qualités; elle est barbare même en conseillant l'humanité. « Il semble, dit-il pour faire relâcher les Grecs déportés, que nous n'ayons rien à faire qu'à discuter si quelques Grecs décrépits seront enterrés par leurs fossoyeurs ou par ceux d'Italie. » Son style est cru, parfois grossier; mais il est tout nerf, tant il met la pensée en relief, tant il est une action parlante : arrivant de Carthage, il laisse tomber de sa robe dans le sénat des figues

16.

toutes fraîches. « La terre qui les produit, dit-il, n'est qu'à trois jours de Rome. » Son caractère est, comme son esprit, roide et terrible. Son esclave Paccus, ayant acheté trois jeunes prisonniers pour en faire commerce, et voyant que Caton le sait, se pend d'effroi. Tout en lui est propre à l'action, tendu vers le gain. Il n'épargne ni soi, ni les autres, et s'en vante, n'ayant jamais dépensé plus de trente as à un repas, buvant le même vin que ses esclaves, les exploitant et les accouplant en bon éleveur et trafiquant de bétail humain, à la fin avare et avide avec impudence, disant que l'homme divin est celui qui peut prouver par ses comptes qu'il a acquis plus de bien qu'il n'en a reçu de ses ancêtres. Il ne rougit de rien ; toutes les parties de son âme sont également invulnérables à tout trait. Il se loue ouvertement, et voyant un citoyen qui a commis une faute : « Pardonnez-lui, dit-il, ce n'est pas un Caton. » Il consacre ses passions haineuses et inflexibles. Un jeune homme avait fait condamner l'ennemi de son père mort ; Caton l'embrasse : « Voilà, dit-il, les sacrifices funèbres que nous devons à nos parents. » Il se vante des minuties et des ridicules de sa vertu, par exemple d'avoir vendu son cheval en Espagne, pour épargner à la république les frais de transport. Un dernier trait rassemble tout ce qu'il y a de résolu, de cynique, de railleur dans son caractère. Vieux, il avait pour maîtresse une de ses esclaves. Son fils la voyant passer, indigné, baissa les yeux. Caton, le jour même demande en mariage la fille de son greffier; quand son fils voulut savoir s'il avait contre lui quelque sujet de plainte : « A Dieu ne plaise! mon fils, répondit Caton d'une voix forte. Mais je veux laisser à la république des citoyens tels que toi. » Vertus, défauts, magnanimité, petitesses, esprit et caractère, tout en lui tend et travaille à l'utilité publique et privée. Toute sa vie est un effort, une acquisition, un combat.

« Paul Émile, dit Plutarque, était de tous les Romains celui qui aimait le plus ses enfants. Il les faisait instruire dans la discipline grecque et romaine, tenant auprès d'eux grammairiens, sophistes, rhéteurs, sculpteurs, peintres, écuyers, veneurs habiles. » Selon Tite Live[1], il disait que « celui qui sait vaincre à la guerre doit savoir aussi préparer des jeux et ordonner un festin. » On reconnaît l'effet des idées grecques. Cependant cette âme, comme celle de Caton, est encore toute romaine. Mais Caton « aboie » contre la noblesse; « ce qu'il y eut de particulier et de remarquable en Paul Émile, dit Plutarque[2], c'est qu'il resta toujours attaché au parti des nobles;

---

1. Tite Live, XLV. 35. — 2. Plutarque, *Vie de Paul Émile*, ch. 41.

il ne dit et ne fit jamais rien en vue de flatter la multitude. Il se concerta toujours avec les premiers et les plus distingués d'entre les citoyens. » En patricien hautain et austère, il s'abstint dès sa jeunesse de plaider pour les plébéiens, de les saluer par leur nom, de leur prendre la main dans la rue. Plutarque ajoute encore qu'il étudia très-attentivement la science des augures, patrimoine des anciennes familles ; il observait scrupuleusement tous les rites, rejetait les moindres innovations, passait de longues heures en temps de guerre dans les expiations et les sacrifices. Que Caton, homme nouveau, s'emploie à devenir riche ; Paul Émile, comme Cincinnatus et Curius, méprise l'argent par orgueil de naissance. Son nom suffit pour le mettre à sa place, et il se relève en dédaignant ce que désirent les autres. Il donne sa fille à Tubéron, homme d'une frugalité antique, qui vit auprès de Rome avec quinze autres chefs de la même famille sur une petite campagne, leur unique bien. Lui-même, en mourant, laisse à peine assez de fortune pour rembourser la dot de sa femme. Il a toute la hauteur des Appius. Nommé par le peuple pour être général en Macédoine, il lui déclare à la tribune que, choisi par besoin, il ne lui a aucune obligation. Ses paroles sont ici plus fortes et plus vraies dans Plutarque que dans Tite-Live. « Si vous croyez quelque autre plus capable de conduire cette guerre, je lui cède le commandement; sinon, ne vous mêlez pas de ce qui regarde ma charge, mais faites en silence ce que je jugerai bon. Si vous voulez commander à vos généraux, vous serez dans vos expéditions plus ridicules encore qu'auparavant. » Arrivé au camp, il rétablit l'obéissance antique, enseigne aux officiers et aux soldats ce qu'ils ont à faire; et tous confessent que, depuis ce discours seulement, ils savent ce qu'est la discipline. Son commandement est si despotique que ses soldats, vainqueurs et chargés d'argent, veulent lui refuser le triomphe. Quand Persée le supplie de lui épargner la honte du triomphe, il répond en souriant d'une telle lâcheté : « Cela est en son pouvoir. » L'orgueil engendre aisément la froideur et la dureté. On comprend maintenant le calme et la magnanimité du discours dans lequel, après son triomphe et la mort de ses deux fils, il rend compte au peuple de la campagne : « Lorsque je n'eus plus rien, dit-il en finissant[1], à demander aux dieux pour la république, je souhaitai, puisque la fortune a coutume de nous précipiter après nous avoir élevés au faîte, de voir ma maison plutôt que l'État souffrir ses vicissitudes. C'est pourquoi j'espère

---

1. Tite Live, XLV, 41.

que par mon insigne malheur la fortune publique désormais est garantie, puisque mon triomphe, comme en dérision de la prospérité humaine, a été placé entre les funérailles de mes deux enfants. Persée et moi, nous offrons d'illustres exemples du sort des mortels : lui, qui captif a vu conduire devant lui ses enfants captifs, les a pourtant encore; moi, qui ai triomphé de lui, j'ai quitté les funérailles de l'un pour monter au Capitole, et, du Capitole, je suis allé voir expirer l'autre. De tant d'enfants, il n'en est aucun qui porte le nom Paul Émile; deux ont été donnés en adoption aux familles Cornélia et Fabia, quand ma postérité semblait nombreuse. Dans la maison de Paul Émile, il ne reste plus qu'un vieillard. Mais, parmi ces désastres de ma race, votre bonheur et la prospérité publique me consolent. » Ces paroles sont dignes de Corneille; mais Tite Live, qui représente si bien cette grandeur, eût dû remonter à sa source. Il devait faire voir, comme Plutarque, qu'elle vient des traditions de famille et des mœurs patriciennes; un noble comme Paul Émile, que sa naissance destine aux honneurs, que son nom seul porte aux charges, qui naît homme public, considère les affaires de Rome comme les siennes, et sa patrie comme son héritage. Son rang explique sa vertu, et sa vertu expliquée devient naturelle; le grand homme se trouve homme. Il reste à une place éminente, mais il n'est plus guindé en l'air comme par miracle ; nous comptons les dégrés qui mènent jusqu'à lui. J'ajoute que ses traits, devenus plus humains, deviennent plus distincts. En s'approchant de nous, il s'anime. La noble statue du moraliste se meut sous la main du biographe. Tite Live représenterait mieux sa vie, s'il saisissait mieux la vérité.

Tout ce que nous venons de blâmer ou de louer dans cette conception des caractères est l'effet de l'esprit oratoire. Singulier spectacle que celui d'une qualité dominante qui traverse toutes les parties d'un talent, laissant partout les marques de son passage ! Tite Live est orateur. C'est pourquoi la passion entre avec lui dans l'histoire. Un souffle pénètre dans les dissertations de Polybe. Les sèches annales, qui d'un ton monotone récitaient une liste de notes, reprennent un accent ; devant nos yeux passent des figures expressives ; du milieu des poudreuses chroniques sort la multitude des personnages morts et des nations éteintes ; et l'histoire n'est plus une combinaison d'idées, mais un combat d'hommes. Tite Live est éloquent. C'est pourquoi il exprime avec une force extrême les grandes qualités des grands hommes, l'amour de la liberté et de la patrie, la fierté et le courage indomptables, la majesté calme, l'élan de l'inspiration. L'imagination anime ce qu'elle touche, et, dans ce qu'elle touche, ce qu'il y a de plus beau.—Mais le but de l'orateur est d'exciter une émotion dans notre cœur, non d'imprimer dans notre esprit un caractère. C'est pourquoi, quand il devient historien, il ressuscite les passions universelles et simples, et non ces assemblages complexes de sentiments particuliers qui sont les âmes. Il peint plutôt des qualités que des personnages[1]. S'il marque leur passion dominante, il en omet les causes ou les effets[2]. Il ne l'explique point par les circonstances qui l'ont développée; il n'explique pas le reste par elle[3]. S'il fait parler un personnage, il songe à la cause plus qu'à l'orateur, et rend le plaidoyer moins naturel que parfait; il adoucit les rudesses, corrige les négligences, efface le laid, le bas, le mesquin, l'excessif[4], et cache la vérité sous l'éloquence. Les êtres ainsi recomposés sont trop beaux pour être réels; l'auteur paraît derrière ses vagues figures, et, dans cette longue galerie, le portrait de Tite Live est le plus précis et le plus complet.

1. Fabius. — 2. Annibal, Paul Émile. — 3 Scipion. — 4. Caton, le peuple romain.

# CHAPITRE III.

## LES NARRATIONS ET LES DISCOURS DANS TITE LIVE.

### § 1. Narrations.

Redites. — Lieux communs. — Admirer n'est pas raconter. — II. Élan et enchaînement du récit. — Fabius et Papirius. — Force de la narration oratoire. — Les Fourches caudines. — Récit de la mort de Lucrèce par Tite Live et par Denys. — Récit du passage des Alpes par Polybe et par Tite Live.

Comment dans Tite Live agissent et parlent les personnages? Ici les défauts sont moindres et les qualités plus grandes : non qu'à son éloquence s'ajoute un talent nouveau; mais le récit et le discours conviennent mieux à l'esprit oratoire que la composition des caractères, la critique ou la philosophie. Tite Live reste le même, mais son ouvrage est plus parfait.

Quelles narrations fait l'orateur ? Des narrations oratoires. Ses narrations ne sont donc pas toujours parfaites. Il faut choisir dans celles de Tite Live; et, même quand on a choisi, le plaisir que l'on éprouve n'est pas toujours pur ni complet.

1. C'est que les actions dépendent des caractères. Dans Tite Live, ils sont peu marqués, sans traits

personnels, les mêmes dans les temps de politesse et dans les âges de barbarie. Vous prévoyez que les récits seront parfois trop semblables, et renfermeront des lieux communs. Que de fois, dans les dix premiers livres, ne revoit-on pas la même bataille ! Les cavaliers ôtent la bride à leurs chevaux, et s'élancent avec tant d'impétuosité qu'ils enfoncent l'ennemi. Les fantassins entrent par cette brèche, tout est pris ou tué, et l'armée revient à Rome chargée de butin. Cette monotonie ôte l'intérêt; et mieux vaudrait omettre un fait que se répéter tant de fois.

Les orateurs de profession ont au fond de leur mémoire plusieurs phrases toutes faites, utiles ou plutôt inutiles partout, moyens de métier, touchants peut-être ou habiles, mais qui conviendraient mieux dans une école que dans une histoire. Tite Live en a comme Cicéron[1] : des enfants qui pleurent, des femmes qui, en gémissant, s'attachent à leurs maris, les temples des dieux renversés, les tombeaux des ancêtres violés, etc. Ces détails vrais, mais communs, ne méritent d'être mis nulle part, parce qu'ils peuvent être mis partout.

L'art et le besoin d'agrandir sont oratoires;

---

1. Tite Live, V, 40; I, 29; III, 52. Discours de Scipion avant la bataille du Tésin; discours de Fabius contre Scipion; discours de Vibius Virius, etc.

car le but de l'orateur n'est pas de peindre, mais de toucher l'auditeur par ses peintures; il traite la vérité comme un moyen, non comme une fin. Au lieu de raconter, Tite Live prouve. Il veut, non qu'on connaisse ses héros, mais qu'on les admire; il n'expose pas leurs actions, il les exalte. Quand il ouvre le récit du combat des Horaces : « Les glaives en avant, dit-il, comme une armée en bataille, les six jeunes gens, portant le courage de deux grandes armées, s'avancent l'un contre l'autre. Ils n'ont pas devant les yeux leur propre péril, mais la domination ou la servitude de leur patrie, et la fortune de l'État qui sera ce qu'ils l'auront faite[1]. » Jamais Tite Live ne nous laisse la liberté de juger. Il se tient derrière ses personnages, attentif à les faire paraître, à les mettre dans un jour éclatant, préparant la place avant leur venue, ne les montrant que lorsqu'il a mis notre esprit dans la disposition qui convient. Il les annonce. Voyez cet exorde de la bataille de Zama[2] : « Le lendemain, pour décider cette querelle, s'avancent les deux plus braves armées, les deux plus illustres[3] généraux des deux plus puissants peuples de la terre, devant, ce jour-là même, mettre le comble à tant de gloire acquise ou la renverser. » Cette

1. Tite-Live, I, 25. — 2. *Ib.*, XXX, 32. — 3. Le latin est plus fort : « Longe præclarissimi. »

magnificence de langage est d'une oraison funèbre. Tite Live emporte l'admiration de haute lutte, à coups redoublés d'épithètes; il ferait mieux de la laisser naître. Ce luxe de style met en défiance; nous voulons voir, non être éblouis. Les faits qu'on nous montre ainsi ne sont plus intacts; transformés dans la pensée de l'auteur, ils en portent la marque. Il valait mieux les laisser purs dans leur nudité native que les parer de tout cet éclat. Quand les trois cents Fabius partent contre les Véiens : « Jamais, dit Tite Live[1], armée si petite par le nombre, si grande par la renommée et l'admiration publique, ne traversa la ville. Trois cent six soldats, tous patriciens, tous d'une même maison, dont aucun n'eût paru indigne de présider le sénat dans les plus beaux temps de la république, partaient, menaçant de ruiner le peuple véien avec les forces d'une seule famille. » Cet accent est celui d'une harangue. Bossuet prend le même ton pour célébrer les campagnes du prince de Condé. Seulement, l'éloquence approche ici de la déclamation, et le besoin d'embellir conduit à l'emphase : dans une famille de trois cent six membres, trois cent six dignes d'être princes du sénat ! Cela est d'un rhéteur.—Ces exemples distinguent nette-

---

1. Tite Live, II, 49.

ment l'orateur du peintre. Celui-ci, qui ne songe ni à juger, ni à imposer son jugement, n'a d'autre désir que de voir clairement tous les sentiments, toutes les résolutions, toutes les actions, toutes les attitudes de ses personnages, ni d'autre but que de les imprimer telles qu'elles sont dans l'esprit du spectateur. L'autre, uniquement attaché à nous toucher ou à nous convaincre, traite les faits en moyens oratoires, ne raconte que pour émouvoir, choisit, ordonne, expose, pour exciter en nous, non une image vive ou une idée exacte, mais une persuasion solide ou une forte passion. Si j'admire les Fabius, si à Zama l'attente de la bataille me tient suspendu, si je loue le courage des Horaces, Tite Live m'a gagné à son opinion, il est content. Des redites, quelques développements communs, plusieurs exagérations passionnées, tels sont les défauts que l'esprit oratoire met dans la narration.

II. Mais il y apporte le plus noble mérite, le talent d'animer et de lier toutes les parties du récit. Car l'éloquence est l'art de bien convaincre c'est-à-dire d'assembler en un corps de preuves toutes les parties d'un sujet, de transformer une suite de faits en un raisonnement continu, de disposer les idées concordantes en vue d'une conclusion unique; et elle est encore le talent de bien persuader, c'est-à-dire la sagacité prompte qui incessamment devine les passions qu'un événement ou une situation peut faire naître, compte leurs attaches et leurs contre-coups, sait les abattre et les exciter. Les objets de l'imagination oratoire ne sont point les couleurs, les sons, les formes corporelles, mais le monde intérieur de l'âme; elle n'est pas capricieuse, brusque, ailée, comme l'imagination poétique; elle ne peint pas par un mot; elle n'enferme pas tout un caractère dans le raccourci d'une expression; elle n'a pas d'éclairs. Elle développe régulièrement, avec un enchaînement rigoureux et une abondance extrême, une multitude d'idées et de sentiments; au lieu de mettre les événements sous nos yeux, par des images, elle les rend sensibles à notre âme par des émotions. Par elle, l'historien, en apercevant les faits, saisit, sous la forme qui les manifeste, la passion qui les vivifie, et retrouve le drame intérieur qui les amène et qu'ils dénouent. Il est beau de le voir ainsi marcher parmi les documents inertes et morts, les toucher tour à tour pour y découvrir les signes de la vie, et tout à coup, par une conjecture certaine, tressaillir en comprenant la force et l'ardeur des sentiments éteints, comme un homme qui voit des jets de fumée sortir des toits d'un large édifice, et devine l'embrasement caché derrière les murs. Voyons dans l'histoire de Papirius et de Fabius l'exemple de cet ordre régulier et de ces passions ranimées. La narration est si oratoire qu'elle est composée de discours.

« On partit pour le Samnium avec des auspices douteux. Ce vice des formes religieuses tourna, non contre l'issue de la guerre, qui fut heureusement conduite, mais contre les généraux, dont il causa la haine et les fureurs. Le dictateur Papirius, averti par le pullaire, étant retourné à Rome pour prendre une seconde fois les auspices, prescrivit au maître de la cavalerie de se tenir en place, et, lui absent, de ne point en venir aux mains avec l'ennemi. Fabius, après le départ du dictateur, ayant appris par ses éclaireurs que la négligence était aussi grande parmi les ennemis que s'il n'y avait pas de Romains dans le Samnium, soit poussé par une fierté de jeune homme, et indigné que le salut public parût reposer sur le dictateur, soit entraîné par l'occasion d'un succès, ayant disposé et préparé son armée, marcha sur Imbrinium (c'est le nom du lieu), et livra aux Samnites une bataille rangée. Le sort de ce combat fut tel que, le dictateur présent, la chose en aucun point n'eût pu mieux être conduite [1]. »

1. Tite Live, VIII, 30.

Dans cette dernière phrase, Tite Live plaide d'avance pour Fabius. La première est un exorde qui annonce et résume tout le récit. Cicéron n'eût pas désavoué la grande période qui expose si longuement les raisons de Fabius et exagère la négligence des Samnites. Lisez six lignes de suite dans Tite Live; involontairement la voix s'élève, vous prenez le ton soutenu, vous défendez une cause, et vous prononcez un discours.

« Le maître de la cavalerie, comme il est naturel dans un si grand carnage, ayant conquis beaucoup de dépouilles, rassembla en un grand monceau les armes de l'ennemi, y mit le feu et les brûla, soit qu'il eût fait un vœu à quelque dieu, soit, si l'on en veut croire le témoignage de Fabius, pour empêcher le dictateur de prendre le fruit de sa gloire, d'y inscrire son nom ou de porter les dépouilles à son triomphe. D'ailleurs la lettre dans laquelle il annonçait sa victoire, adressée au sénat, non au dictateur, montrait qu'il ne voulait nullement lui faire part de sa gloire. »

Tite Live, ici, justifie le dictateur, un peu auparavant le maître de la cavalerie; il explique et raisonne. Son récit n'est pas la narration pure; cet enchaînement est d'un orateur. Puis aussitôt la passion déborde, et avec elle l'éloquence.

« Du moins le dictateur le prit de telle sorte que, tandis que les autres se réjouissaient de la victoire gagnée, il en montra de la colère et du chagrin. Il congédia donc brusquement le sénat, et sortit précipitamment de la curie, répétant que les légions des Samnites, moins que la majesté dictatoriale et la discipline militaire, étaient vaincues et renversées par le maître de la cavalerie, si, après avoir méprisé son autorité, il demeurait impuni. Aussi, plein de colère et de menaces, il partit pour le camp ; mais, quoiqu'il allât à grandes journées, il ne put prévenir le bruit de son arrivée. Car plusieurs de la ville l'avaient devancé en toute hâte, annonçant que le dictateur venait avide de châtiments et louant l'action de Manlius presque à chaque parole. »

Le discours qui suit manque peut-être de naturel. Il est de Tite Live et non de Fabius. Mais quel art pour irriter et envenimer les passions, pour joindre la cause du général à celle des soldats, pour rendre le dictateur odieux !

« Fabius, ayant aussitôt convoqué les soldats en assemblée, les conjure d'employer le courage avec lequel ils ont défendu la république contre ses ennemis les plus acharnés, pour le protéger, lui, sous les auspices de qui ils ont vaincu, contre la cruauté effrénée du dictateur. Il vient, égaré par l'envie, irrité contre la vertu et le bonheur des autres, furieux de ce que, lui absent, la république a été bien servie. Il aimerait mieux, s'il pouvait changer la fortune, que la victoire fût aux Samnites qu'aux Romains. Il répète que son autorité a été méprisée, comme s'il n'avait pas défendu de combattre dans le même esprit qu'il s'afflige qu'on ait combattu. Alors c'était par envie qu'il avait tenté d'enchaîner le courage des autres et qu'il avait voulu ôter les armes à des soldats impatients de s'en servir, pour que, en son absence, ils ne pussent seulement remuer. Maintenant il est furieux, il est désolé que, sans L. Papirius, les soldats aient eu des armes et des bras, que Q. Fabius se soit cru général de la cavalerie et non valet[1] du dictateur. Qu'aurait-il fait si, comme le hasard de la guerre et Mars, dieu des deux armées, pouvaient l'ordonner, le combat eût été malheureux, puisque, les ennemis étant vaincus et la république bien servie, si bien que lui, ce chef unique, n'eût pu mieux la servir, il menace du supplice le maître de la cavalerie? Ce n'est pas qu'il soit plus ennemi du maître de la cavalerie que des tribuns des soldats, que des centurions, que des soldats. S'il le pouvait, il se vengerait sur tous; ne le pouvant, il se venge sur un seul. Mais l'envie, comme la flamme, se

---

1. Mot à mot : un *accensus*.

prend toujours à ce qu'il y a de plus élevé : c'est au chef, c'est à la tête de l'entreprise qu'elle s'attaque. S'il étouffait à la fois le général et sa gloire, alors vainqueur et tyran de son armée prisonnière, tout ce qu'on lui aura permis contre le maître de la cavalerie, il l'osera contre les soldats. Ainsi, que dans sa cause ils sauvent la liberté de tous ; si Papirius voit que l'armée, unanime tout à l'heure dans le combat, l'est maintenant pour défendre sa victoire, et que tous veillent au salut d'un seul, il inclinera vers un avis plus doux. Enfin, il confie à leur foi et à leur courage sa vie et sa fortune. »

Certes, le discours n'est pas un ornement dans ce récit ; il en est la substance. Animés par la pitié, l'orgueil, la crainte, l'affection et la haine, les soldats vont résister ; c'est bien raconter les passions que nous les faire ressentir. On dira que ce tissu de raisons est trop fort. En cela, ce style ressemble au dessin des anciens peintres. Dans chaque corps ils marquent le mouvement des moindres muscles ; dans chaque phrase, Tive Live enchaîne et accumule les preuves secondaires. Dans les deux, c'est un excès de vigueur, de science et de travail.

« Un cri s'élève de toute l'assemblée, chacun lui disant d'avoir bon courage, que nul ne tou-

chera à sa personne tant que vivront les légions romaines. Peu après, le dictateur arriva, et aussitôt il convoqua l'armée au son de la trompette. Alors le silence s'étant fait, le héraut cita Q. Fabius maître de la cavalerie. Dès que celui-ci, qui était au-dessous du tribunal, se fut approché, le dictateur : « Je veux savoir de toi, dit-il, Q. Fa-
« bius, puisque le dictateur a l'autorité suprême,
« et que les consuls, pouvoir royal, les préteurs
« créés sous les mêmes auspices que les consuls
« lui obéissent, si tu trouves juste ou non que le
« maître de la cavalerie écoute ses ordres. Je te
« demande encore si, sachant que j'étais parti de
« la ville avec des auspices douteux, je devais
« hasarder l'État parmi des présages troublés, ou
« aller une seconde fois prendre les auspices afin
« de ne rien faire sous des dieux incertains. Je te
« demande enfin si, quand un scrupule religieux
« était un empêchement pour le dictateur, le
« maître de la cavalerie pouvait en être affranchi
« et dégagé. Mais pourquoi toutes ces questions,
« quand, si j'étais parti sans te rien dire, tu au-
« rais dû, pour diriger ta conduite, interpréter et
« conjecturer ma volonté? Réponds seulement à
« ceci. Ne t'ai-je pas défendu, moi absent, de rien
« tenter? Ne t'ai-je pas défendu d'en venir aux
« mains avec l'ennemi? Au mépris de cet ordre,
« sous des auspices incertains, parmi des présa-

« ges troublés, contre la discipline militaire, la
« règle de nos ancêtres, la volonté des dieux, tu
« as osé livrer bataille! Réponds à ce que je te
« demande. Pas un mot hors de là, prends-y
« garde. Approche, licteur. »

Dans ce terrible raisonnement qui enchaîne
l'accusé pour le tuer, la passion contenue d'abord
grandit, s'amasse menaçante, puis, au dernier
mot, éclate; c'est la colère nourrie par la logique.
Le développement des preuves est le développement de la passion.

« Comme il n'était pas facile de répondre à chacune de ces questions, et que Fabius tantôt se
plaignait d'avoir dans une affaire capitale son accusateur pour juge, tantôt criait qu'on pouvait
lui arracher la vie plutôt que la gloire de ce qu'il
avait fait, et tour à tour se défendait et accusait,
Papirius, reprenant toute sa colère, ordonna de
dépouiller le maître de la cavalerie, et d'apprêter
les verges et les haches. Fabius, implorant la foi
des soldats, se déroba aux licteurs qui lui arrachaient ses vêtements, et se réfugia vers les triaires qui déjà excitaient du tumulte dans l'assemblée. De là les clameurs se répandirent dans tous
les rangs; on entendait ici des prières, là des menaces. Ceux qui, par hasard, se trouvaient le plus
près du tribunal, et qui, placés sous les yeux de
Papirius, pouvaient être reconnus de lui, le sup-

pliaient d'épargner le maître de la cavalerie, et de ne pas condamner l'armée avec lui. Les derniers rangs de l'assemblée et le groupe qui entourait Fabius blâmaient violemment l'impitoyable dictateur, et là on n'était pas loin d'une sédition. Le tribunal lui-même n'était pas tranquille[1]. Les lieutenants, entourant le siége du dictateur, le suppliaient de remettre l'affaire au lendemain, de donner un peu de relâche à sa colère, un peu de temps à la réflexion. La jeunesse de Fabius a été assez punie, sa victoire assez flétrie. Le dictateur ne doit pas pousser le châtiment à son dernier terme, ni attacher cette ignominie à un jeune homme d'un mérite unique, à son père, homme si illustre, à la maison Fabia. Et, comme ils ne gagnaient rien, ni par prières, ni par raisons, ils l'engageaient à regarder l'assemblée en tumulte. Mettre le feu à ces âmes déjà furieuses n'était ni de son âge ni de sa prudence. On ne blâmera pas Q. Fabius, qui veut échapper au supplice, mais le dictateur, si, aveuglé par la colère, il tourne contre lui-même, par une obstination fâcheuse, la multitude irritée. Enfin, qu'il ne croie pas qu'ils parlent ainsi par faveur pour Fabius ; ils sont prêts à en jurer. Il leur paraît contre l'intérêt public de sévir en ce moment

---

[1]. Le lecteur voit avec quel soin Tite Live marque les transitions. Autre habitude d'orateur.

contre Fabius. — Mais ces paroles l'irritaient plus contre eux qu'elles ne l'apaisaient en faveur du maître de la cavalerie. Il leur ordonne de descendre du tribunal. Le héraut essaya, mais en vain, de rétablir le silence. Dans le bruit et le tumulte, ni la voix du dictateur, ni celle des appariteurs ne pouvait être entendue. La nuit, comme dans un combat, mit fin à cette lutte. Le maître de la cavalerie, sommé de comparaître le lendemain, voyant chacun lui affirmer que Papirius serait plus acharné et plus enflammé, agité comme il l'était et exaspéré par la lutte même, s'échappa du camp en secret et s'enfuit à Rome. Là, de l'avis de M. Fabius, son père, qui avait été déjà consul trois fois et dictateur, ayant aussitôt convoqué le sénat, au moment où il se plaignait devant les Pères de la violence et de l'injustice du dictateur, tout à coup on entendit devant la curie le bruit des licteurs qui écartaient la foule. C'était le dictateur irrité, qui, ayant su qu'il était parti du camp, l'avait suivi avec une troupe de cavalerie légère. »

Voilà, pour la première fois, un fait sensible et comme un coup de théâtre. Le récit en est-il moins animé parce qu'il se passe tout entier dans l'âme? Tite Live ressemble à nos tragiques du dix-septième siècle. Peu de décorations, point de cris, d'agonies physiques, mais des suites d'idées et de sentiments ; plus de raison et de passion que d'imagination. Les sens du lecteur ne sont pas très-émus, mais son cœur l'est beaucoup, et aux émotions les plus vives se mêle le plaisir pur et sain que donnent toujours l'expression mesurée et l'enchaînement régulier des sentiments.

« Alors la lutte recommença et Papirius ordonna qu'on saisît Fabius. Mais, comme, malgré les prières des premiers des Pères et du sénat tout entier, cette âme inflexible persistait dans sa décision, M. Fabius le père lui dit : « Puisque
« ni l'autorité du sénat, ni ma vieillesse que tu
« veux priver d'un fils, ni la noblesse et la vertu
« d'un maître de cavalerie nommé par toi-même
« ne peuvent rien sur toi, ni les prières qui sou-
« vent ont apaisé les ennemis et fléchissent la co-
« lère des dieux[1], j'invoque les tribuns et j'en
« appelle au peuple ; c'est lui, puisque tu veux
« échapper au jugement de ton armée, au juge-
« ment du sénat, c'est lui que je te donne pour
« juge, lui qui tout seul a certainement plus de
« pouvoir et plus d'autorité que ta dictature. Je
« verrai si tu céderas à cet appel, quand un roi
« de Rome, T. Hostilius, y a cédé. » On sort de la curie et l'on va à l'assemblée, le dictateur avec peu de monde, le maître de la cavalerie avec

---

1. Réflexion trop savante, qui sent l'école du rhéteur.

toute la foule des premiers de l'État. Comme il était monté à la tribune aux harangues, Papirius lui ordonna de descendre en un lieu moins élevé. Son père le suivit en disant : « Tu fais bien de « nous faire descendre à une place où, simples « particuliers, nous pourrions encore élever la « voix. » Là, d'abord, « on entendit moins des discours suivis que des altercations. Le bruit fut enfin dominé par la voix et l'indignation du vieux Fabius, qui reprochait à Papirius sa tyrannie et sa cruauté : lui aussi avait été dictateur à Rome, et n'avait maltraité personne, ni homme du peuple, ni centurion, ni soldat. Pour Papirius, il demandait la victoire et le triomphe sur un général romain. Quelle différence entre la modération des anciens et la cruauté et la tyrannie d'aujourd'hui! Le dictateur Q. Cincinnatus, après avoir délivré d'un siège le consul Minucius, pour toute peine l'avait laissé lieutenant dans l'armée au lieu de consul. M. Furius Camille, quoique L. Furius, méprisant sa vieillesse et ses conseils, eût livré bataille avec l'issue la plus honteuse, non-seulement avait si bien retenu sa colère sur le moment qu'il n'avait rien écrit contre son collègue, ni au peuple, ni au sénat; mais encore de retour à Rome, le sénat lui ayant donné le choix d'un collègue, il l'avait choisi entre tous les tribuns consulaires pour l'associer à son commandement. Le peuple lui-même, qui a le souverain pouvoir en toute chose, quand un général, par témérité ou incapacité, a perdu une armée, s'est toujours, dans sa colère, contenté de le punir par une amende ; jusqu'à ce jour, on n'a fait à aucun chef une affaire capitale d'un mauvais succès. Maintenant qu'il s'agit d'un général romain vainqueur, d'un homme qui a mérité les plus beaux triomphes, on fait ce qui ne serait pas permis même contre des vaincus, on lève sur lui les verges et les haches. Qu'aurait-on fait souffrir à son fils, s'il avait perdu son armée, s'il avait été battu, mis en fuite, dépouillé de son camp? La violence de Papirius pouvait-elle s'emporter plus loin que les coups et la mort? Comme il serait convenable que la cité fût, grâce à Fabius, dans la joie, la victoire, les supplications, les félicitations, et que celui-ci, grâce auquel les temples des dieux sont ouverts, les autels fument de sacrifices, sont comblés d'offrandes, soit mis à nu et déchiré de verges, sous les yeux du peuple romain, tournant ses regards vers le Capitole et la citadelle, et les dieux qu'il n'a pas en vain implorés dans ses deux combats! Dans quels sentiments l'armée qui a vaincu sous sa conduite et sous ses auspices supporterait-elle ce spectacle? Quel deuil dans le camp romain! quelle joie parmi les ennemis! »

Ici l'art oratoire est un peu trop visible; les dernières raisons étaient déjà dans le plaidoyer du vieil Horace. Mais le lieu commun est bien éloquent.

« Ainsi parlant avec des plaintes et des reproches, implorant l'aide des dieux et des hommes, il tenait son fils embrassé en pleurant. De son côté étaient la majesté du sénat; la faveur du peuple, l'appui des tribuns, le souvenir de l'armée absente; de l'autre, on mettait en avant le commandement absolu donné par le peuple, et la volonté du dictateur toujours respectée comme celle d'un dieu [1], et l'ordre de Manlius et l'amour paternel sacrifié à l'intérêt public. L. Brutus, fondateur de la liberté romaine, avait déjà auparavant donné cet exemple sur ses deux fils. Maintenant des pères et des vieillards indulgents laissent mépriser l'autorité des autres, pardonnent à la jeunesse, comme une faute légère, le renversement de la discipline militaire. Il persistera pourtant dans sa résolution, et, pour celui qui, contre ses ordres, a combattu avec des présages troublés et des auspices douteux, il ne lui remettra rien de la peine qu'il mérite; s'il n'est pas au pouvoir de Papirius que la majesté du commandement demeure entière, Papirius du moins n'af-

---

1. Tite Live agrandit parce que la passion exagère.

faiblira en rien le droit suprême. Il souhaite que
la puissance tribunitienne, respectée elle-même,
respecte aussi le commandement à Rome, et que
le peuple n'anéantisse pas en lui le dictateur et
le droit de la dictature; s'il le fait, ce n'est pas
Papirius, ce sont les tribuns et le funeste jugement du peuple qu'accusera la postérité, bien
vainement, alors que, la discipline militaire une
fois profanée, le soldat n'obéira plus au centurion,
le centurion au tribun, le tribun au lieutenant,
le lieutenant au consul, le maître de la cavalerie
au dictateur; que personne n'aura plus de respect, ni pour les hommes, ni pour les dieux;
qu'on n'observera ni les ordres des généraux, ni
les auspices; que les soldats, à l'aventure, sans
permission, iront errer en pays ami ou ennemi,
et qu'oubliant leur serment ils se mettront en
congé à leur caprice, où il leur plaira; lorsque
le drapeau, moins entouré d'abord, finira par
être tout à fait désert; lorsqu'on ne se rassem-
blera plus à l'ordre; lorsque sans distinction, le
jour, la nuit, en lieu favorable ou désavantageux,
sans l'ordre ou par l'ordre du général, on combattra; lorsqu'on ne gardera plus son rang ni
son drapeau, et que le service militaire se fera
au hasard comme un brigandage, au lieu de
s'exercer comme une institution consacrée. Tribuns du peuple, offrez-vous à tous les siècles

pour répondre à ces accusations ; dévouez vos têtes à leur jugement pour le caprice de Q. Fabius. »

Cette complète décomposition d'une idée en ses moindres parties, cette logique pénétrante qui suit sans s'arrêter les dernières conséquences d'un pardon téméraire, cette multitude de mouvements qui se réunissent en une même passion, ce souffle continu et croissant, qui finit par tout renverser, sont l'éloquence même. La riche imagination oratoire coule à pleins bords, comme un grand fleuve, d'un élan irrésistible et régulier.

« Les tribuns étaient dans la stupeur, et déjà plus inquiets pour eux-mêmes que pour celui qui implorait leur aide, lorsqu'ils furent délivrés de ce fardeau par le concours du peuple romain, qui, passant aux prières et aux supplications, demanda au dictateur de faire grâce du châtiment au maître de la cavalerie. De leur côté, les tribuns, suivant le mouvement qui poussait tout le monde à la prière, conjurèrent instamment le dictateur de pardonner à la faiblesse humaine, à la jeunesse de Fabius. Il était déjà assez puni. Déjà le jeune homme lui-même, déjà son père, M. Fabius, cessant toute résistance, tombaient à ses genoux et essayaient de fléchir sa colère ; alors le dictateur, imposant silence : « C'est bien, dit-il, Romains. La victoire reste à la discipline

« militaire, à la majesté du commandement, qui
« aujourd'hui ont couru danger de périr. Q. Fa-
« bius n'est pas absous du crime qu'il a commis
« en combattant contre l'ordre du général ; mais,
« condamné pour ce crime, il doit sa grâce au
« peuple romain, il la doit à la puissance tribu-
« nitienne, qui lui accorde la protection non pas
« de son autorité, mais de ses prières. Vis,
« Q. Fabius, plus heureux de l'accord que mon-
« tre la cité pour te défendre que de cette vic-
« toire dont tu te glorifiais tout à l'heure. Vis,
« après avoir osé un attentat que ton père
« lui-même, s'il eût été à la place de Papirius,
« ne t'eût point pardonné. Tu rentreras en grâce
« avec moi quand tu le voudras. Pour le peuple
« romain, à qui tu dois la vie, tu ne peux lui
« rendre de plus grand service que d'avoir ap-
« pris en ce jour à te soumettre en paix et en
« guerre aux commandements légitimes. » Ayant
déclaré qu'il ne retenait plus le maître de la cavalerie, il descendit du temple ; le sénat plein
de joie et le peuple encore plus joyeux les en-
tourèrent et les suivirent, félicitant ici le maître
de la cavalerie, là le dictateur ; et le commandement militaire paraissait aussi bien affermi par
le péril de Fabius que par le supplice déplorable
du jeune Manlius. »

Cette phrase est une péroraison ; Tite Live résume les faits et conclut, comme dans un discours. Au fond, dans ses récits, tout est discours; quand il raconte, son ton est aussi véhément que lorsqu'il harangue; soit qu'il parle, soit qu'il fasse parler les autres, il garde le même génie et le même accent. Voyez cette peinture des Romains après la capitulation des Fourches caudines : « Le retour des consuls renouvela dans le camp le désespoir, au point que les soldats s'abstenaient à peine de porter les mains sur ceux dont la témérité les avait poussés dans ce piége, et dont la lâcheté allait les en faire sortir plus honteusement qu'ils n'y étaient tombés. « Ils n'ont point pris de guides, ils n'ont point « eu d'éclaireurs : ils se sont jetés en aveugles, « comme des bêtes féroces, dans une fosse. » Les soldats se regardent les uns les autres, ils regardent leurs armes qu'ils vont livrer tout à l'heure, leurs mains qui seront désarmées, leurs corps qui seront livrés à la merci de l'ennemi. Ils voient déjà par avance le joug détesté, les railleries des vainqueurs, leurs visages insultants, et ce passage d'hommes sans armes au milieu d'hommes armés, puis cette lamentable marche de soldats déshonorés à travers les villes alliées, ce retour dans leur patrie et dans leurs familles, où souvent eux-mêmes et leurs ancêtres sont revenus triomphants. « Seuls, ils

« ont été vaincus sans blessures, sans coups, « sans combat. Ils n'ont pas même pu tirer leurs « épées, en venir aux mains avec l'ennemi ; c'est « pour rien qu'ils ont eu des armes, des forces, « du courage. » Voilà ce qu'ils disaient en frémissant, lorsqu'arriva l'heure fatale de l'ignominie, moins amère encore dans la prévision que dans l'effet. D'abord on leur ordonne de sortir des retranchements, sans armes, avec un seul vêtement. Les otages sont livrés les premiers, et mis sous une garde; puis on ôte aux consuls le paludamentum, et on renvoie leurs licteurs. Cette vue excita une si grande pitié, que ceux qui tout à l'heure les maudissaient et voulaient les livrer et les déchirer, oubliant leur propre sort, détournaient les yeux de cette profanation d'une si haute majesté, comme d'un spectacle infâme.

« Les consuls, les premiers, passèrent sous le joug ; puis chacun, selon son grade, subit à son rang l'ignominie ; puis les légions tour à tour. Les ennemis armés les entouraient et les chargeaient de railleries et d'insultes ; des épées même furent souvent levées sur eux, et plusieurs blessés ou tués, lorsque l'indignation trop visible sur leurs visages offensait le vainqueur. Ils passèrent ainsi sous le joug, et, ce qui était pire peut-être, devant les yeux des ennemis. Lorsqu'ils furent sortis du défilé, quoiqu'ils fussent arrachés pour ainsi dire aux enfers, et qu'ils crussent voir pour la première fois la lumière, la lumière en leur montrant leur déplorable troupe leur parut plus pénible que toute mort. Ils auraient pu arriver à Capoue avant la nuit; mais, doutant de la fidélité de leurs alliés et retenus par la honte, non loin de Capoue, manquant de tout, ils se jetèrent à terre au bord du chemin.... Ni l'accueil affable de leurs alliés, ni leur air de bonté, ni leurs propos ne purent, je ne dis pas leur arracher une parole, mais leur faire lever les yeux et regarder en face les amis qui les consolaient.... Ils s'en allèrent silencieux et presque muets.... Ils ne rendaient point le salut, ils ne répondaient pas quand on les saluait; pas un d'eux n'ouvrait la bouche.

« Ce silence obstiné, ces yeux fixés à terre, ces oreilles sourdes à toutes les consolations, cette honte de voir la lumière indiquaient un grand amas de colère qui s'amoncelait au plus profond de leurs cœurs, et le souvenir de Caudium devait être un jour plus douloureux pour les Samnites que pour les Romains[1]. » — Dans tout ce passage respire une sombre et farouche douleur, digne d'un de ces soldats si humiliés et si braves;

---

1. Comparez à cette narration celle de Thucydide (les Spartiates à Sphactérie). C'est la narration pure opposée à la narration oratoire.

et Tite Live n'eût pas mieux dit, si le lendemain, à Rome, il eût voulu les exhorter à la vengeance et au combat.

Cette passion si vive est vraie. Le cœur, comme l'esprit, a sa logique, et l'orateur sait l'une aussi bien que l'autre. Le grand sens de Tite Live est mis au jour par la maladresse de Denys. Comparons les deux récits de la mort de Lucrèce. Voici la narration de Tite Live[1] :

« Quelques jours après, Sextus Tarquin, à l'insu de Collatin vint à Collatie avec un seul compagnon. Personne ne soupçonnant son dessein, il fut reçu avec amitié et conduit après souper dans la chambre des hôtes. Là, brûlant d'amour, dès qu'il crut chacun endormi et son entreprise sûre, il vint l'épée nue vers Lucrèce qui dormait, et lui appuyant la main gauche sur la poitrine : « Silence, Lucrèce, dit-il, je suis « Sextus Tarquin ; mon épée est dans ma main. « Tu mourras, si tu pousses un cri. » Quelles gaucheries et quelles bévues dans Denys! « La femme s'étant éveillée au bruit, et demandant qui était là, il lui ordonna de se taire et de rester dans la chambre, menaçant de la tuer, si elle essayait de fuir ou de crier. » Elle eût fui ou crié, si les choses se fussent passées ainsi. Le mal-

---

1. Tite Live, I, 58.

heureux Grec la déshonore. Il faut, pour qu'elle soit chaste, qu'elle n'ait pu prononcer un mot, qu'elle ait l'épée sur la gorge et la main de Sextus sur la poitrine. Il faut la montrer, comme Tite Live, « éveillée en sursaut, effrayée, ne voyant d'aide nulle part, et la mort sur sa tête, pendant que Tarquin avoue son amour, la supplie, mêle les menaces aux prières, la tente de toutes les manières dont on attaque le cœur d'une femme. » J'admire ce même discours dans Denys ! Comme Lucrèce doit être tranquille en écoutant la tranquille dissertation de Sextus ! « Si tu consens à me satisfaire, dit-il, je ferai de toi ma femme, tu régneras avec moi sur la ville que mon père m'a donnée, et, après sa mort, sur les Romains, sur les Sabins, sur les Étrusques, et tous les autres peuples auxquels il commande. Car je sais que j'hériterai du royaume de mon père, comme il est juste, étant l'aîné de ses fils. Quant aux autres biens dont jouissent ceux qui règnent, et dont tu seras maîtresse avec moi, qu'est-il besoin de te les dire, puisque tu les connais bien? » — Il y a de l'amour et de la fureur dans ces menaces de Tite Live : « Dès qu'il la voit inflexible, inébranlable même à la crainte de la mort, il ajoute à la terreur le déshonneur; il déclare qu'il la tuera, et mettra près d'elle un esclave égorgé, afin qu'on la dise poi-

gnardée dans un ignoble adultère. Par cette menace, sa brutalité triompha d'une chasteté inflexible. Quand Tarquin fut parti, fier d'avoir vaincu l'honneur d'une femme, Lucrèce, accablée d'un si grand malheur, envoya un messager à Rome et à Ardée pour avertir son père et son mari de venir chacun avec un ami fidèle : une chose horrible est arrivée. » Denys ne comprend pas que ce corps et ce cœur sont brisés, qu'elle a honte de paraître au jour, qu'elle voudrait se cacher à la lumière, aux yeux des autres, à sa propre pensée. « Elle monte sur un char, dit-il, et se rend au plus vite à Rome. » Mais laissons Denys qui gâte et glace ce qu'il touche. Le récit de Tite Live est trop beau maintenant pour qu'on l'interrompe : « Ils trouvent Lucrèce dans sa chambre, assise, le visage sombre. A l'arrivée des siens, ses larmes coulent, et son mari lui demandant : « Tout va-t-il bien?
« — Non, dit-elle ; car quel bien reste à une
« femme qui a perdu l'honneur? Les traces d'un
» autre homme, Collatin, sont dans ton lit.
» Pourtant le corps seul a été souillé, l'âme est
« innocente : ma mort en sera le témoin. Mais
« donnez-moi vos mains pour gage et votre promesse que l'adultère ne sera pas impuni. C'est
« Sextus Tarquin qui, ennemi sous le nom
« d'hôte, la nuit dernière, armé, a remporté

« d'ici un plaisir mortel pour moi, et pour lui,
« si vous êtes des hommes. » Tous lui donnent
tour à tour leur parole; ils consolent son âme
malade, l'excusent puisqu'elle a été contrainte,
rejettent le crime sur l'auteur de l'attentat :
l'âme pèche et non le corps; quand l'intention a
manqué, il n'y a pas de faute. « C'est à vous de
« voir, dit-elle, ce qui est dû à l'autre. Pour
« moi, si je m'absous du crime, je ne m'exempte
« pas de la peine. Nulle femme désormais n'aura
« l'exemple de Lucrèce pour être flétrie et vivre. »
Elle enfonce dans son cœur un couteau qu'elle
avait sous son vêtement, et tombe sur sa blessure, mourante; son père et son mari s'écrient. »

Ceci ne ressemble guère à tant de tragédies où l'on meurt facilement, pour finir la pièce, et comme en cérémonie. Lucrèce est calme et sombre avant l'arrivée de son père, car sa résolution est fixe. La nature fléchit un instant quand elle les voit; elle pleure. Mais quand elle commence ce discours si court, si ferme, si libre [1], sa volonté est de nouveau tendue; elle a sa justification toute prête. Les mots qui la trahiraient sont obscurs et certainement prononcés à voix basse, et le dernier, qui est clair, rejeté au bout de la phrase, arrive avec le coup de poignard.

---

1. « Vestigia viri alieni in lecto tuo sunt, » etc.

Par cette imagination dramatique, Tite Live transforme ses originaux, entre autres Polybe ; ôtons Polybe de Tite Live ; ce qui reste est le talent de Tite Live, c'est-à-dire l'art de raconter.

« Annibal, dit Tite Live[1], de la Durance jusqu'aux Alpes, marcha presque toujours en plaine sans être inquiété par les Gaulois de ce pays. Là, quoique les soldats fussent déjà prévenus par la renommée qui a coutume d'exagérer les choses incertaines, cependant la hauteur des montagnes vues de près, ces neiges confondues avec le ciel, ces toits informes posés sur les roches, ces troupeaux et ces bêtes de somme brûlés par le froid, ces hommes aux longs cheveux, à l'aspect sauvage, tous ces êtres animés et inanimés, roidis par l'air glacé, et le reste plus hideux à voir qu'à dire, renouvelèrent leur terreur. »

Ici, comme ailleurs, Tite Live ne décrit les circonstances physiques que pour expliquer les émotions morales, et c'est en vue de l'âme qu'il observe le corps. Polybe ne peint ni l'un ni l'autre. Le passage des Alpes n'est pour lui qu'une ascension, ἀναβολή, qu'il s'agit non de faire voir, mais de faire comprendre. C'est pourquoi il a la maladresse de nous prévenir qu'Annibal court de grands dangers, et que les montagnards sont

---

1. Tite Live, XX, 32.

en embuscade sur les côtés de la route. Tite Live n'ôte pas l'imprévu, de peur d'ôter l'intérêt. Il suit les sentiments des soldats, il marche avec eux, et ne peut voir les ennemis avant eux.

» Comme les files gravissaient les premières pentes, on aperçut les barbares postés sur les hauteurs qui les dominaient. S'ils s'étaient tenus dans les vallées plus cachées, pour fondre brusquement tous ensemble sur les Carthaginois, ils auraient tout renversé et mis en fuite. Annibal fait arrêter les drapeaux, envoie les Gaulois en avant pour examiner les lieux, et apprenant qu'il n'y a point de passage en cet endroit, place son camp au milieu de ce terrain tout escarpé et abrupt, dans la vallée la plus étendue qu'il peut trouver. Puis ces mêmes Gaulois, qui sans doute ressemblaient aux montagnards pour la langue et les mœurs, s'étant mêlés à leurs entretiens, lui apprennent que les ennemis n'occupent le défilé que le jour, et que la nuit chacun se retire sous son toit. Dès l'aurore, il s'avance vers les hauteurs, comme s'il voulait ouvertement et en plein jour forcer le passage. Puis, après avoir usé tout le jour à feindre autre chose que ce qu'il préparait, ayant fortifié le camp à l'endroit même où il s'était arrêté, dès qu'il aperçoit que les montagnards sont descendus des hauteurs et que la garde ne se fait plus, il fait allumer, afin de tromper l'ennemi, plus de feux qu'il n'en fallait pour ce qui restait d'hommes ; et, ayant laissé ses bagages, sa cavalerie et la plus grande partie de ses fantassins, il franchit à la hâte les défilés avec les plus braves armés à la légère, et s'établit sur les hauteurs que l'ennemi avait occupées. »

Dans ce morceau, point de passions à décrire. L'important est d'expliquer brièvement les faits. Tite Live supprime seulement plusieurs longues phrases qui traînent après chaque période de Polybe, et ralentissent le mouvement. Puis, dans sa matière grecque, il arrive à ce mot : « Le jour étant venu, les barbares ayant vu ce qui s'était passé, s'abstinrent d'attaquer. » Il le voit comme eux, et d'une sèche indication, il fait une peinture :

« Au point du jour, on leva le camp et l'armée commença à marcher. Déjà les montagnards, au signal donné, sortaient de leurs forts pour venir à leur poste ordinaire, quand tout d'un coup ils aperçoivent les Carthaginois; les uns sur leur tête, maîtres de leurs postes, les autres s'avançant sur la route. Ce double spectacle, frappant à la fois leurs yeux et leurs esprits, les tint un instant immobiles. Ensuite, quand ils virent le trouble de l'armée dans le défilé et la confusion excitée par ce trouble lui-même, surtout par les chevaux qui s'effrayaient, persuadés que pour peu qu'ils ajoutent de crainte à ce désordre, c'en sera assez pour perdre l'ennemi, de toutes parts, habitués aux endroits escarpés et sans chemin, ils s'élancent. »

Je traduis littéralement le même passage dans Polybe : « Ils furent invités par l'occasion à attaquer la marche. Cela s'étant fait, et les barbares étant tombés sur l'ennemi en plusieurs points à la fois, les Carthaginois périssaient vaincus encore plus par les lieux que par les hommes. » C'est faire tort à Polybe et à la science que les comparer à Tite Live et à l'imagination.

« Alors les Carthaginois eurent à la fois à combattre les ennemis et les difficultés du lieu ; et, chacun s'efforçant d'échapper le premier au péril, ils avaient plus à lutter entre eux qu'avec l'ennemi. Les chevaux surtout rendaient la marche désastreuse, troublés et effarouchés par les cris discordants que les bois et l'écho des vallées augmentaient encore ; et, frappés ou blessés par hasard, ils s'effrayaient tellement qu'ils renversaient autour d'eux les hommes et les bagages de toute sorte. Comme des deux côtés le défilé était bordé par des précipices, la foule fit tomber beaucoup d'hommes à une profondeur immense, quelques-uns tout armés ; mais les plus grandes chutes étaient celles des bêtes de somme, qui roulaient avec leur charge comme un vaste éboulement. Quoique cela fût horrible à voir, Annibal demeura quelque temps immobile, et retint les siens pour ne pas augmenter le tumulte et le désordre ; puis, voyant que la colonne était coupée, et qu'il courait risque, s'il perdait ses bagages, d'avoir en vain fait passer son armée sauve, il accourut de la hauteur ; et, ayant chassé l'ennemi du premier choc, il augmenta aussi le tumulte des siens. Mais ce trouble fut apaisé en un moment, dès que les chemins furent libres par la fuite des montagnards, et bientôt tous passèrent, non-seulement paisiblement, mais presque en silence. »

Un peu plus loin, d'autres montagnards viennent avec des paroles de paix. « Annibal, sans les croire aveuglément, sans les repousser de peur qu'un refus n'en fît des ennemis déclarés, leur répondit avec bienveillance, reçut leurs otages, usa des vivres qu'ils avaient eux-mêmes apportés sur la route, et suivit leurs guides, ne permettant pas à son armée de marcher en désordre comme on fait en pays ami. » Polybe avait eu soin de décrire l'ordre de l'armée aussitôt après la première attaque. Tite Live a différé et réservé cette remarque ; il attend, pour la faire, qu'elle soit utile, et que la tactique d'Annibal se montre par ses effets. Il suit des yeux le défilé et marque les sentiments du chef : « Les éléphants et les chevaux marchaient d'abord ; lui-même à l'arrière-garde avec l'élite de ses fantassins, il s'avançait regardant autour de lui et inquiet.

« Dès qu'on fut arrivé dans un chemin étroit dominé d'un côté par une montagne qui s'avançait au-dessus, les barbares de toutes parts sortent de leurs embuscades, attaquent en tête, en queue, frappent de haut, de près, roulent des pierres énormes ; la bande la plus nombreuse pressait les derrières. L'infanterie rangée leur fit face, et montra que si l'arrière-garde n'avait été renforcée, on aurait subi de grandes pertes dans ces gorges. Toutefois, l'armée courut les derniers dangers et faillit périr. Car, tandis qu'Annibal hésite à engager sa troupe dans le défilé, parce qu'elle n'est pas soutenue par derrière comme les cavaliers le sont par lui-même, les montagnards, prenant l'armée en flanc et rompant la colonne par le milieu, occupèrent la route, et Annibal passa une nuit sans cavalerie ni bagages. Le lendemain, les barbares ralentissant leurs attaques, les troupes se rejoignirent. »

Enfin l'on arrive au sommet. Voyez dans Polybe ce style de savant : « La neige s'était accumulée déjà sur les montagnes, parce que le coucher des Pléiades *coïncidait* avec leur venue. Annibal, voyant la foule dans un *état* de découragement, à cause des misères passées et de celles qu'elle attendait, essaya de les encourager, n'ayant qu'un *moyen* pour cela, le *spectacle* de l'Italie. » (Le mot grec est bien autrement pédant : Ἐνάργεια, terme philosophique, qui signifie évidence.) « Ils étaient déjà las et rebutés de tant de maux, dit Tite Live, lorsque la chute de la neige, au coucher des Pléiades, les remplit encore de consternation. Au point du jour, les enseignes ayant été levées, l'armée marchait lentement au milieu de la neige qui couvrait tout. L'abattement et le désespoir se montraient sur tous les visages, quand Annibal, devançant les drapeaux, fait arrêter les soldats sur une hauteur d'où la vue s'étendait au loin, et leur montre l'Italie et les plaines traversées par le Pô, au pied des Alpes. « Vous escaladez, dit-il, non pas seulement les « murs de l'Italie, mais ceux de Rome. Le reste « du chemin est facile ; en un combat ou deux, « tout au plus, vous aurez dans vos mains et en « votre pouvoir la tête et la citadelle de l'Italie. » Ces mots, dans le grec, sont une réflexion de Polybe ; ici, ils sont un discours d'Annibal. Tite Live ne perd jamais l'occasion de faire agir ses personnages. Dans Polybe : « Les Alpes ont la disposition d'une citadelle de l'Italie. » Dans Tite Live : « Vous escaladez les murailles de Rome. » Telle est la différence d'un géographe et d'un orateur.

« On arriva ensuite à une roche beaucoup plus étroite et tellement à pic, que le soldat, sans bagages, tâtonnant et se retenant des mains aux broussailles et aux souches qui sortaient de terre, pouvait à peine descendre. Ce lieu naturellement escarpé était devenu, par un éboulement récent, un précipice de mille pieds de profondeur. Les cavaliers s'arrêtèrent comme si la route eût fini là. Annibal s'étonne et demande ce qui retarde la marche ; on lui répond qu'il n'y a pas de chemin. » Cette halte, cet étonnement, ce dialogue ne sont pas dans Polybe. L'imagination, sinon la raison, demande les détails expressifs. S'ils n'entrent point dans la science, ils font la vie ; et Polybe n'est froid que parce qu'il ne les marque pas.

« Annibal, dit Tite Live, va lui-même reconnaître l'endroit ; il vit clairement qu'il fallait faire un long détour, et conduire l'armée par des lieux non frayés et sans route. Mais le chemin fut impraticable. » — « Ce qui arriva alors, ajoute Polybe, est fort particulier et fort singulier. » Laissez donc le lecteur porter lui-même ce jugement. On n'a que faire ici de vos réflexions ; on ne vous demande que des faits. Tâchez plutôt, comme Tite Live, de peindre ce tumulte hideux, l'effort des muscles roidis, ce combat d'hommes et de chevaux contre un sol qui leur manque. « Comme sur la neige ancienne et intacte il y avait une nouvelle couche d'une médiocre épaisseur, le pied portait d'abord assez solidement sur cette couche molle et peu profonde ; mais dès qu'elle fut fondue sous les pas des hommes et des chevaux, il fallut marcher sur la glace nue qui était au-dessous, et sur le verglas liquide de la neige fondante. Il y eut là une lutte affreuse, parce que la glace glissante faisait trébucher les hommes, et que sa pente à chaque instant trompait les pas ; et, quand ils s'aidaient des mains et des genoux pour se relever, ils glissaient sur leur appui même, et tombaient une seconde fois, sans qu'il y eût alentour ni souches ni racines où ils pussent s'accrocher du pied ou de la main. De sorte qu'ils ne faisaient que rouler sur la glace unie et sur la neige fondue. Les chevaux, parfois, crevaient même la couche inférieure ; ils trébuchaient, et, frappant du sabot avec un grand effort, ils la perçaient profondément, tellement que la plupart, pris comme au piége, restaient engagés dans la neige durcie et gelée profondément. Enfin, après avoir en vain fatigué les hommes et les chevaux, on plaça le camp sur le sommet de la montagne. Il fallut, pour cela déblayer la neige à grand'peine, tant il y en avait à creuser et à enlever. De là, on conduisit les soldats pour pratiquer un chemin dans la roche qui seule pouvait donner passage. Et comme il fallait tailler le rocher, ils abattirent tout à l'entour et ébranchèrent des arbres énormes, et firent un grand monceau de bois. Un vent violent s'étant levé, propre à entretenir la flamme, ils y mirent le feu, et versèrent sur la pierre brûlante du vinaigre pour la dissoudre. Ils ouvrent alors avec le fer la roche calcinée par l'incendie, et par de légers circuits adoucissent la pente, de sorte qu'on put faire descendre non-seulement les bêtes de somme, mais encore les éléphants. » Polybe ne mesure pas les travailleurs à l'œuvre. Il n'a pas ces phrases fortes et pressées, qui combattent contre la roche avec les soldats ; il avait commencé en dissertant aigrement contre les historiens qui embellissent leurs narrations. Il termine dignement par ces paroles : « Maintenant que nous avons conduit en Italie le récit, les deux chefs et la guerre même, avant de raconter la lutte, nous voulons expliquer brièvement ce qui convient à notre histoire. » Brièvement ! Il ouvre un long plaidoyer pour prouver que ce qu'il a fait est bien fait. Tite Live fait mieux et ne le dit pas[1].

1. Comp. Tite Live, liv. VII, 9, et Claude Quadrigarius dans Aulu-Gelle, liv. IX, ch. 13. C'est le récit du combat singulier de Manlius Torquatus et du Gaulois. On y voit comment Tite

## § 2. Discours.

I. Développements à contre-temps. — Harangues sur le champ de bataille. — Phrases symétriques. — Un général moraliste et académicien. — II. Art de développer et de prouver. — Discours d'Appius sur les campements d'hiver. — Art d'émouvoir et d'entraîner. — Discours de Valérius. — Discours de Vibius Virius.

I. On pourrait croire, puisque le génie de Tite Live est tout oratoire, que tous ses discours sont parfaits. Quelques-uns d'entre eux sont imparfaits, parce qu'il a partout le génie oratoire.

C'est que l'éloquence n'est pas le drame, ni toute parole une harangue. Faire un discours, c'est distribuer exactement un sujet en ses parties, appuyer chaque raison principale sur un grand nombre de preuves secondaires, unir les arguments par des transitions régulières, annoncer la conclusion dans l'exorde, réunir toutes les preuves dans la péroraison. L'expression de la passion, brève et brusque, ne souffre ni ces liaisons, ni ces développements. On ne

---

Live transforme une ancienne narration, avec quelle circonspection il hasarde les détails crus et minutieux rapportés par les anciens auteurs, comment il insère des discours, et met en scène des sentiments, avec quel soin il corrige les négligences, lie les idées, ennoblit le style. Je n'ose traduire ces deux récits, de peur de trop souvent traduire; d'ailleurs, il faudrait les comparer phrase par phrase, noter les tournures, les sons, le choix des mots, imiter la critique de Denys d'Halicarnasse, et ennuyer plus que jamais le lecteur.

s'occupe guère à décomposer ni à ordonner son sentiment ou sa pensée, dans l'élan de l'action ou dans l'angoisse de la douleur. Des cris, des larmes, des mots entrecoupés, des phrases inachevées, des attitudes violentes, voilà nos raisonnements et notre langage. Tel n'est pas celui des personnages de Tite Live : les passions vivantes, entrant dans son esprit, y prennent la forme oratoire; les voilà classées en arguments, accompagnées d'explications, soutenues par des expressions choisies. Elles gardent leur force, mais elles perdent leur figure; un homme hors de soi ne trouve pas cette disposition savante. Que tous ces motifs soient en lui, à la bonne heure; mais il ne les démêle pas; c'est l'auteur qui lui prête son style, et la harangue devient pathétique, mais fausse. C'est abuser du discours, que le plier à tout emploi; il se refuse à ces nouvelles charges, et gâte ce qu'il ne doit pas porter. Cela s'excuse au théâtre, car on peut répondre que le poëte a le droit d'embellir ses personnages, de leur donner avec la passion le génie, de faire d'un héros ou d'une princesse un orateur parfait. Mais, comme l'histoire est une œuvre de vérité autant qu'une œuvre d'art, elle doit ressembler au drame, non à la tragédie, et faire parler les personnages en hommes, non en grands écrivains. Reconnaissez vous ici des femmes éplorées, agenouillées entre les soldats, « parmi les traits qui volent ? Elles supplient leurs pères et leurs maris de ne pas se couvrir d'un sang sacré pour eux. Ne souillez pas nos enfants d'un parricide, vous vos fils, vous vos petits-fils. Si cette parenté, si ce mariage vous est odieux, tournez contre nous vos colères. Nous sommes la cause de cette guerre; nous sommes la cause des blessures et du meurtre de nos maris et de nos pères. Il nous vaut mieux périr que vivre sans nos maris ou sans nos pères, veuves ou orphelines[1]. » Ces oppositions si nettement marquées, ce dilemme si fortement construit, ces raisons si habilement présentées et résumées ressemblent aux dissertations des Horaces[2], et n'en sont pas pour cela plus naturelles. On craint pour les personnages de Tite Live les circonstances imprévues et accablantes. Ils ont toujours en réserve, dans je ne sais quel coin de leur esprit, des périodes si parfaites qu'elles feraient honneur à une harangue de cabinet. Gracchus tombe dans une embuscade avec quelques hommes et se voit tout d'un coup enveloppé. « Il les exhorte à honorer par leur courage le dernier parti que la fortune leur laisse.

1. Tite Live, I, 13.
2. Corneille, *les Horaces* :

> Quand il faut que l'un meure et par la main de l'autre,
> C'est un raisonnement bien mauvais que le vôtre.

A une poignée de soldats entourés par une multitude d'ennemis dans une vallée qu'enferment une forêt et des montagnes, que laisse-t-elle, sinon la mort? Ce qui importe, c'est de décider si, offrant leurs corps comme des troupeaux, ils se laisseront égorger sans vengeance, ou si, au lieu de souffrir et d'attendre l'événement, tournant toute leur âme à l'attaque, combattant et osant tout, couverts du sang des ennemis, ils tomberont parmi les armes et les corps amoncelés de leurs ennemis expirants[1]. » C'est Tite Live qui en ce moment exhorte ses braves; il en était digne, et il fallait son grand cœur pour trouver ces généreux accents ; mais Gracchus n'avait pas le loisir d'être aussi éloquent que lui[2].

Après le danger d'être trop orateur, le plus grand inconvénient pour l'orateur est de n'avoir pas d'auditoire. Celui de Tite Live est fictif comme ses discours. Assis dans sa bibliothèque, il oublie qu'il doit être à la tribune, dans un camp, ou sur un champ de bataille. Il n'entend

---

1. Tite Live, XXV, 16.
2. Voici des harangues vraies : Masséna à Essling disait à ses hommes pour les ramener à la charge : « F.... polissons, j'ai quarante millions, vous avez six sous par jour, et vous me laissez seul, en avant, sous les balles ! » — A la retraite de Russie, un corps de troupes se trouva coupé. Ne croyez pas qu'on dit alors : « Braves soldats ! » etc. Non. « Tas de canailles, vous serez tous morts demain, car vous êtes trop j.. f. pour prendre un fusil et vous en servir ! » (Mérimée, préface des œuvres de Stendhal.)

pas les cris de la multitude; il ne se figure point son impatience ni sa grossièreté. Il devrait plus souvent songer que la foule est vivante, que chaque parole s'enfonce dans les âmes, soulève des applaudissements, des clameurs, de sourds murmures, qu'une harangue est un dialogue, où les émotions, l'assentiment, le mécontentement du peuple haussent, baissent, changent à chaque instant le ton de l'orateur, où l'on suit enfin, non le régulier développement d'une passion maîtresse et d'une idée unique, mais les variations soudaines et les mouvements imprévus de la vie. Écoutez un discours dans une assemblée politique, ou lisez seulement le Coriolan et le Jules César de Shakespeare ; vous jugerez que dans Tite Live les auditeurs sont dociles, disciplinés, raisonnables à l'excès, que trop complaisamment ils laissent l'orateur leur imposer l'ordre de ses raisonnements et le développement de sa passion. Ou plutôt, dans la harangue, on démêle deux hommes, Tite Live et le personnage ancien. L'exposé des raisons est de Tite Live; le débit, du personnage. L'un prête ses idées, l'autre sa parole, et le discours ordinairement est un mélange invraisemblable et très-beau.

Les personnages de nos tragédies donnent une idée exacte, quoique exagérée, de ce défaut, lorsqu'ils parlent à leur confident ou au peuple. Le confident ou le peuple sont des êtres abstraits et ne servent qu'à donner lieu à une exposition de sentiments ou d'arguments. Ils écoutent, et n'ont rien de plus à faire. Le discours s'adresse à tout le monde aussi bien qu'à eux. L'auditeur est l'homme en général ; c'est pourquoi le personnage parle comme un livre ; et sa tirade, excellente en soi, manque, au moment où elle est faite, de naturel et de vérité.

J'ose dire enfin que Tite Live tombe parfois dans le mauvais goût. Né orateur, il a vécu en lettré. Lorsqu'on plaide sur la place publique, ou qu'on opine dans les assemblées, on tourne uniquement sa pensée vers les raisons ; lorsqu'on compose un discours dans son cabinet, on devient un artisan de style. On n'est plus soutenu par la nécessité présente d'emporter les convictions ; on ne songe plus qu'à bien dire ; on s'habitue aux figures de rhétorique, aux sentences, à tous les artifices de la parole. On a trouvé ridicule cette antithèse de La Motte :

> Tout le camp s'écriait dans une joie extrême :
> « Que ne vaincra-t-il pas ? il s'est vaincu lui-même ! »

Certaines phrases de Tite Live sont presque aussi mauvaises. Quand Virginius paraît tout sanglant du meurtre de sa fille, l'armée romaine lui crie cette phrase symétrique, dont le français ne saurait rendre la fâcheuse perfection : « Nec « illius dolori, nec suæ libertati se defuturos. » Et ailleurs, un général arrêtant ses soldats qui fuient devant les torches de l'ennemi : « Détruisez Fidènes par ses flammes, puisque vous n'avez pu la gagner par vos bienfaits[1]. » — Le jeune Pérolla, sur les prières de son père, renonce à tuer Annibal. Que de recherches dans son discours ! « La dette de piété que j'ai envers ma patrie, je la payerai à mon père. Je te plains, car il te faut soutenir le reproche d'avoir trois fois trahi ta patrie : la première fois, en lui conseillant d'abandonner Rome ; la seconde, en l'engageant à faire la paix avec Annibal ; la troisième, en portant obstacle et empêchement à ce que Capoue soit rendue aux Romains. Toi, ma patrie, reçois ce fer dont je m'armai pour toi, quand j'entrai dans cette maison d'ennemis, et que mon père m'arrache[2]. » Cette apostrophe est affectée. Ailleurs, quand Camille reçoit le maître d'école des Falisques, trouve-t-on bien naturel le cliquetis de ses antithèses ? « Tu ne trouveras ici ni un général ni un peuple qui te ressemblent, infâme qui viens avec un infâme présent. Il n'y a pas entre nous et les Falisques cette alliance

---

1. Tite Live, IV, 33. — 2. *Ib.*, XXIII, 9.

que font les conventions humaines ; il y a, il y aura toujours celle qu'établit la nature. La guerre comme la paix a ses droits, et nous savons les maintenir aussi bien par l'équité que par le courage. Nous avons des armes, non contre ce qu'on épargne même dans les villes prises, mais contre des hommes armés, contre ceux-là qui, sans être attaqués ni insultés par nous, ont assiégé auprès de Véies le camp romain. Autant qu'il a été en ton pouvoir, toi, tu les as vaincus par un crime jusqu'ici inconnu ; moi je les vaincrai comme Véies, en Romain, par le courage, le travail et les armes[1]. » Le pauvre pédagogue a trouvé son maître ; il écoute une leçon de rhétorique, avant d'être reconduit à la ville de la manière que chacun sait. — Déjà les sentences, fléau du style dramatique, commencent à paraître. Camille vient d'en faire dans sa docte réprimande ; et son ennemi Manlius excitant le peuple à la révolte débute par une maxime philosophique : « Jusques à quand enfin ignorerez-vous vos forces, quand la nature n'a pas laissé les brutes mêmes ignorer les leurs ? » Tite Live assistait aux lectures de son gendre le rhéteur ; il avait été nourri dans les écoles de déclamation qui gâtèrent Sénèque et d'autres beaux génies.

1. Tite Live, V, 27.

— J'ai honte pourtant d'insister sur ces critiques minutieuses, rarement méritées, couvertes par tant de beautés. Nous pouvons maintenant le louer comme nous le voulons, et comme il en est digne ; la matière ne nous manque pas.

II. C'est qu'en effet personne, non pas même Cicéron, n'a mieux possédé les deux grands talents oratoires, je veux dire l'art de développer une idée et le don de manier les passions. Car d'abord, puisque l'éloquence a pour but la persuasion, le meilleur orateur est celui qui, dans un sujet, sait trouver le plus de moyens de persuasion; ces moyens sont les preuves ; or, développer une idée, c'est la prouver par des idées secondaires, celles-ci par d'autres, et ainsi de suite, jusqu'à ce que le raisonnement soit partout invincible, jusqu'à ce que les objections soient prévenues, les arguments épuisés, la clarté entière, et la croyance surabondante; c'est pour la raison un plaisir pur et extrême que d'embrasser cette multitude d'idées, de passer si aisément de l'une à l'autre, de sentir leur enchaînement, d'éprouver qu'elles sont toutes solides par elles-mêmes et affermies les unes par les autres, d'appuyer sur elles sans qu'elles enfoncent ni fléchissent, de comprendre que toutes ensemble elles forment un édifice destiné à

porter une seule proposition. Cet art est le même
dans Cicéron que dans Tite Live. Mais Tite Live,
obligé par son œuvre de resserrer ses raisons,
ne tombe jamais en des développements excessifs. En lisant Cicéron, on saute parfois une
phrase et même une page[1]. En lisant Tacite, on
revient souvent deux ou trois fois sur la même
ligne. Pour Tite Live, on lit tout et on ne lit
qu'une fois chaque chose, tant il a de mesure,
évitant à la fois l'abondance trop grande qui
rassasie et la concision extrême qui fatigue.
L'esprit du lecteur va toujours du même pas que
le sien. Mais il vaut mieux traduire que décrire ;
un exemple prouve plus qu'un commentaire ; et
je ne dirai rien sur la suite et l'abondance des
idées qui ne soit d'avance et sensiblement dans la
harangue qu'on va lire. Les tribuns déclamaient
contre le sénat qui venait d'établir la solde militaire, et, pour la première fois, retenait les soldats
l'hiver autour des murs de Véies[2]; Appius Claudius, qui avait une éloquence naturelle et qui,
d'ailleurs, était exercé à la parole, fit ce discours :

« Si jamais on a douté, Romains, que les tribuns du peuple aient excité des séditions dans
leur intérêt plutôt que dans le vôtre, je suis sûr
que cette année le doute a cessé. Je me réjouis

---

1. Dans les Catilinaires, par exemple. — 2. Tite Live, V, 3.

donc de vous voir enfin tirés d'une si longue erreur, et, comme cette erreur est dissipée dans un moment où vos affaires sont particulièrement prospères, je vous en félicite vous, et, à cause de vous, la république. Y a-t-il quelqu'un qui ne voie que jamais injustice, si l'on a pu en commettre contre vous, n'a blessé et irrité les tribuns comme le bon vouloir que les Pères ont montré pour le peuple en instituant la solde des soldats? Que croyez-vous qu'ils aient redouté alors, où qu'ils désirent troubler aujourd'hui, sinon la concorde des ordres, pensant qu'elle aura pour principal effet de dissoudre la puissance tribunitienne? On les prendrait, par Hercule, pour de méchants ouvriers qui cherchent de l'ouvrage. Ils veulent qu'il y ait toujours quelque chose de malade dans la république, afin que vous les appeliez pour la guérir. Mais défendez-vous, ou attaquez-vous le peuple? Êtes-vous les adversaires des soldats, ou plaidez-vous leur cause? A moins peut-être que vous ne disiez : « Tout ce « que font les Pères nous déplaît, que ce soit « pour le peuple ou contre le peuple; » et, comme les maîtres défendent à leurs esclaves d'avoir affaire avec les étrangers, jugeant convenable qu'ils n'en reçoivent ni bien ni mal, de même vous défendez tout commerce entre les Pères et le peuple, de peur que nous n'attirions à nous le peuple par notre douceur et notre libéralité, et que le peuple ne s'avise d'écouter nos conseils et d'y obéir. Combien plutôt devriez-vous, s'il y avait en vous, je ne dis pas une âme de citoyen, mais quelque chose d'humain, favoriser et, autant que vous le pourriez, entretenir la bienveillance des Pères et la déférence du peuple! Car, si cette concorde est perpétuelle, qui hésiterait à promettre que cet empire sera bientôt le plus grand entre tous ses voisins?

« J'expliquerai tout à l'heure combien mes collègues, en refusant de ramener l'armée de Véies avant la fin du siége, ont pris une résolution, non-seulement utile, mais nécessaire. Je veux parler d'abord de la condition des soldats. Là-dessus, je crois, mon discours paraîtrait juste, non-seulement à vous, mais dans le camp même, si je le faisais avec l'armée pour juge. Aussi bien, s'il ne me venait à l'esprit aucune raison, j'aurais assez du discours de mes adversaires. Dernièrement, ils ne voulaient pas qu'on donnât une solde aux soldats, parce qu'on ne leur en avait jamais donné. Comment donc peuvent-ils maintenant s'indigner que, les soldats ayant reçu un nouvel avantage, on leur impose en proportion un travail nouveau? Il n'y a jamais de travail sans payement; mais d'ordinaire aussi, sans travail dépensé, il n'y a pas de payement. La peine et le plaisir, si dissemblables de nature, sont joints entre eux par une sorte d'alliance naturelle. Auparavant, le soldat trouvait pénible de servir la république à ses frais; mais il était content d'avoir une partie de l'année pour cultiver son champ et récolter de quoi se nourrir lui et les siens, en paix et en guerre. Il se réjouit maintenant de trouver profit à servir l'État, et reçoit sa solde avec plaisir. Qu'il se résigne donc à rester un peu plus longtemps éloigné de sa maison et de son bien, qui n'ont plus de charge pesante; si la république l'appelait à compter, n'aurait-elle pas le droit de lui dire : « Tu es payé pour un an; tu me dois « un an de travail. Trouves-tu juste, pour un « service de six mois, de recevoir la solde en- « tière? »

« Je m'arrête malgré moi, Romains, sur cette partie de mon discours. On ne doit agir ainsi qu'avec un soldat mercenaire. Nous, nous voulons agir avec vous comme avec des concitoyens, et nous trouvons juste qu'on agisse avec nous comme avec la patrie. Ou bien il fallait ne pas entreprendre la guerre, ou bien il faut la faire selon la dignité du peuple romain et l'achever au plus tôt. Or, nous l'achèverons, si nous pressons le siége, si nous ne nous retirons pas avant d'avoir, par la prise de Véies, touché le but de notre espérance. Et, par Hercule, quand nous n'aurions pas d'autre motif, la honte devrait nous imposer la persévérance. Jadis, pendant dix ans, à cause d'une seule femme, une ville fut assiégée par la Grèce entière; à quelle distance! par combien de terres et de mers séparée de leur pays! Nous, à vingt milles d'ici, presque en vue de notre ville, nous ne pouvons supporter un siége d'un an! Sans doute, parce que la cause de la guerre est légère, et que nous n'avons pas assez de justes ressentiments qui nous piquent à persévérer? Ils se sont révoltés sept fois; jamais ils n'ont gardé la paix fidèlement; ils ont mille fois ravagé nos champs; ils ont forcé les Fidénates à nous trahir; à Fidènes, ils ont tué nos colons; ils ont conseillé, contrairement au droit des gens, le meurtre impie de nos députés; ils ont voulu soulever contre nous toute l'Étrurie, et ils y travaillent aujourd'hui. Quand nos députés sont allés leur demander réparation, ils ont violé, peu s'en faut, leurs personnes. Est-ce à de tels hommes qu'il faut faire une guerre molle et interrompue?

« Si une juste haine ne vous touche pas, ceci, je vous prie, vous touchera-t-il? La ville est enfermée par de grands ouvrages qui resserrent l'ennemi entre ses murs. Il n'a pas cultivé ses champs, et ce qu'il a cultivé a été ravagé par la guerre. Si nous ramenons l'armée, qui ne voit que, non-seulement par le désir de se venger, mais par la nécessité de piller les récoltes des autres, puisqu'ils ont perdu les leurs, ils viendront envahir nos campagnes? Ainsi, par ce conseil, nous ne différons pas la guerre, nous l'amenons sur notre territoire. — Mais quoi! l'intérêt propre des soldats à qui ces excellents tribuns veulent du bien tout d'un coup, après avoir tenté de leur arracher leur solde, quel est-il? Ils ont conduit, par tout ce vaste circuit, un retranchement et un fossé, deux ouvrages d'un grand travail. Ils ont fait des redoutes d'abord peu nombreuses, puis, quand l'armée s'est accrue, très-rapprochées. Ils ont élevé des fortifications non-seulement du côté de la ville, mais encore du côté de l'Étrurie, contre les secours qui pourraient venir de là. Parlerai-je des tours, des mantelets, des tortues, de tout l'appareil dont on a besoin pour le siége des villes? Maintenant que tant de travaux sont achevés, et qu'on est enfin parvenu au terme de l'ouvrage, pensez-vous qu'il faille abandonner tout cela pour venir recommencer l'été prochain et s'épuiser dans un nouveau labeur? Combien il est moins pénible de défendre les ouvrages faits, de poursuivre, de persévérer, d'en finir avec ce souci? La chose sera courte, si nous l'achevons d'une haleine et si, par ces interruptions et ces relâches, nous ne ralentissons pas nous-mêmes l'accomplissement de nos espérances.

« Je vous parle de l'ouvrage et de la perte de temps. Mais quoi! le péril où nous nous jetons en différant la guerre, pouvons-nous l'oublier, après les conseils si fréquents tenus en Étrurie pour envoyer du secours à Véies! A présent, ils sont irrités, pleins de ressentiment; ils disent qu'ils n'enverront rien; autant qu'il dépend d'eux, ils vous permettent de prendre Véies. Qui peut promettre que, si nous différons la guerre, ils resteront dans les mêmes sentiments? Car, si vous donnez à Véies quelque relâche, des députations plus nombreuses et plus fréquentes iront en Étrurie; ce qui choque aujourd'hui les Étrusques, cette royauté instituée à Véies, pourra cesser au bout d'un temps, soit par une décision de la cité qui voudra regagner les Étrusques, soit par l'abdication du roi lui-même qui ne voudra pas que sa royauté soit un obstacle au salut de ses concitoyens. Voyez que d'embarras, quels inconvénients suivent ce parti : la perte d'ouvrages faits avec tant de labeur, le ravage imminent de nos champs, et, au lieu de la guerre contre Véies, la guerre contre l'Étrurie. Tels sont vos conseils, tribuns, semblables, par Hercule, à ceux d'un homme dont le malade pourrait se rétablir à l'instant, s'il souffrait un traitement énergique, et qui, en lui offrant un aliment, un breuvage, un plaisir d'un instant, rendrait la maladie longue et peut-être incurable.

« Si ce n'est l'intérêt de cette guerre, par le dieu Fidius, c'est grandement l'intérêt de la discipline que nos soldats s'habituent, non-seulement à jouir d'une victoire gagnée, mais encore, si l'affaire traîne en longueur, à souffrir l'ennui, à attendre l'issue, même tardive, de leur espérance, et, si l'été ne suffit pour achever la guerre, à la continuer l'hiver, à ne pas faire comme les oiseaux d'été, qui, dès l'automne, regardent autour d'eux pour trouver un toit ou un abri. Voyez, je vous prie : le plaisir et le goût de la chasse entraînent les hommes, parmi les neiges et les frimas, dans les montagnes et dans les forêts. N'appliquerons-nous pas aux nécessités de la guerre cette patience que fait déployer un amusement, un plaisir? Croyons-nous les corps de nos soldats si efféminés, leurs âmes si molles, qu'ils ne puissent endurer un hiver, au camp, hors de leurs maisons? Faudra-t-il que, comme dans les guerres navales, ils consultent le temps et choisissent la saison? Ne pourront-ils supporter le chaud ni le froid? Ils rougiraient, j'en suis sûr, si on leur opposait ces raisons. Ils soutiendraient qu'il y a dans leurs corps et dans leurs âmes une patience virile, qu'ils peuvent faire la guerre l'hiver comme l'été, qu'ils n'ont pas confié aux tribuns le patronage de la lâcheté et de la mollesse, qu'ils se souviennent que cette même puissance tribunitienne n'a pas été fondée par leurs ancêtres à l'ombre et sous les toits. Il est digne du courage de vos soldats, il est digne du nom romain de considérer non-seulement la guerre présente, mais de chercher une renommée pour l'avenir, pour les autres guerres, devant les autres peuples. Pensez-vous que la différence dans l'opinion sera médiocre, si les peuples voisins croient qu'une ville n'a plus rien à craindre du peuple romain quand elle a soutenu quelques jours son premier choc, ou s'ils conçoivent une telle terreur de notre nom qu'ils estiment que ni l'ennui d'un siége éloigné, ni la rigueur de l'hiver ne peuvent arracher d'une place investie une armée romaine, qu'elle ne connaît de fin à une guerre que la victoire, qu'elle fait la guerre avec autant de persévérance que de hardiesse? Nécessaire dans toute entreprise militaire, la persévérance l'est plus encore dans le siége des villes, puisque la plupart d'entre elles sont inexpugnables par la force de leur position et de leurs remparts, et que le temps seul, par la famine et la soif, les réduit et les emporte. De même, il réduira Véies, à moins que les tribuns du peuple ne viennent en aide à l'ennemi, et que les Véiens ne trouvent à Rome les défenseurs qu'ils cherchent vainement en Étrurie. Peut-il arriver aux Véiens une chose plus désirable que de voir la ville romaine, puis, par sa contagion, le camp, se remplir de séditions? Au contraire, par Hercule, chez l'ennemi, la modération est si grande, que ni la fatigue du siége ni l'ennui de la royauté n'ont fait chez eux aucune innovation. Le refus de secours fait par les Étrusques n'a point irrité les esprits. Quiconque excite chez eux une sédition est puni de mort à l'instant. Personne n'a le droit de dire ce qu'on dit impunément devant vous. Nous châtions du bâton celui qui abandonne son drapeau ou qui quitte son poste; et ceux qui conseillent d'abandonner les drapeaux et de déserter le camp, non pas à un ou deux soldats, mais à des armées entières, sont écoutés publiquement en pleine assemblée! Tant vous êtes accoutumés à entendre avec faveur toute parole d'un tribun, quand même ils vous engagent à trahir la patrie et à dissoudre la république; séduits par la douceur de cette puissance, vous souffrez que sous elle se cachent tous les crimes. Il ne leur reste plus qu'à déclamer dans le camp et devant les soldats comme ici, à corrompre les armées, à leur défendre d'obéir, puisque enfin, à Rome, la liberté consiste à ne respecter ni le sénat, ni les magistrats, ni les lois, ni les coutumes de nos ancêtres, ni les institutions de nos pères, ni la discipline militaire. »

D'un discours sur les campements d'hiver le patricien a fait un réquisitoire contre les tribuns; il parle pour son parti en parlant pour la république; je crois que la passion n'a jamais fait un plus habile usage de la raison.

Mais les hommes, n'étant pas de purs esprits, ont besoin d'être touchés autant que convaincus; l'éloquence se nourrit de sentiments comme de raisonnements, et l'on doit souvent donner des tableaux pour preuves. Car il n'y a que les faits sensibles qui émeuvent, et, pour que la démonstration ait son effet, il faut que l'auditeur croie voir les faits eux-mêmes, qu'assiégé et accablé par une multitude d'images saisissantes, il soit emporté, bon gré mal gré, par son émotion. A chaque instant, dans Tite Live, le raisonnement devient une peinture : « Sommes-nous ici, dit Minucius, pour jouir comme d'un spectacle du massacre et de l'incendie de nos alliés? Tout à l'heure, indignés qu'on assiégeât Sagonte, nous invoquions non-seulement les hommes, mais les traités et les dieux : et nous regardons tranquillement Annibal qui escalade les murs d'une colonie romaine. La fumée de l'incendie des maisons et des champs vient dans notre visage et dans nos yeux; nos oreilles retentissent des cris de nos alliés qui se lamentent, implorant notre aide encore plus souvent que celle des dieux ; et nous conduisons nos légions, comme des troupeaux, par des pâturages d'été et des gorges écartées, cachés dans les bois et les nuages[1]! » C'est l'imagination qui enfante les passions; plus elle est vive, plus elles sont violentes; plus un homme voit nettement un spectacle douloureux ou indigne, plus il est porté à s'indigner ou à s'attendrir. Pourquoi la péroraison du discours pour Milon est-elle si touchante? Parce que Cicéron met en scène son client, fait assister les juges à un entretien, donne des larmes et des plaintes en spectacle. De même les députés de Capoue : « Un signe de tête, Pères conscrits, accordez aux Campaniens votre divine et invincible protection; dites-leur d'espérer le salut de Capoue. De quelle foule de citoyens de toute classe pensez-vous que nous ayons été suivis à notre départ? Comme tout était rempli de vœux et de larmes? Dans quelle anxiété pensez-vous que soient maintenant le sénat et le peuple campaniens? Toute la multitude est aux portes, j'en suis sûr, Pères conscrits, debout, regardant au loin sur la route qui mène ici, l'âme pleine d'an-

---

1. Tite Live, XXII, 14.

goisse, suspendue dans l'attente de ce que vous nous ordonnerez de leur rapporter[1]. » — Le propre de la passion est d'exagérer les images, parce qu'elle naît elle-même d'une image : « Quels changements, combien de changements entreprend Canuléius ? La confusion des familles, le trouble des auspices publics et privés, en sorte qu'il n'y ait plus rien de pur ni d'intact et que, toute distinction étant ôtée, personne ne reconnaisse ni soi, ni les siens. Car pourquoi ces mariages mixtes, sinon pour que les plébéiens et les patriciens s'accouplent au hasard comme des brutes[2] ? » Les traits de ce genre abondent dans Tite Live. Si on les rassemblait, on aurait le recueil complet des passions humaines.

Car rien de si flexible que son éloquence; elle s'accommode à toutes les causes : Tite Live plaide pour tous les partis, plébéiens, patriciens, Romains, Samnites, Grecs, Carthaginois, non par réflexion et avec effort, mais naturellement et sans peine, tant ses idées et ses émotions se changent d'elles-mêmes en discours! Chacun des siens est le développement d'une passion dont les mouvements variés font un mouvement unique, comme les ondulations dans un courant. Au bout d'un instant, on cesse de juger des idées, on écoute la voix d'un homme. Chaque phrase a son accent.

1. Tite Live, VII, 30. — 2. Ib., IV, 2.

Ce sont les inflexions les plus diverses du ton le plus naturel; nulle part, comme dans Salluste, on n'est fatigué par la monotonie d'un même style. Ses orateurs ne travaillent pas à être toujours brillants, concis, profonds; les uns le sont, les autres point. La libre variété des sentiments et des facultés humaines se déploie en eux sans contrainte, et l'auteur ne vient pas la resserrer sous la discipline étroite d'un genre unique. Nul talent dominant, nul goût particulier n'asservit et ne fausse son éloquence. Au contraire, esprit, imagination, science, dialectique, tout est soumis chez lui à l'esprit oratoire. Il prend les tons les plus opposés et reste toujours parfait. Voyez dans le discours du consul Valérius[1], la véhémence, l'indignation, l'étonnement, l'enthousiasme religieux, toutes les passions les plus extrêmes : « Qu'est-ce que cela, tribuns? Sous la conduite et les auspices d'Appius Herdonius, voulez-vous renverser la république? A-t-il été assez heureux pour vous corrompre, celui qui n'a pu soulever vos esclaves! Quand l'ennemi est sur nos têtes, vous ordonnez qu'on quitte les armes et qu'on vote des lois? Si vous n'avez souci, Romains, ni de la ville, ni de vous-mêmes, respectez du moins vos dieux, captifs de

---

1. Tite Live, III, 17.

l'ennemi. Jupiter très-bon, très-grand, Junon reine, Minerve, les autres dieux et déesses sont assiégés; un camp d'esclaves occupe vos pénates publics. Trouvez-vous que ce soit là l'aspect d'une cité saine? Cette foule d'ennemis est, non-seulement dans vos murs, mais dans la citadelle, au-dessus du Forum et de la curie, et cependant au Forum, on tient les comices; le sénat est dans la curie; comme au sein de la paix, le sénateur donne son avis, les autres Romains vont au vote. Tout ce qu'il y a de peuple et de patriciens, consuls, tribuns, dieux et hommes, ne devrions-nous pas, armés, aller à l'aide, courir au Capitole, délivrer, pacifier cette auguste maison de Jupiter très-bon, très-grand? Romulus, notre père, qui jadis as reconquis la citadelle dont ces mêmes Sabins s'étaient emparés à prix d'or, donne ton esprit à ta race; ordonne-leur de prendre le chemin que toi, que ton armée vous avez pris! Le premier me voici, moi consul; autant qu'un mortel peut suivre un dieu, je vais te suivre, marcher sur tes traces... » Il finit en disant : « qu'il prenait les armes, qu'il appelait tous les Romains aux armes. Si quelqu'un s'y oppose, sans plus songer à l'autorité consulaire, à la puissance tribunitienne, aux lois sacrées, quel que soit cet homme, en quelque lieu qu'il soit, dans le Forum, dans le Capitole, il le traitera en ennemi. Que les tribuns qui défendent qu'on s'arme contre Appius Herdonius ordonnent qu'on s'arme contre le consul Valérius. Il osera contre les tribuns ce que le chef de sa famille a osé contre les rois. » — Cette violence impétueuse s'adoucit quand il le faut, par exemple, lorsque, Caton ayant parlé contre la loi Oppia, le tribun Valérius prend en main la cause des femmes. C'est plaisir de voir avec quelle mesure et quelle convenance il présente leurs raisons, avec quelle délicatesse et quelle dextérité il passe de preuve en preuve, combien il montre de respect pour l'austérité du consul, avec quelle déférence il réfute sa diatribe, comment néanmoins, avec un demi-sourire, il indique les excès de sa vertu, d'autant plus modéré que les femmes sont accusées d'indiscipline et que le ton de leur avocat doit prouver leur douceur. Les arguments arrivent en foule contre la loi, précis, concluants, mais sans bruit ni fracas, l'ébranlant paisiblement et la jetant à terre, sans que les juges puissent se plaindre de violence, ni trouver le moindre prétexte pour s'irriter et résister. Peu à peu l'âpre conviction enfoncée dans l'esprit par la réprimande de Caton s'amollit; on la sent qui se fond; on essaye en vain de la retenir, on ne la trouve plus; je ne sais quelle puissance s'est insinuée dans l'âme; une nouvelle croyance est entrée, sans qu'on y ait songé. La voilà maîtresse; on ne peut plus, on ne veut plus la chasser; et nous savons presque gré à l'aimable orateur, qui, par une conquête si insensible, a tourné notre avis et subjugué notre assentiment.

Je trouve un discours où l'art de prouver et le talent d'émouvoir sont tellement unis et éclatants qu'on y voit tout le génie de Tite Live en raccourci. — Capoue est sur le point d'être prise. Plusieurs sénateurs proposent d'envoyer des députés aux Romains et de leur demander grâce. Vibius Virius s'y oppose. Écoutons un homme décidé à mourir, non par un élan de colère, mais par une longue et complète méditation, d'autant plus désespéré qu'il est plus clairvoyant, dont la raison nourrit la passion, qui, par un raisonnement infranchissable, ferme aux timides les issues de la lâcheté et de l'espérance, et qui, avec une résolution sombre, les conduit au bûcher qu'il s'est dressé. On verra en même temps comment l'art de l'écrivain aide l'éloquence du personnage, comment la première phrase contient d'avance la masse de toutes les preuves, comment un simple récit est une suite irrésistible d'arguments menaçants, comment le commentaire des faits devient à chaque instant plus désespéré et plus amer, jusqu'à ce qu'enfin éclate la nécessité de mourir[1] ;

« Il dit que ceux qui parlent d'ambassade, de paix, de soumission, ont oublié ce qu'ils eussent fait, s'ils avaient eu les Romains en leur pouvoir, et ce qu'ils doivent eux-mêmes souffrir. Quoi ! pensez-vous que, si nous nous rendons, nous serons traités comme autrefois, lorsque, pour obtenir du secours contre les Samnites, nous avons livré aux Romains nos personnes et nos biens ? Avez-vous oublié dans quels temps, dans quelle fortune, nous avons abandonné le peuple romain ? comment, dans notre défection, au lieu de renvoyer leur garnison, nous l'avons fait périr dans les tourments et dans les outrages ? combien de fois, avec quel acharnement nous nous sommes jetés sur leurs troupes qui nous assiégeaient ? combien de fois nous avons attaqué leur camp, appelé Annibal pour les accabler, et tout récemment envoyé Annibal d'ici pour assiéger Rome ? — Regardez maintenant tout ce qu'ils ont fait par haine contre nous, et par là vous jugerez ce que vous devez attendre. Lorsqu'il y avait dans l'Italie un ennemi étranger, et que cet ennemi était Annibal, lorsque la guerre mettait tout en feu, oubliant tout, oubliant An-

---

1. Tite Live, XXVI, 13

nibal lui-même, ils ont envoyé les deux consuls et les deux armées consulaires pour assiéger Capoue. Depuis deux ans, ils nous tiennent renfermés et resserrés et nous minent par la faim, souffrant avec nous les derniers périls et les plus rudes travaux, souvent massacrés autour de leurs fossés et de leurs retranchements, à la fin presque dépouillés de leur camp. Mais je passe cela. C'est une chose ancienne et ordinaire que de souffrir des périls et des travaux dans le siége d'une ville d'ennemis. Voici une marque de haine et de ressentiment implacable. Annibal, avec de grandes troupes de cavalerie et d'infanterie, a assiégé leur camp et l'a pris en partie. Un tel péril ne leur a point fait quitter le siége. Ayant passé le Vulturne, il a incendié le territoire de Calès. Ce grand désastre de leurs alliés ne les a pas rappelés d'ici. Il a fait marcher ses étendards contre Rome elle-même. Ils ont méprisé cette tempête qui fondait sur eux. Ayant traversé l'Anio, il a placé son camp à trois milles de la ville; enfin il s'est approché des murs mêmes et des portes ; il leur a fait voir qu'il leur enlèverait Rome, s'ils ne lâchaient pas Capoue. Ils ne l'ont point lâchée. Les bêtes féroces, emportées par une rage et un élan aveugles, sitôt qu'on va vers leurs tannières et leurs petits, se détournent pour les défendre. Rien n'a pu détourner les Romains de Capoue, ni Rome assiégée, ni leurs femmes et leurs enfants dont ils entendaient presque d'ici les plaintes, ni leurs autels, ni leurs foyers, ni les temples des dieux, ni les tombeaux de leurs ancêtres profanés et violés. Tant ils sont avides de notre supplice, tant ils ont soif de boire notre sang. Il n'ont pas tort peut-être ; nous aurions fait la même chose, si la fortune eût été pour nous. C'est pourquoi, puisque les dieux immortels en ont ordonné autrement, et que je ne dois pas même refuser la mort, je puis du moins, tant que je suis libre et maître de moi-même, éviter les tourments et les outrages sur lesquels compte l'ennemi, par une mort non-seulement honorable, mais douce. Je ne verrai pas Appius Claudius et Q. Fulvius assis dans leur victoire insolente ; je n'irai point les mains liées, traîné dans la ville de Rome, servir d'ornement au triomphe, puis dans un cachot, ou attaché à un poteau, le dos déchiré de verges, tendre mon cou à la hache romaine ; je ne verrai pas détruire et incendier ma patrie, les femmes, les jeunes filles, les fils d'hommes libres, traînés au viol. Ils ont ruiné jusqu'aux fondements Albe d'où ils étaient issus, afin qu'il ne restât aucun souvenir de leur souche, de leurs origines; ce n'est pas pour croire qu'ils épargneront Capoue, qu'ils haïssent plus que Carthage. C'est pourquoi ceux d'entre vous qui veulent céder au destin, avant de voir tant de misères, trouveront aujourd'hui, chez moi, un festin disposé et préparé. Quand ils seront rassasiés de vin et de nourriture, la coupe qu'on m'aura donnée sera portée à la ronde. Ce breuvage délivrera notre corps des tourments, notre âme des outrages, nos yeux et nos oreilles de la nécessité de voir et d'entendre toutes les misères et toutes les indignités qui attendent le vaincu. Il y aura des gens tout prêts qui jetteront nos corps inanimés sur un grand bûcher allumé dans la cour de la maison. Cette voie est la seule honnête et libre que nous ayons pour mourir. Nos ennemis eux-mêmes admireront notre courage, et Annibal saura qu'il a abandonné et trahi des hommes de cœur. »

Par ces discours et ces narrations, nous connaissons maintenant l'imagination, la raison et la passion de l'orateur et de Tite Live. Cette imagination n'a pas pour objet les formes corporelles, mais les mouvements de l'âme, et représente moins bien les faits sensibles que les combats de sentiments. Cette raison est féconde en idées, mesurée dans sa démarche, régulière dans ses œuvres; elle est plus propre à prouver et à développer qu'à raconter ou à peindre. Cette passion est variée, véhémente, soutenue par le raisonnement et ordonnée dans toutes ses parties; elle convient mieux dans les longs discours que dans les courtes paroles, aux plaidoyers qu'aux cris du cœur, dans le cabinet que sur la place publique. Décrire ces qualités oratoires, c'est dire les défauts et les mérites qu'elles donnent; c'est peindre et juger Tite Live que définir l'orateur.

## CHAPITRE IV.

### LE STYLE DE TITE LIVE.

Les coups d'éloquence. — Emploi des termes simples et de la langue générale. — La période. — Le style de Tite Live comparé à ceux de Salluste et de Tacite.

Choisir les mots, construire les phrases, semble un mince talent, plus digne d'un grammairien que d'un écrivain. Cependant, sans ce don, les autres sont comme s'ils n'étaient pas. Formez des caractères avec la conception la plus précise et la plus forte; suivez de l'esprit toutes les actions de votre personnage, ses paroles, les inflexions de sa voix : votre œuvre est encore enfermée dans l'enceinte de vous-même. Ce sont les mots et les phrases qui en feront sortir les personnages ainsi créés, pour les montrer au public et au jour. Ils sont comme le corps qui reçoit l'âme, la rend palpable, la manifeste par une forme et des couleurs. Inexactes, elles déforment et estropient le personnage conçu, comme un corps mal fait rend faible et malade l'âme qui l'habite. La vie, si délicate, si fragile, se flétrit sous cette enveloppe grossière; les plus heureuses pensées, dignes du meilleur style, périssent misérablement sous le mauvais langage qui leur est uni :

> Mortua quin etiam jungebat corpora vivis,
> Tormenti genus ! et longa sic morte necabat.

Il n'est donc pas inutile d'observer dans Tite Live la construction des phrases et le choix des mots.

Il y a des expressions frappantes, vrais coups de génie, qui ramassent une multitude de pensées sous une clarté subite et éblouissante. La passion excessive qui alors transporte l'âme supprime les transitions, franchit d'un bond une longue suite d'idées, ouvre des perspectives saisissantes, et traîne après elle l'auditeur étonné de cette course impétueuse et de ces spectacles inattendus. Ainsi Annibal, au passage des Alpes, crie à ses soldats : « Vous escaladez les murailles de Rome. » Ainsi les consuls, condamnés chaque année par le peuple, disent aux jeunes patriciens : « Que les faisceaux consulaires, la robe prétexte, la chaise curule, ne sont qu'une pompe funèbre. Ces illustres insignes, ainsi que des voiles de victimes, les destinent à la mort [1]. » Hannon s'écrie, lorsqu'Annibal assiége Sagonte « Les ruines de Sagonte tomberont sur nos têtes.

---

1. Tive Live, II, 54.

C'est contre Carthage qu'Annibal pousse ses mantelets et ses tours; ce sont les murs de Carthage qu'il ébranle avec le bélier[1]. » Cette sorte d'imagination abolit l'espace et violente la nature ; elle produit en cent endroits dans Tite Live ses belles faussetés si naturelles et toutes-puissantes. Dans Polybe, Scipion disait simplement que les Carthaginois, « épuisés de fatigue par le passage des Alpes, étaient incapables d'agir; » dans Tite Live, « ce sont des fantômes, des ombres d'hommes, exténués, tués par la faim, le froid, la saleté, brisés et mutilés parmi les roches, les articulations gelées, les nerfs roidis par la neige, les membres brûlés par le froid, les armes faussées et rompues, des chevaux débiles et boiteux. » Le meilleur instrument de l'exagération oratoire est la métaphore, parce qu'en fondant deux idées en une seule, elle enfle la plus faible jusqu'au niveau de la plus forte. Tite Live montre le peuple « noyé dans les dettes », l'usure « comme une lèpre consumant les biens, puis s'étendant jusqu'au corps », « ses défenseurs qu'il engraisse pour qu'on les égorge[2] ». Il y a dans la passion une telle surabondance de vie qu'elle en verse dans les objets inanimés ; une abstraction devient une personne. « L'issue de

---

1. Tite Live, XXI, 10. — 2. Ib., II, 29; VI, 17.

la guerre, dit Hannon, comme un juge équitable, déclara de quel côté était le droit[1]. » Par cet excès de force, elle rompt les alliances ordinaires des mots, en crée d'inconnues, risque les figures les plus hardies, représente Céson « debout au milieu de tous les patriciens, soutenant seul les attaques tribunitiennes et les tempêtes populaires, comme s'il eût porté dans sa voix et dans la force de son corps toutes les dictatures et tous les consulats[2] ». Elle demande « si, en abrogeant la loi Oppia, on abrogera avec elle la pudeur et la chasteté des femmes ». Elle s'élève enfin à l'accent poétique :

Tison de la discorde et fatale furie.

Racine, en faisant ce vers, se souvenait peut-être de ce mot qu'il avait appris dans ses classes : « Annibal, furia faxque hujus belli. »

Un autre talent propre à tous les bons écrivains, mais nécessaire à l'orateur, est la coutume de fuir les mots abstraits, parce qu'ils ne conviennent qu'à la science et ne sont pas clairs. Lorsqu'ils apparaissent dans une narration ou dans un discours, par exemple chez Polybe, le lecteur, tout d'un coup s'arrête comme en présence d'un autre esprit ; l'auteur a cessé d'imaginer et de

1. Tite Live, XXI, 10. — 2. *Ib.*, III, 11. — 3. *Ib.*, XXI, 10

sentir; on voit qu'il s'occupe à ranger telle action dans telle partie d'un ouvrage de tactique ou de politique ; on allait prendre part à l'action ou aux sentiments des personnages ; la passion en nous s'éveillait; elle tombe, et, de sang-froid, nous nous mettons comme Polybe à disserter ou à raisonner. Tite Live se garde bien d'être philosophe, publiciste, savant à contre-temps. Il prend toujours des expressions simples ; il sait, ou plutôt il sent que les idées et les mots forment une échelle, qu'au bas sont les termes faciles à entendre, nés les premiers, qui réveillent des images sensibles, tout vivants encore; que plus haut sont des expressions tirées avec travail des précédentes, accessibles à la réflexion, non à l'imagination, qui, comme des chiffres, ne réveillent que des idées pures. Il choisit les premières, parce qu'elles conviennent seules à l'éloquence, étant seules propres à exciter des images et à remuer des sentiments. Toutes ses expressions sont belles, parce qu'elles sont toutes naturelles. C'est le charme du bon style, et nous en jouissons aujourd'hui par contraste, élevés parmi les abstractions pédantes qui défigurent nos écrits et prennent la pensée vivante pour la jeter morte dans des formules banales et sèches. Telle est la tyrannie de l'habitude; le langage usuel est un serviteur nécessaire; si mauvais qu'il soit, nous sommes forcés de l'employer. Tite Live, né dans des temps meilleurs, a été plus heureux que nous.

L'orateur, pour être d'abord compris, se sert des expressions courantes, comme il s'est servi des expressions simples ; il évite les mots techniques et surannés, autant que les mots abstraits. Il n'emploie que les termes que tout le monde emploie et qui sont de son temps. Ce mérite amène un défaut. A la vérité, le style en devient plus limpide ; le lecteur suit volontiers le discours d'un homme du monde, dont la parole ne se sent d'aucun métier, qui traite un sujet spécial dans un langage universel, qui ne se montre ni légiste, ni antiquaire, ni économiste, ni géographe, mais seulement homme, qui nous évite jusqu'au choc léger d'un mot inaccoutumé. C'est le style de Hume, de Robertson, du *Siècle de Louis XIV*, de l'*Histoire de Charles XII*. Maintenant avouons que seuls les mots propres peignent avec vérité et frappent l'imagination ; que, pour marquer les faits d'une empreinte précise et nette, il ne faut pas craindre les termes de jurisprudence, de religion, des antiques formules légales, le texte des traités, les paroles grossières et authentiques des âges barbares. Un mot transcrit de Grégoire de Tours vaut vingt phrases de Mably et de l'abbé Dubos. Ce défaut est sensible dans Tite Live, parce que trois ou quatre fois une formule religieuse se détache sur son récit soutenue, comme une pierre brute, reste des premiers âges, se dresse entre les monuments réguliers d'un art moderne. On voudrait qu'il eût osé plus souvent copier quelques phrases des rituels, des grandes Annales, des lois anciennes, des éloges funèbres ; et, si l'on entendait les propres paroles des Appius parmi les mots du siècle d'Auguste, on ne s'en choquerait pas.

La phrase oratoire est la période, c'est-à-dire l'expression d'une idée complète qui marche avec un large cortége de propositions secondaires, toutes entourées de plusieurs idées particulières, comme une armée disciplinée qui, d'un mouvement unique, s'avance vers un but marqué. La harangue, naturellement grave, a besoin de cette forme si ample ; aussi bien l'éloquence, pour produire la persuasion, doit réunir sous l'idée dominante toutes les idées secondaires qui la prouvent, et appuyer celles-ci sur toutes les idées plus particulières qui peuvent les soutenir. — Ce n'est pas que les phrases courtes manquent dans Tite Live ; la narration oratoire elle-même les emploie ; mais il revient avec complaisance à la période, afin d'attacher à sa phrase les preuves, les explications, les restrictions, les commentaires qui peuvent la compléter, la corriger, lui donner plus de jour et son vrai jour. Cette phrase, si vaste et si bien liée, exprime-t-elle parfaitement les faits qui, par nature, sont successifs et détachés ? Quand Tite Live amène un événement sur la scène, ne lui fournit-il pas une suite trop nombreuse et trop bien ordonnée ? Peut-être voudrait-on couper en deux ou trois cette période que je prends au hasard dans la première page : « Soutenu par le zèle et la fidélité de ces deux peuples qui, de jour en jour, s'unissaient davantage, quoique l'Étrurie fût si puissante qu'elle remplissait du bruit de son nom, non-seulement la terre, mais la mer, dans toute la longueur de l'Italie, depuis la mer jusqu'au détroit de Sicile, Énée, qui pouvait repousser la guerre à l'abri de ses murailles, fit sortir ses troupes pour combattre[1]. » Mais cette abondance n'est jamais excessive ou vide. On se laisse aller à ce grand courant sans ennui ni fatigue, tant le mouvement est aisé et puissant, tant on sent bien qu'on ne pourrait le précipiter ni le ralentir, sans lui ôter de sa force ou de sa douceur ou de sa majesté.

Cette gravité et cet agrément de style convien-

---

1. Tite Live, I, 2. Il y a des phrases semblables dans les *Provinciales* de Pascal, dans la prose de Corneille, dans le *Discours de la Méthode*. Tite Live, raisonneur et classique comme eux, écrit comme eux.

nent à l'orateur, qui doit plaire pour être écouté et imposer pour être cru. En cela, Tite Live l'emporte sur les autres historiens. La phrase de Salluste est saccadée, brusque et pourtant monotone. L'auteur se hâte, mais toujours du même pas. A chaque instant, il fait défiler sous les yeux du lecteur toutes les parties d'une idée les unes après les autres, le plus vite qu'il peut. Cette affectation fatigue; l'esprit n'aime pas à courir toujours, et du même train. Tite Live est plus varié et plus aisé; avec lui, on marche rapidement, mais sans perdre haleine. Après une suite de petites phrases courtes, se déroulent de larges périodes, riches de pensées, qui communiquent à l'esprit leur mouvement régulier et calme. On aime un écrivain qui ne prétend pas penser plus vite que les autres, qui ne se contraint pas pour poursuivre un genre de talent, et qui reste mesuré, parce qu'il reste naturel.

Non-seulement Tacite ramasse les idées particulières en phrases brèves et concises comme Salluste; mais encore il les relie sous une idée dominante en une période unique, souvent aussi large que celle de Tite Live : de sorte que le lecteur, contraint de s'arrêter à chaque mot pour sonder la profondeur de tant de pensées accumulées dans un si petit espace, est encore obligé, par l'enchaînement des membres de la phrase, d'assembler cette multitude en un raisonnement continu. Au bout de quelques pages, la fatigue est extrême. Car mettre une idée dans la période à un rang secondaire, c'est supposer qu'elle est assez familière à l'esprit pour être reconnue en passant d'un coup d'œil, et pour éclairer d'abord la conclusion. Au contraire, dans Tacite les phrases subordonnées, exigeant chacune une réflexion attentive, nous font perdre de vue l'idée principale que nous devons saisir, de même que des collines trop hautes cachent au voyageur le but qu'il veut toucher. Tite Live n'est pas prodigue des mots, mais il n'en est pas avare ; il laisse à la pensée sa liberté et son ampleur native. On ne se repose pas de l'avoir lu. Chez lui, les idées accessoires, comprises à l'instant, mènent sans effort à l'idée dominante. On l'entend, on ne le devine pas ; il ne prétend pas penser plus profondément que les autres ; il n'a aucun défaut brillant. Et qu'est-ce que la perfection du style, sinon le talent d'éviter les belles exagérations, l'art de tenir en équilibre les qualités opposées de son esprit, et la faculté de rester dans le juste milieu où habitent la raison et la vérité ?

Des phrases claires, naturelles, variées, agréables, parfois un peu trop amples ; des mots simples et vivants, ni abstraits, ni techniques, ni antiques, tous de la langue usuelle et moderne, que chacun entend, mais qui ôtent un peu de relief au récit; des expressions magnifiques, éclatantes, audacieuses, d'une entraînante éloquence, tel est le style de Tite Live et de l'orateur. On retrouve dans son dictionnaire et dans sa grammaire les marques distinctives du talent qu'on a observé dans sa vie, dans sa philosophie, dans sa critique, dans sa conception des caractères, dans ses narrations et dans ses discours.

# CONCLUSION.

§. 1. Construction du génie de Tite Live. — Comment le talent oratoire transforme et produit le talent de l'historien.

Il est fâcheux, puisque le génie d'un homme est une chose indivisible, d'en séparer les parties; dès qu'il n'est plus un, il n'est plus vivant, et l'on ne connaîtra bien Tite Live qu'en rassemblant ses traits dispersés. Ils forment un système. Ils sont les effets d'une qualité unique. Ils montrent, par un illustre exemple, que le monde moral comme le monde physique est soumis à des lois fixes, qu'une âme a son mécanisme comme une plante, qu'elle est une matière de science, et que, dès qu'on connaît la force qui la fonde, on pourrait, sans décomposer ses œuvres, la reconstruire par un pur raisonnement.

Son génie oratoire, conforme à son caractère, qui est celui d'un citoyen et d'un honnête homme, romain comme son caractère, explique le reste. Voyons-le transformer tour à tour toutes les parties de l'histoire.

D'abord la critique. Par conscience, Tite Live appuie chaque fait sur des preuves, s'autorise des documents les plus accrédités, donne parfois tort à sa patrie, avoue ses doutes, use de règles sages dans le choix des témoignages, et, quand ses auteurs sont exacts, peint les mœurs avec vérité. Par éloquence et amour de Rome, il conserve la poésie oratoire des anciennes légendes et la grandeur du caractère romain. Mais, parce qu'il aime Rome, il est involontairement partial envers les siens; parce qu'il n'est qu'orateur, il manque du sens et de la passion critiques, néglige les monuments originaux, contrôle mal les annalistes qu'il consulte, ne raconte que les faits oratoires, et efface la rudesse de la barbarie sous l'uniformité d'un style trop parfait.

Le génie oratoire, en touchant la philosophie de l'histoire, la transforme en discours qui résument et expliquent les révolutions et les guerres; en s'appliquant à la morale, il blâme la corruption des mœurs et trouve la loi dominante de l'histoire romaine. Mais il n'ordonne pas tous les faits sous des idées générales, en une science régulière; il omet un grand nombre de lois, il cache les autres sous la forme de motifs oratoires, et laisse les événements se ranger, année par année, dans un ordre que la science n'admet pas.

Ces discours d'un orateur, tout animés de passions, expriment des caractères. Ces discours d'un orateur homme de bien et romain expriment avec une force extraordinaire tout ce qu'il y a de grand et d'héroïque dans le caractère de Rome et des grands hommes. Mais une passion dominante, source vive d'éloquence, ne compose pas un caractère. Ses personnages, qui plaident tous dans un même style achevé, se ressemblent tous; et, par amour de Rome, l'orateur efface tout ce qu'il y a de petit et de grossier dans l'esprit romain.

La narration oratoire approche quelquefois du lieu commun, cherche à embellir et à agrandir son sujet, montre rarement dans les objets la forme physique et la couleur sensible; mais elle décrit avec force et vérité le jeu dramatique des passions, et s'ordonne avec la perfection d'un discours. Le discours lui-même est quelquefois trop habile, parce que la régularité de la harangue étudiée ne convient pas aux émotions brusques, aux tumultes populaires, à l'aventureuse et naturelle improvisation. Mais l'éloquence, atteignant ici son domaine, s'y déploie par la multitude la plus variée des chefs-d'œuvre les plus complets, et, développant la raison et la passion l'une par l'autre, fait presque de Tite Live l'égal de Cicéron.

Enfin elle rencontre le style; si elle écarte quelques termes expressifs, utiles à l'histoire, si parfois elle élargit trop la période, elle assemble des mots si naturels, si choisis, si animés, en phrases si variées et si claires, qu'elle est agréable en restant noble; et, quand arrive le torrent de la passion, elle couvre le style d'expressions splendides et superbes, parure de diamants sur la pourpre de son manteau.

Ainsi, à mesure que traversant l'histoire elle s'applique à une matière mieux appropriée à sa nature, son œuvre devient plus achevée; et le dernier sentiment qu'elle laisse en nous est l'admiration. Tel était celui qu'imprimait alors la Rome d'Auguste. Dans cet entassement de monuments qui couvraient le Forum, on sentait la main puissante de la cité souveraine; mais à l'aspect de ces marbres précieux, de ces colonnes du Capitole enlevées à Jupiter Olympien, de ces lames d'airain doré qui étincelaient au soleil sur les toits du temple, on reconnaissait que l'art et la magnificence des vaincus ornaient la force des vainqueurs. Ainsi, dans le souffle puissant qui court parmi les débris de cette histoire immense, dans les caractères grandioses, et dans l'épopée de la guerre éternelle, vit l'esprit romain. Mais l'heureuse abondance, la convenance et l'harmonie soutenues du récit montrent que l'art grec a réglé et tempéré l'inspiration romaine, et que la beauté s'est jointe à la grandeur.

§ 2. Tite Live parmi les historiens anciens. — Hérodote. — Xénophon. — César. — Salluste. — Tacite. — Thucydide.

On peut maintenant amener Tite Live dans le chœur de ses pareils. Il n'y sera pas le dernier.

I. Quintilien lui a comparé Hérodote. Autant vaudrait mettre ensemble Froissard, voyageur et curieux comme Hérodote, et un historien du dernier siècle. Hérodote, un des premiers en Grèce qui aient écrit en prose, est un autre Homère ; s'il n'invoque pas la muse en commençant, chacun de ses livres porte le nom d'une muse, et son ouvrage est une épopée, recueil de toutes les connaissances et de toutes les fables de son temps. Il prend tant de plaisir aux beaux contes, que, comme Nestor, il resterait volontiers « cinq ou même six ans » à en faire ou à en écouter. Non qu'il y croie fermement ; la critique a déjà commencé avec la prose. Mais s'il les donne comme des traditions, il les développe tout au long, avec autant de complaisance que des faits. Son imagination, comme celle des Grecs, que son histoire à Olympie transportait de plaisir, est celle d'un enfant qui devient homme, demi-crédule, mais déjà amateur du vrai, qu'une grossière fausseté choque, et qui pourtant est encore rempli des gracieuses et fabuleuses images dont son âme toute nouvelle a d'abord été enchantée, qui volontiers quitte le récit des guerres et l'exposé des institutions pour le songe de Mandane, pour les aventures de Gygès, de la fille de Rhampsinit, de la déesse monstrueuse, mère des premiers Scythes, qui se lasse vite du visage sévère de la vérité, et tourne les yeux vers les doux et riants mensonges avec lesquels il s'est joué si longtemps. Nulle idée préconçue. S'il a un plan, c'est, comme Homère, moins par réflexion que par bonheur et par instinct. Il s'arrête ici pour expliquer une coutume, là pour citer une anecdote, pour répéter un mot singulier, une inscription, un oracle, attiré par tout ce qui brille. « Je vais parler plus au long de l'Égypte, dit-il, parce qu'elle a plus de choses étonnantes que toute autre terre, et fournit, plus que les autres terres, des ouvrages au-dessus de toute parole. A cause de cela j'en dirai davantage sur elle[1]. » Ne cherchez en lui ni un choix raisonné de faits généraux, ni un ordre régulier, ni une idée dominante. Il n'est ni philosophe, ni politique, ni géographe, ni moraliste, mais simplement curieux, et raconte aussi volontiers la manière dont les Égyptiens font l'huile, que la distribution du peuple en castes, ou la conquête de Cambyse.

---

1. Hérodote, II, 35.

Mais s'il est conteur comme Homère, il n'est pas créateur comme Homère. Il est chroniqueur et non poëte ; point de caractères marqués ; point de souffle oratoire dans ses discours, ni de rapidité entraînante dans sa narration ; son ton est toujours facile, son récit toujours abondant ; les idées et les événements se reflètent dans son imagination limpide, sans l'émouvoir ni la troubler. On songe, en l'écoutant, à ce jeune homme et à cette jeune fille dont parle Homère, et qui, vers le soir, s'entretiennent longuement sous les chênes, au bruit des sources. Il rapporte la bataille de Marathon aussi simplement et tranquillement qu'un conte, avec force historiettes fabuleuses et minutieuses, qu'on n'ose appeler puériles, tant elles sont aimables. Ses pensées incessamment tombent sans bruit et en foule, « comme les flocons de neige qui en une nuit couvrent la campagne ». Son style est l'image de son esprit. Sa prose, mal dégagée de la poésie, bégaye encore : ses phrases ne savent s'unir en une période solide ; nul effort pour mettre un mot en saillie, pour flatter l'oreille et l'esprit par la symétrie des constructions. Il répète le même terme deux ou trois fois de suite. Il quitte une tournure commencée, parce qu'elle le gêne. Cette liberté est charmante. Les phrases se suivent, sans qu'on pense à les distinguer ; on va d'un seul mouvement si doux, qu'il est insensible; c'est la mollesse et la fluidité d'une eau pure. Ajoutons, si l'on veut, que parmi des grâces si simples il y a de la grandeur, que l'idée de la fatalité pèse comme un nuage sur ce monde brillant de jeunesse, qu'un lien lâche, mais continu, unit les événements dispersés. Hérodote n'en reste pas moins au seuil de l'histoire, et l'on ne peut comparer le conteur grec à l'historien romain.

II. Xénophon a le génie attique, qui est la perfection dans la mesure, plutôt exquis que grand, semblable à l'architecture de son pays. Il est plus attique que Thucydide, comme Lysias est plus attique que Démosthène. Son sujet, l'expédition des Dix mille[1], d'une étendue médiocre, est un tout indivisible, qui se détache brillant et simple sur la suite de l'histoire, comme le temple de marbre sur le promontoire de Sunium. Le récit n'est point embelli d'ornements, ni agité de passions oratoires, ni arrangé en éloge, ni composé pour donner une leçon morale. Le goût exquis consiste à maintenir chaque genre dans la pureté, et la narration parfaite n'est ni une argumentation, ni une harangue, ni une pièce de poésie, mais une narration. Rien de plus net,

---

1. Ses *Histoires* ne sont que le complément de Thucydide.

de plus simple, de plus sobre que ce récit. L'auteur s'efface; il semble qu'on n'ait plus un livre sous les yeux; on aperçoit les objets en eux-mêmes; la narration transparente n'ôte ni n'ajoute à leur couleur. D'autres, Hérodote et Thucydide, ne cherchent comme lui qu'à rendre les faits visibles; mais avec le même but, ils n'ont pas la même mesure. Xénophon ne choisit que les faits importants, mais les recueille tous, évitant les longueurs du curieux Hérodote et la concision de l'austère Thucydide. On ne voudrait ni lui ajouter, ni lui retrancher une seule idée; ni sa force ni sa facilité ne sont excessives; elles se tempèrent mutuellement; aucun talent en lui ne gouverne et n'asservit les autres; ils sont tous égaux; on ne trouve aucune louange particulière à lui donner; il les mérite toutes, et non plus l'une que l'autre; on fait son portrait en deux mots; c'est celui des deux jeunes chefs assassinés par Artaxerne : il est irréprochable. Voyez ses caractères : lorsqu'il peint les généraux massacrés, il ne songe ni à les louer, ni à les blâmer, mais à les faire connaître. Il ne lui manque aucun des talents nécessaires pour composer un portrait; il a l'imagination des faits sensibles, et parle de la voix rude et de l'air dur de Cléarque. Il a la vue nette des faits précis, et peint Cléarque par le récit de sa vie toute militaire et de ses perpétuelles expéditions. Il sait abréger tout un tableau par une comparaison frappante : les soldats obéissaient à Cléarque comme des enfants à leur maître. Mais remarquez que le portrait est un raisonnement, et que les détails y sont donnés comme preuve de la qualité dominante ; le goût attique garde inviolablement l'ordre des pensées, ménage les couleurs, repousse les caprices éblouissants de l'imagination descriptive, et ne croit pas que la parole soit la peinture. Pareillement, dans les discours, il cache la passion sous la multitude pressée des idées ; il veut qu'elle naisse du simple arrangement des raisons et des faits ; il n'a pas besoin, pour l'exciter, de recourir aux épithètes et aux ressources oratoires ; il juge que la perfection d'un discours est d'être une preuve décisive : il exhorte les Grecs à ne pas se rendre et à bien espérer d'eux-mêmes, avec une lucidité de raisonnement et une sobriété d'expressions étonnantes ; l'esprit attique est toute lumière, si pur qu'il serait offusqué par la passion ou les images. De là enfin ce style uni, sans métaphores ni figures ni mots brillants, simple vêtement de la pensée, léger et serré, qui en dessine la forme, et qui est achevé, puisqu'on ne le remarque pas. La phrase, mieux construite et plus remplie que dans Hérodote, n'est point périodique de parti pris. Elle n'indique ni la négligence ni le travail; ses membres sont bien liés sans être symétriques ; nulle qualité dominante. Le style est mesuré, parce qu'il est parfait. On dirait que cette pensée est née tout exprimée, que les mots n'en sont pas distincts, tant ils lui conviennent, tant ils semblent faire partie d'elle-même. Si maintenant vous comparez les deux esprits, songez que, pour faire son livre, Xénophon n'a besoin ni de critique, ni d'érudition, ni de philosophie, mais de mémoire, que le goût exquis ne vaut pas le génie, que la grandeur est plus belle que la beauté même, et qu'un petit temple d'Athènes, si achevé qu'il soit, n'égale ni le Colisée ni le Panthéon.

III. César est l'écrivain le plus attique de Rome. Il fut grammairien, antiquaire de style, si amateur de la justesse et de la netteté qu'il descendit dans les minuties du dictionnaire. L'extrême délicatesse du goût impose cette étude infinie de la forme; on a des esquisses de Raphaël où le même trait est recommencé dix-sept fois.—Mais ce puriste scrupuleux fut principalement un homme d'action, ce qui le distingue de Xénophon ; ses Commentaires ne sont que des mémoires, matériaux d'histoire qu'il rassembla, selon Cicéron, pour conserver le souvenir des faits, non pour les raconter. Il ne songe point à composer des portraits ; nulle recherche des traits originaux, distinctifs, qui plaisent tant aux philosophes et aux artistes. S'il décrit la Gaule, c'est presque à la fin, et en politique, résumant en quelques pages les institutions, les droits des différentes classes, leurs divisions, sans en dire plus sur les Gaulois qu'il n'en fallut savoir pour les vaincre, bien différent de l'historien qui décrit en savant tout un caractère, ou le représente en peintre. De là vient aussi que ses discours sont de simples précis de raisons, sans passion ni mouvements d'éloquence; César est trop occupé des faits et des intérêts pour s'amuser à ressentir ou à exprimer des émotions; c'est un général d'armée qui, dans le tumulte de la bataille, aperçoit en pleine lumière les difficultés, les chances, ne considère dans les hommes que des quantités de forces, et n'est tout entier que pensée et action. Telle est la différence de sa narration et de celle de Xénophon. — Si sobre que soit le Grec, il marque à l'occasion les traits sensibles. Entendant de loin l'avant-garde sur le mont Thécès pousser un grand cri, il approche, le bruit augmente, les soldats les plus avancés se mettent à courir; « La mer ! la mer ! » Et l'arrière garde elle-même, les cavaliers, les chariots courent. Arrivés sur la hauteur les soldats s'embrassent, et embrassent leurs chefs en pleurant, et aussitôt ils apportent des pierres en morceau, et dressent un monument. — Dans César, les faits qui fixent l'issue de la bataille ou de la guerre sont seuls décrits ; pour un esprit habitué à conquérir et à gouverner, ce sont les seuls qui méritent de l'être. Il expose les affaires, et rien de plus, avec une célérité merveilleuse, comme il les a faites. C'est une course que ce récit, tant les événements s'y pressent, tous importants, tous enchaînés ; et cependant c'est un raisonnement : car les actions y sont expliquées, les difficultés exposées, les moyens de les surmonter présentés [1], les causes du succès marquées. Il est chargé de raisons, et pourtant agile. On dirait un soldat romain qui court avec toutes ses armes, et n'en est pas plus embarrassé que de ses mains. — Le style est aussi correct, aussi pur, aussi simple que celui de Xénophon. César choisit le sens primitif des mots [2], le rétablit quand l'usage l'a altéré, observe la force d'une terminaison, d'une préposition ajoutée, et, en grammairien érudit, pousse le bon goût jusqu'au scrupule. La multitude des raisons ordonnées suivant leurs dépendances mutuelles étend la phrase en une période, qui reste rapide, parce que toutes ses parties sont claires et importantes.

1. César, *Guerre des Gaules*, II, 20, bataille contre les Nerviens.
— 2. César, *Guerre des Gaules*, II, 20. « Successus hostium, « telum adjici, » etc.

— Louons donc cette suite, cette correction, cette célérité, cette science des affaires; reconnaissons que ces mémoires sont les plus accomplis que puisse rédiger un politique. Mais avouons avec César que ce sont des mémoires; et laissons-le, puisqu'il s'est défendu d'écrire l'histoire, au rang où il s'est mis lui-même, au-dessous de notre historien.

IV. Salluste écrit pour montrer son talent plutôt que pour faire connaître les faits. Il exploite l'histoire à son profit, comme sa province d'Afrique, égoïste et artiste de génie, moins occupé à instruire le lecteur qu'à bien dire et à se faire louer par lui. Aussi, dans les vastes documents qu'Attéius lui a rassemblés, il ne recueille[1] que les faits éclatants, capables d'être ornés par le récit et d'exciter l'admiration, la guerre de Jugurtha, la conspiration de Catilina[2]. Il ne manque pas de coudre au commencement de ses ouvrages quelque brillant lambeau de philosophie, qui pourra lui donner la réputation de penseur profond et de moraliste sévère : c'est la censure des voluptueux, c'est l'éloge de la vertu, de la

---

1. Salluste, *Catilina*, ch. 4 : « Statui res gestas populi Romani, ut quaeque memoria digna videbantur, *carptim* perscribere. » — 2. Sa grande histoire n'allait que de la mort de Sylla à la conjuration de Catilina.

pensée, de l'âme, de la gloire, et, en dernier lieu, de l'histoire. On a besoin, pour s'expliquer ces maximes austères et ce ton solennel, de se souvenir qu'il fut chassé du sénat à cause de ses mœurs. — Est-il toujours impartial? On en doute, quand on voit avec quelle habileté il dissimule la gloire de Cicéron, son ennemi. Lorsqu'il fait un portrait, son but n'est pas d'imprimer en nous l'image nette et précise de l'homme qu'il dépeint[1]. Il se complaît à découvrir des antithèses heureuses, des phrases symétriques, des ressemblances délicates; il s'arrête au moment où les conjurés vont être mis à mort, pour comparer Caton à César, opposant les qualités une à une, et les périodes membre à membre, avec une justesse et une vérité étonnantes, écrivain admirable, s'il cherchait moins à se faire admirer. Ses portraits sont des morceaux d'apparat comme ses préfaces. — Pour la narration, elle est d'une vivacité extrême; toute composée de petites phrases, elle va aussi vite que les événements; ses idées courent devant les yeux, détachées les unes des autres, non plus en solides bataillons, comme dans Tite Live ou César, mais une à une. A chaque instant le spectacle est nouveau; l'esprit est lancé comme sur une pente,

---

1. Salluste, *Catilina*. ch. 54, portraits de Caton et de César.

sans pouvoir se retenir ni réfléchir, tout entier à l'action et au mouvement qui lui est communiqué. Mais on sent que Salluste n'écrit ainsi que par système: car sa tactique est toujours la même; dès qu'il rencontre un siége, une bataille, une expédition, une action quelconque, il décoche une grêle de petites phrases concises, toutes construites de la même manière. On finit par se lasser de ces éternels infinitifs de narration; on prévoit, dès qu'on arrive à un fait nouveau, qu'on va voir rouler dans l'ordre habituel toutes les parties d'une énumération, verbe sur verbe, adjectif sur adjectif. On regrette de voir un grand écrivain asservir à une règle uniforme les mouvements inégaux de faits si divers, s'étudier pour frapper notre esprit, perdre à dessein le naturel qui est la perfection. — Il semble aussi que, dans ce désir de briller, il ait parfois négligé l'ordre et la proportion. Ses préfaces sont mal composées, et trop longues; on y suit difficilement la liaison des idées; arrivé à la fin, on cherche en vain dans son esprit une conclusion distincte. Cela est plus visible encore lorsqu'on compare ses discours à ceux de Tite Live, si réguliers, dont toutes les raisons sont si bien distribuées, qui laissent après eux une conviction si pleine de clarté; Salluste saisit une idée, et l'exprime en plusieurs manières, toujours par des mots brillants, énergiques ; mais il cherche moins à conduire sa pensée à une conclusion par des preuves qu'à se montrer grand orateur. Si, une page plus loin, il retrouve la même idée[1], il la développe une seconde fois, ou empiète sur une autre qu'il dira plus tard. Parfois même il est embarrassé de finir, et se tire d'affaire par une sentence[2].— Pour le style, il est incomparable ; il marche avec une certaine négligence fière, d'artiste et de grand seigneur. Il est aussi serré que celui de Tacite et moins pénible, aussi riche que celui de Tite Live et plus sobre. En arrivant au bout d'une phrase, on est parfois frappé comme d'un coup subit : ce sont deux mots simples qui, par un rapprochement nouveau, ont pris un sens accablant. Des métaphores audacieuses, cachées dans un verbe, illuminent toute une idée. Ce sont de ces coups de génie, comme il en éclate dans les *Pensées* de Pascal, un discours entier, une longue et furieuse passion enfermée dans l'enceinte d'un mot ; un mélange de familiarité, de poésie, d'éloquence ; par-dessus tout le don de créer, et ces brusques et puissants élans d'invention originale qui plaisent plus que la perfection unie. — Mais le style n'est pas tout l'homme. Un historien qui dissimule le vrai pour servir ses

---

1. Salluste, *Jugurtha*, ch. 21, discours du tribun Memmius — 2. *Ib.*

ressentiments, qui ordonne imparfaitement ses discours, qui fatigue par la monotonie de ses narrations, qui éblouit par les antithèses de ses portraits, et qui pour œuvre laisse deux ou trois brillants morceaux, si grand écrivain qu'il soit, ne surpasse pas celui qui compose l'immense histoire de Rome, et dont la raison, le cœur et l'éloquence sont dignes de son pays.

V. Voici enfin une grande histoire égale à celle de Tite Live, dont l'auteur a les défauts de son temps, mais aussi le don divin qui manque à Tite Live: Tacite est poëte. — Ce genre d'imagination est une sorte de génie philosophique, qui éclaire par illumination subite, et pénètre dans la vérité aussi profondément que la raison même. Car l'esprit poétique ne consiste pas seulement dans la folie charmante ou dans l'exaltation rêveuse qui ôte l'homme du monde réel, pour l'égarer dans le pays de la fantaisie; c'est la puissance de créer ou de reproduire des êtres aussi vrais, aussi vivants que ceux que nous pouvons voir et toucher. Les personnages de nos classiques, par exemple l'Agrippine de Racine, ressemblent à ceux de Tite Live. Qu'on compare donc l'Agrippine de Racine à celle de Tacite; on sentira combien un historien diffère d'un orateur. Il y a dans Tacite des couleurs crues, des traits saisissants, une violence de vérité, qui font comprendre, non plus une âme humaine en général, mais cette chose multiple, tortueuse, profonde, compliquée, infinie, qui est une âme particulière. Tout ce qu'une lente décomposition fait incomplétement et péniblement entrevoir au savant, le poëte le résume par un mot, par un geste, parce que l'imagination, touchée en un certain point, produit subitement la figure précise et entière, comme dans une fleur, dès qu'un grain de poussière est tombé sur l'organe préparé, la vie éclate et un nouvel être est formé. — Il faut bien encore que Tacite soit coloriste, puisqu'il est poëte. Aussi, avec lui enfin, nous touchons le monde réel; nous vivons parmi des corps; nous voyons des âmes, mais à travers des faits sensibles; et nous les voyons plus nettement : car notre imagination est ainsi faite, que, pour bien saisir les passions spirituelles, nous devons nous figurer les apparences physiques, semblables à la nature dont les forces impalpables n'agissent que par des mouvements corporels. Si le but de l'histoire est de ressusciter le passé, nul historien n'égale Tacite. — Maintenant avouons que, selon la mode du temps, il ne se contente pas d'être grand écrivain, mais qu'il veut l'être, qu'il pousse la concision à l'excès, que partout il est tendu et fait effort; qu'il charge sa phrase de tant d'idées, qu'accablée de richesses elle manque d'aisance et de mouvement, qu'à force de ramasser ses pensées dans un petit espace, il les étouffe ou les obscurcit. Il est vrai encore qu'il affecte la profondeur, et approche parfois du mauvais goût, qu'il poursuit l'originalité même à travers la fausseté, la prétention et la subtilité, en un mot, qu'en fuyant la médiocrité, il s'éloigne du naturel et de la raison. Il faut enfin confesser que souvent ses discours sont des déclamations, bien plus choquantes que celles de Tite Live, qu'il y cherche non-seulement l'occasion d'être éloquent mais celle de bien dire ; que l'élégance excessive, les antithèses recherchées, les finesses de langage les plus surprenantes, ornent les harangues de ses barbares ; bref, qu'il fut l'ami de Pline le jeune. — Mais on est obligé de réfléchir pour trouver ses fautes ; et on les oublie en écoutant son accent douloureux et contenu. Sous Domitien, ayant vu, pendant quinze ans, ce qu'il y a d'extrême dans la servitude, contraint au silence, il était descendu aux dernières profondeurs de la tristesse et de la réflexion. S'il est énergique et concis, ce n'est pas seulement parce qu'il veut bien écrire, mais parce qu'il a médité son indignation. Cet éclat d'un style que la poésie, la haine, l'étude, ont enflammé et assombri, ne s'est rencontré qu'une fois dans l'histoire, et il a fallu cette âme, cette civilisation et cette décadence pour l'inventer.

Au-dessus de Tacite peut-être est Thucydide, le plus étonnant des historiens. Aucun livre ne laisse une impression si accablante et si étrange ; on croit voir se dresser devant soi une statue d'airain. Son don particulier est l'amour absolu de la vérité pure. — Parmi ce peuple de conteurs et de poëtes, il a inventé la critique et la science ; il fonde, comme il le dit lui-même, quelque chose d'éternel (κτῆμα εἰς ἀεί). Entre tous ces faits vérifiés, il choisit les événements qui sont la substance de l'histoire ; il les présente nus, sans les expliquer comme César, sans plaider sur eux comme Tite Live, sans les colorer comme Tacite. Ils apparaissent seuls, tellement qu'on croirait l'historien absent. Rien de terrible comme ce sang-froid qui est naturel ; il marche à travers les meurtres, les séditions, les pestes, comme un homme affranchi de l'humanité, qui, les yeux fixés sur le vrai, ne peut s'abaisser jusqu'à la colère ou à la pitié. La mort, la vie, les belles et les laides actions, tout est égal pour la science ; le bien et le mal, les crimes et les vertus ne sont à ses yeux que des événements et des causes. Thucydide n'est pas même emporté par le mouvement des faits ; son récit n'entraîne pas ; aucune passion ne peut l'atteindre ; s'il a une muse elle ressemble à la froide Diane de la Tauride, qui, le front calme, égorgeait les hommes et trempait ses bras de vierge dans le sang. Habitués à nous troubler, à pousser des cris à chaque événement, nous ne concevons pas comment cet homme, témoin des massacres de cette guerre, qui a combattu et plaidé sur cette place publique, a pu garder cette immobilité sublime. Le génie grec, quand il touche un genre de perfection, le pousse jusqu'au bout, avec une audace de raison qui accable. Thucydide, ayant conçu la nature du vrai, méprise le reste. C'est parce qu'il est d'accord avec lui-même qu'il ne s'amollit pas un seul instant. — Il est philosophe et orateur de la même façon que narrateur et critique. Sa philosophie est dans ses discours, comme celle de tous les anciens. Mais elle ne ressemble ni à celle de Tite Live ni à celle des autres. Un moderne n'aurait qu'à transcrire le portrait des Athéniens et des Lacédémoniens, le tableau que fait Périclès de la politique et des mœurs d'Athènes, les harangues qui exposent les forces des deux partis. Les idées n'y sont point embellies ni voilées par le vêtement oratoire, mais pures et nues comme les faits eux-mêmes, et les discours ne sont que des précis de raisons. Thucydide connaît les causes comme Tacite connaît les hommes; la philosophie de l'un est aussi précise que les peintures de l'autre, et il me semble que, par des chemins opposés, l'imagination et la raison, ils ont atteint tous deux la parfaite vérité. — De cet excès de pensées naît le seul défaut de Thucydide : ses narrations sont aussi belles et aussi claires que celles de Xénophon ; mais le style de ses harangues est pénible. Elles sont chargées d'idées abstraites que leur concision rend obscures, et d'antithèses qui font vainement effort pour y porter la clarté. Les phrases, tournées et retournées cent fois par une méditation intense, sont comme des étrangères à qui les voit pour la première fois. Les mots pressés par cette main puissante, presque déformés, sont parfois détournés de l'usage ordinaire. Les constructions souffrent de la domination de la pensée ; et le style tout entier est comme opprimé et violenté par sa propre énergie. Cet homme extraordinaire ne tombe que par l'excès de sa force ; une seule de ses armes d'historien se brise, et c'est dans l'embrassement trop violent dont il étreint la vérité.

Tite Live, ce semble, est ici en illustre compagnie, et, comme Dante dans les champs Élysées, parmi des hommes qu'il est glorieux de vaincre et à qui sans honte on peut céder. Au-dessus d'Hérodote, de Xénophon, de Salluste, de César, il reste au-dessous de Tacite et de Thucydide. Songeons pourtant, avant de lui donner des maîtres, que Thucydide et Tacite, annalistes comme lui, n'ont pas su mieux que lui ordonner les faits selon les idées générales, que leur tâche fut plus aisée puisqu'ils écrivaient l'histoire contemporaine, que l'on a perdu les plus beaux livres de Tite Live, puisqu'on voit par ceux qui restent, qu'en approchant de son temps, son récit devenait plus complet et plus vrai. Les voilà maintenant tous trois assez près l'un de l'autre, et l'on aime mieux les admirer tous ensemble que leur chercher des rangs.

§ 3. Tite Live devant les historiens modernes. — Progrès de la critique, de l'érudition et de la philosophie. — L'histoire moins animée et plus décousue. — L'histoire moins certaine et trop anecdotique. — La véritable histoire est celle des passions, et son expression naturelle est l'éloquence. — Ce que nous avons gagné et ce que nous avons perdu. Ce que nous avons oublié et ce que nous pouvons apprendre.

Les modernes ont renouvelé l'histoire comme le reste; mais chacun a les défauts de ses qualités; et, puisque Tite Live reçoit des leçons de nos historiens, il leur en donne. Nous pourrions beaucoup lui apprendre; il peut beaucoup nous enseigner.

Nous avons de la science une idée plus exacte que lui. — D'abord nous la voulons plus solide; instruits par les méthodes des sciences physiques, nous contrôlons mieux les faits. La critique, qui par hasard s'est rencontrée autrefois dans Polybe et dans Thucydide, est devenue un corps de règles et d'exemples universellement suivis, patrimoine de tout historien. — Nous voulons aussi que la science soit plus complète. L'histoire embrasse maintenant plusieurs ordres de faits que jusqu'alors elle avait laissés hors de soi : les arts mécaniques, l'industrie, le commerce, méprisés par les anciens comme serviles, aujourd'hui réhabilités parce qu'ils sont exercés par des hommes libres ; les mœurs domestiques, oubliées autrefois pour les événements politiques, aujourd'hui étudiées parce que la famille intéresse l'homme autant que l'État; les religions, les sciences, les lettres, les arts, qui alors semblaient l'œuvre de quelques hommes, et qui aujourd'hui semblent l'œuvre de toute la nation. L'histoire agrandie a reçu enfin dans son enceinte la nature humaine tout entière. — On voulut alors qu'elle devînt plus philosophique, et, trouvant par le progrès des sciences physiques que les changements des corps arrivent selon des lois fixes, on soupçonna que des lois fixes gouvernent les changements de l'esprit. Deux mille ans ajoutés au souvenir, étendant la perspective, permirent d'entrevoir cet ordre ; et tant d'espèces d'histoire, ajoutées à l'histoire politique, firent saisir les dépendances mutuelles des divers ordres de faits qui composent la vie humaine. Au lieu de suites d'événements, on vit des classes de faits ; on rangea ces classes en un système, on résuma le tout en des formules, et l'on jugea que l'histoire universelle doit expliquer et enchaîner sous une seule loi toutes les actions et toutes les pensées du genre humain.

Cette conception est fort belle ; mais ne réduisons pas l'histoire à n'être qu'une science. — Plusieurs de nos historiens auraient dû apprendre de Tite Live qu'il ne faut pas mêler les dissertations au récit, ni entourer un fait du cortége des discussions, des conjectures, des raisonnements qui l'établissent. C'est laisser sur l'édifice les échafaudages qui ont servi à le construire. Le récit languit dès que la suite des événements est interrompue par la comparaison des textes et la critique des témoignages. Pour que l'œuvre soit vivante comme la nature, il faut que, comme la nature, elle ne comprenne que des événements et des actions. Le livre de Niebuhr n'est que la matière d'une histoire ; et combien d'autres moins choquantes, où tel chapitre entier est une dissertation! A grand'peine trouveriez-vous une véritable histoire des faits anciens qu'on atteint par conjecture, ou des faits récents qu'on interprète avec passion ; le récit disparaît sous la controverse, et la critique ôte la vie. — D'autre part, l'érudition ôte l'unité. Où placer les différentes espèces d'histoire qui composent celle d'une nation ?

Comment les ordonner de manière à reproduire dans le récit le mouvement unique et continu dont elles sont les parties? Comment recomposer le drame indivisible avec ces scènes éparses? Ce qu'on appelle au dix-huitième siècle l'histoire philosophique est l'histoire démembrée. Dans l'*Histoire d'Angleterre* de Hume, dans le *Siècle de Louis XIV* de Voltaire, on rencontre ici la politique, là-bas la religion, plus loin les arts, les lettres ou le commerce, chaque ordre de faits dans un lieu séparé, comme les divers organes du corps dans un cabinet d'anatomie.—Sans trouver encore le plan véritable, Tite Live imite mieux la distribution naturelle des faits. Il présente ensemble ceux qui sont arrivés ensemble; il veut qu'ils marchent de front dans l'histoire, puisqu'ils marchent de front dans le temps. Il ne revient pas trois ou quatre fois sur ses pas pour ramasser des séries d'événements laissés sur la route et faire une armée de ces corps dispersés; son récit est mieux ordonné, parce qu'il est moins érudit. Enfin on apprend de lui qu'il faut fondre la philosophie dans le récit; elle ne peut en être séparée, puisqu'elle en est l'âme; et on ne doit l'y apercevoir que par l'ordre qu'elle y met; celui qui à chaque instant s'arrête pour raisonner sur les effets et les causes n'est plus un artiste, mais un savant. N'oublions pas que l'histoire est surtout une narration, que Tite Live a mieux indiqué la corruption insensible de Rome en énumérant chaque année les crimes des généraux, qu'en donnant à part une sèche formule, et qu'en changeant les théories en discours, il les a changées en faits. Dans l'historien, il y a le critique qui vérifie les faits, l'érudit qui les recueille, le philosophe qui les explique ; mais tous les personnages restent cachés derrière le poëte qui raconte. Ils lui soufflent toutes ses paroles et ne parlent pas. L'histoire ne garde les traces ni des controverses de la critique, ni des compilations de l'érudition, ni des abstractions de la philosophie. Abstractions, compilations, controverses, doivent se fondre en une œuvre d'art au souffle de l'imagination, comme dans le moule de ce sculpteur d'Italie, l'argent, le plomb, le cuivre, les vases précieux se fondirent pour former la statue d'un dieu.

On a de nos jours ouvert des voies nouvelles dans l'art comme dans la science, et changé la manière d'écrire l'histoire, comme la manière de la composer. Depuis cinquante ans, les poëtes et les artistes ont compris que nul homme n'est une idée ou une passion en général, que chaque caractère est une empreinte personnelle et originale, et que, pour représenter un peuple ou un personnage, il faut dessiner ses traits distinctifs et personnels. Cette maxime pratiquée a repeuplé aussitôt tout le champ du passé. Des figures nettes se sont levées en pleine lumière, en foule, avec une diversité infinie, là où de vagues ombres, toutes semblables entre elles, assoupissaient l'attention et confondaient les souvenirs. Le Grec, le Romain, l'Espagnol, l'Égyptien, le Numide, sont entrés dans l'histoire avec leur physionomie propre; et l'art, comme la science, s'est rapproché de la vérité.

Cette recherche des traits particuliers finit par changer l'histoire en une suite d'anecdotes. Tel écrivain, au lieu de peindre des hommes à grands traits, comme Tite Live, explique au long ses occupations d'enfance, le caractère de ses parents, l'aspect de sa chambre, la couleur de ses habits; à force de poursuivre les détails distinctifs, on tombe dans des biographies interminables, et le récit d'une révolution est un roman de mœurs. Tel autre, pour expliquer la ruine d'un trône, va chercher une histoire de prison ou un paragraphe de théologie; un geste, une parole, un simple accident nous semble l'abrégé d'un caractère, d'un siècle, d'un peuple. Une divination aventureuse et poétique invente des vérités qu'elle laisse sans preuves et entoure d'erreurs. — Comprenons, par l'exemple de Tite Live, que, sous le Romain, le Grec, le Barbare, il y a toujours l'homme, que les lieux communs sont les vérités universelles, que les vastes révolutions ont pour cause les passions générales, et que la misère et l'oppression les ont faites à Rome comme chez nous. La faim, la douleur, les différences de religion et de race, le besoin de jouir et d'agir, sont partout les ressorts de l'histoire, comme la pesanteur et la chaleur sont partout les moteurs de la nature. Pour embrasser tout le vrai, il faut imiter Tite Live aussi bien que les modernes; et, si l'on fait agir un personnage ou un peuple, on doit montrer les inclinations générales sous les penchants personnels.

Les modernes donnent trop à la science et aux détails particuliers; Tite Live, à l'art et aux traits généraux. Mais, dans ce commerce d'enseignements, Tite Live, par son éloquence, fournit le principal. Car le propre de l'éloquence est de reproduire les passions humaines dans un style parfait. — Or, les passions, étant les causes des événements, sont la substance même de l'histoire. Nous l'oublions trop aujourd'hui : les questions de finances, de tactique, de politique, d'administration, les détails du dogme, de la philosophie, des arts, de la science, tous les traits doivent entrer dans le tableau de la vie humaine, mais pour servir à la peinture des passions humaines, et le véritable objet de l'histoire est l'âme. — Maintenant une peinture de passions, sans l'expression parfaite, est fausse ou froide. Pour être historien, il faut donc être grand écrivain. Aujourd'hui sans doute l'on pense et l'on sent avec force, et nos histoires ont plus de science et de vie que les anciennes. Mais l'art d'écrire s'est corrompu. Nous respirons la contagion dans l'air en dépit de nous-mêmes; toute langue se gâte à l'usage; la nôtre s'est chargée de métaphores, de termes abstraits, d'expressions toutes faites, que la réflexion, la philosophie, la poésie, le travail des littérateurs et des penseurs ont apportés. La plupart de nos auteurs écrivent comme au quatrième siècle, avec autant d'incorrection et de recherche que saint Augustin. Nous n'entendons plus ce que nous disons, et nous voulons dire plus que nous ne pensons. Nous songeons à nous grandir, et nous ne songeons point à nous comprendre. Saint Augustin étudiait, pour se corriger, le style exact et naturel des anciens maîtres. Nous souffrons du même mal que lui, et nous devons employer le même remède. Nul plus que Tite Live n'est digne de nous l'offrir. De nos jours, l'histoire, accrue par la critique, l'érudition et la philosophie, a coulé plus large, plus réglée et plus profonde; mais, conduite par lui, elle était plus pure, et son cours plus rapide et plus droit.

# TABLE

## DES MATIÈRES CONTENUES DANS CE VOLUME

Préface........ .......  ............................Page vii

### INTRODUCTION.

§ 1. Biographie de Tite Live. — Sa patrie. — Sa famille. — L'enfant. — L'homme fait. — L'ami d'Auguste. — Le républicain. — Le philosophe. — L'historien. — Que tout concourait à le faire orateur...................... 1

§ 2. La liberté et les lettres sous Auguste. — I. Goût pour l'histoire nationale. — Le prince l'interdira demain, mais la permet aujourd'hui. — II. Nulle idée de l'antique barbarie. — Les érudits sont des compilateurs. — Sottises de Denys. — La philosophie n'est pas encore entrée dans l'histoire. — III. L'imagination romaine. L'imagination du temps. Plaidoiries des écoles. — Grandes traditions d'éloquence. — Majesté poétique de Rome et de l'empire.  10

## PREMIÈRE PARTIE.

### L'HISTOIRE CONSIDÉRÉE COMME UNE SCIENCE

#### CHAPITRE PREMIER.

##### LA CRITIQUE.

Le critique choisit. — Il amasse. — Il doute. — Il prouve. — Il prouve ses preuves................ ................ 29

#### CHAPITRE II.

##### LA CRITIQUE DANS TITE LIVE.

§ 1. Sa préface ............... ... .................. 35

§ 2. I. Il n'avance rien que sur des autorités. — II. Sur beaucoup d'autorités. — III. Ses aveux. — Son équité. — IV. Sa bonne foi. — Ses doutes. — V. La noblesse d'âme est un instinct critique. — Imbécilité de Denys. — VI. L'exactitude est un talent critique. — Vérité croissante des derniers livres.................................... 38

§ 3. I. Nul emploi des documents anciens. — II. Ni des récits primitifs. — III. Ni de la géographie. — Hérodote et l'Égypte. — Polybe. — Utilité des détails de cuisine. — IV. Tite Live Romain et patricien. — V. Sa critique incomplète. — Ses anachronismes de mœurs. — VI. Son érudition incomplète............................ 64

## CHAPITRE III.

### LA CRITIQUE CHEZ LES MODERNES.

§ 1. Beaufort. I. Un érudit français du dix-huitième siècle. — Son discours contre les documents de l'histoire romaine. — Contre les événements de l'histoire romaine. — II. Critique de la critique. — Autorité des grandes Annales. — Documents officiels. — Autorité des premiers historiens. — En histoire, le probable est le vrai............ 89

§ 2. Niebuhr. — I. Un érudit allemand du dix-neuvième siècle. — L'histoire commence par l'épopée. — Histoire probable de Rome. — Les luttes de classes à Rome sont des luttes de nations. — Découvertes dans l'histoire des institutions et des lois. — II. Recherche immodérée des détails. — L'imagination visionnaire. — En histoire, les vérités de détail ne servent qu'à établir les vérités générales... 106

## CHAPITRE IV

### LA PHILOSOPHIE DANS L'HISTOIRE.

Elle cherche la loi des faits; et la loi des lois partielles. — L'ordre des faits en montre la loi. — Puissance d'un adjectif. — La poésie est une philosophie............ 124

## CHAPITRE V.

### PHILOSOPHIE DE L'HISTOIRE DANS TITE LIVE.

§ 1. I. Caractère et faiblesse des Gaulois, des Samnites, des Carthaginois, de Philippe, des Athéniens, d'Antiochus. — II. Lutte des plébéiens et des patriciens. — III. Causes de la décadence du peuple romain. — Utilité de l'émotion et de la logique oratoire........................... 132

I. L'ordre des années n'est point l'ordre des idées. — Obscurité des campagnes et de la politique. — II. Beaucoup de lois manquent. — III. Détails inutiles — Les grands faits confondus parmi les petits. — L'esprit oratoire n'est pas l'esprit philosophique............... 156

## CHAPITRE VI.

### PHILOSOPHIE DE L'HISTOIRE ROMAINE DANS LES MODERNES.

§ 1. Machiavel. — Un politique du seizième siècle. — Son livre n'est qu'un recueil de maximes pratiques. — L'esprit chirurgical en politique. — Lois vraies rencontrées par hasard et par justesse d'esprit. — Un manuel d'hommes d'État n'est point une philosophie de l'histoire......... 165

§ 2. Montesquieu. — Son style. — Causes de la puissance de Rome. — Erreurs sur l'histoire intérieure. — L'esprit légiste. — Un recueil de réflexions n'est point un système de lois. — Construction moderne de l'histoire romaine. — Système du génie romain et de son œuvre......... 172

# DEUXIÈME PARTIE.

## L'HISTOIRE CONSIDÉRÉE COMME UN ART.

### CHAPITRE PREMIER.

#### DE L'ART EN HISTOIRE.

L'art est l'achèvement de la science. — La science des caractères donne les portraits. — La science des lois donne l'ordre. — La science des faits, des caractères et des lois donne le style ................................. 189

### CHAPITRE II.

#### LES CARACTÈRES DANS TITE LIVE.

I. Portraits de peuples. — Le peuple romain. — Les autres nations. — II. Portraits de particuliers. — Annibal. — Fabius Maximus. — Scipion. — Caton. — Paul Émile. — Différences et ressemblances de l'artiste et de l'orateur.. 194

## CHAPITRE III.

### LES NARRATIONS ET LES DISCOURS DANS TITE LIVE.

§ 1. Narrations. — I. Redites. — Lieux communs. — Admirer n'est pas raconter. — II. Élan et enchaînement du récit. — Fabius et Papirius. — Force de la narration oratoire. — Les Fourches caudines. — Récit de la mort de Lucrèce par Tite Live et par Denys. — Récit du passage des Alpes par Polybe et par Tite Live.................. 249

§ 2. Discours. — I. Développements à contre-temps. — Harangues sur le champ de bataille. — Phrases symétriques. — Un général moraliste et académicien. — II. Art de développer et de prouver. — Discours d'Appius sur les campements d'hiver. — Art d'émouvoir et d'entraîner. — Discours de Valérius. — Discours de Vibius Virius.. . 288

## CHAPITRE IV.

### LE STYLE DE TITE LIVE.

Les coups d'éloquence. — Emploi des termes simples et de la langue générale. — La période. — Le style de Tite Live comparé à ceux de Salluste et de Tacite............ 319

## CONCLUSION.

§ 1. Construction du génie de Tite Live. — Comment le talent oratoire transforme et produit le talent de l'historien. 330

§ 2. Tite Live parmi les historiens anciens. — Hérodote. — Xénophon. — César. — Salluste. — Tacite. — Thucydide................................................ 334

§ 3. Tite Live devant les historiens modernes. — Progrès de la critique, de l'érudition et de la philosophie. — L'histoire moins animée et plus décousue. — L'histoire moins certaine et trop anecdotique. — La véritable histoire est celle des passions, et son expression naturelle est l'éloquence. — Ce que nous avons gagné et ce que nous avons perdu. Ce que nous avons oublié et ce que nous pouvons apprendre......................................... 353

### FIN DE LA TABLE DES MATIÈRES.

16570 — Imprimerie A. Lahure, rue de Fleurus, 9, à Paris.

www.ingramcontent.com/pod-product-compliance
Lightning Source LLC
Chambersburg PA
CBHW050544170426
43201CB00011B/1563